中国青年学者
文化软实力论丛

张国祚◎主编

# 中华优秀传统文化软实力研究

林丹◎著

中国社会科学出版社

图书在版编目（CIP）数据

中华优秀传统文化软实力研究/林丹著.—北京：中国社会科学出版社，2022.4

（中国青年学者文化软实力论丛）

ISBN 978-7-5203-9799-5

Ⅰ.①中⋯　Ⅱ.①林⋯　Ⅲ.①中华文化—研究　Ⅳ.①K203

中国版本图书馆 CIP 数据核字（2022）第 031158 号

| 出 版 人 | 赵剑英 |
|---|---|
| 责任编辑 | 孙　萍 |
| 责任校对 | 王　龙 |
| 责任印制 | 王　超 |

| 出　　版 | 中国社会科学出版社 |
|---|---|
| 社　　址 | 北京鼓楼西大街甲 158 号 |
| 邮　　编 | 100720 |
| 网　　址 | http://www.csspw.cn |
| 发 行 部 | 010-84083685 |
| 门 市 部 | 010-84029450 |
| 经　　销 | 新华书店及其他书店 |
| 印　　刷 | 北京君升印刷有限公司 |
| 装　　订 | 廊坊市广阳区广增装订厂 |
| 版　　次 | 2022 年 4 月第 1 版 |
| 印　　次 | 2022 年 4 月第 1 次印刷 |
| 开　　本 | 710×1000　1/16 |
| 印　　张 | 22.5 |
| 插　　页 | 2 |
| 字　　数 | 306 千字 |
| 定　　价 | 119.00 元 |

凡购买中国社会科学出版社图书，如有质量问题请与本社营销中心联系调换
电话：010-84083683
版权所有　侵权必究

# 总　序

# 文化软实力研究呼唤未来之星

本丛书名称为"中国青年学者文化软实力论丛"。一般说来，读者对图书的价值判断，主要着眼于三个方面：一是核心概念，二是选题方向，三是作者身份。对核心概念无兴趣，必然不想问津；对选题方向无兴趣，读后可能失望；对作者身份无兴趣，难免读前犹豫。因此，面对本丛书的名称，读者难免首先要对以下三个方面问个究竟："文化软实力"究竟是门什么学问？纳入本丛书的选题有什么方向性要求？"中国青年学者"是如何界定其身份的？

**一　关于"文化软实力"**

什么是"文化软实力"？这是本丛书需要重点回答清楚的问题。回答这个问题，首先要从"软实力"谈起。其实"软实力"和"文化软实力"，虽然在中国早就不是偏僻生词了，但在学界见仁见智之论并不少见。追其原因，盖因"软实力"概念是个舶来品，而此概念最早提出者约瑟夫·奈，并没有给出明确的、一以贯之的内涵界定，他只是以列举的方式指出软实力包括哪些内容。他认为，软实力包括文化的吸引力、价值观的吸引力、制度的吸引力，还有掌握国际话语权的能力，主要是侧重于如何利用软实力为美国国家利益服务的对策研究。20世纪80年代，美国学者保罗·肯尼迪出版了《大国的兴衰》，认为美国正在走下坡路，因为美国到处穷兵黩武，不仅死伤了很多美国士兵，而且耗损了美国大量的资财，使美国的实力不断受到损害。约瑟夫·奈不同意保罗·肯尼迪这个观点，他认为美国没有衰落，而且"注定领导世界"，因为虽然美国在硬实力方面遭受了损失，但是美国还有强大的软实力。

由于美国是世界上最有影响的国家，而约瑟夫·奈又有深厚的政治背景，在卡特政府时期，他曾任助理国务卿；在克林顿政府时期，他曾任助理国防部长。因此，"软实力"概念很快传播到世界许多国家。中国最早注意到"软实力"概念的学者是王沪宁同志，当时他是上海复旦大学国际政治系的青年教授。《复旦大学学报》（社科版）1993年第3期上发表了他介绍软实力的文章，题目是"作为国家实力的文化：软权力"（"soft power"一般译成"软实力"，也可译成"软权力"）。遗憾的是，这篇站在学术前沿的文章在当时的中国学界没有引起太多关注。2007年党的十七大召开，胡锦涛同志在大会报告中提到"软实力"，并在"软实力"前面加上"文化"二字，指出"文化软实力是综合国力的重要组成部分"。加上"文化"二字，凸显了"文化"在软实力中的地位和作用。它意味着，没有文化高度的软实力是短视的；没有文化深度的软实力是肤浅的；没有文化广度的软实力是狭隘的；没有文化开放的软实力是封闭僵化的。它意味着，"文化"在"软实力"中发挥着灵魂和经纬的作用，而不是像约瑟夫·奈那样，把"文化"和"价值观""制度""话语权"平行并列。事实上，没有文化，何来价值观的吸引力？没有文化，何来制度的吸引力？没有文化，何来国际话语权？

党的十八大以来，习近平总书记围绕"文化软实力"提出一系列具有中国特色的重要论述。例如，"提高国家文化软实力，要努力传播当代中国价值观念""夯实国家文化软实力根基""传播当代中国价值观念""展示中华文化的独特魅力""树立当代中国国家形象""提升中国国际话语权""树立和坚持正确的历史观、民族观、国家观、文化观，增强做中国人的骨气和底气"。特别是关于意识形态和中华优秀传统文化方面，有许多开创性的深刻论述，对于推动中国学界"以我为主，为我所用"，实现对西方"软实力"研究的超越，发挥了强有力的引领作用。中国文化软实力学界的"超越"主要表现在以下两个方面。

一是着眼于物质和精神之辩证关系，给"文化软实力"以明确的内涵界定，认为"文化软实力"是相对于"物质硬实力"而言的。所谓"物质硬实力"是指一切看得见摸得着、可以量化的，表现为物质性、实体性、可发挥硬性强制作用的力量。例如，军事上可以运用飞机、军舰、坦克、导弹、核武器等武器形成威慑对手的能力，经济上可以运用原料、资金、生产、运输、存储、买卖等手段胁迫竞争对手的能力，都属于物质硬实力。"文化软实力"则是一切看不见、摸不着、难以计量，表现为精神、情感、智慧、情操、品格，可以发挥柔性、亲和、同化作用的力量。例如，文化的吸引力、语言的说服力、理想的感召力、精神的鼓舞力、智慧的创造力、道德的教化力、理论的指导力、舆论的引导力、艺术的感染征服力等，都属于文化软实力。

二是改变了软实力的宗旨。约瑟夫·奈仅仅把软实力，作为美国的外交战略、国际权谋去用，为美国霸权主义和强权政治服务。我们则是把文化软实力看成是综合国力的重要组成部分，认为文化软实力既有对外的功能，也有对内功能。对外，传播中国优秀文化、阐明中国立场声音、树立中国良好形象、扩大中国朋友圈，让世界更好地了解中国，提高中国的国际话语权，营造良好的国际舆论环境，推动构建人类命运共同体。对内，弘扬中华优秀传统文化、革命文化和社会主义先进文化，建设社会主义精神文明，增强中国特色社会主义文化的吸引力、感染力，提高理论的说服力、预见力、指导力，提高新闻舆论的引导力、传播力、影响力、公信力，坚定文化自信、弘扬主旋律、提升正能量，增强民族凝聚力和向心力。

任何国家都需要两条腿走路，一条腿是物质硬实力，一条腿是文化软实力。如果说物质硬实力不行，那么这个国家可能一打就败；

而如果说文化软实力不行，这个国家可能不打自败。意识形态是文化软实力的核心和灵魂。2013年12月30日，习近平总书记在主持全国宣传思想工作座谈会时深刻指出，意识形态工作是党的一项极端重要的工作。因为它事关党的前途命运，事关国家长治久安，事关民族的凝聚力、向心力。一个政权的瓦解，往往是从思想领域开始的。政治动荡、政权更迭可能在一夜之间发生，但思想演化是个长期过程。思想防线被攻破，其他防线就很难守住。所以我们必须把意识形态工作的领导权、管理权、话语权，始终牢牢地掌握在自己手中，任何时候都不能旁落，否则我们就会犯无法挽回的历史性错误。可见，以意识形态为核心的文化软实力事关国家兴衰成败。为了稳健推进中华民族伟大复兴的历史进程，必须不断提升国家文化软实力。特别是，面对百年未有之世界大变局，面对纷纭复杂的国际舆论形势，中国必须占领文化软实力制高点。对内，不断增强意识形态工作的引领力、凝聚力、鼓舞力；对外，要不断做强国际舆论场的中国声音，讲述好中国故事、传达好中国立场、树立好中国形象，努力提高中国话语权的影响力、公信力、说服力，为维护世界和平、共享人类文明、建立公正合理的国际新秩序贡献更多的中国智慧和中国方案。

## 二 关于本丛书的选题

凡是人类思想扫描过的事物都会留下文化的印记。一方面，文化诉说历史，历史凝结文化，文化在人类社会中无处不在。另一方面，文化又受不同社会存在、不同政治制度、不同生存环境和不同实践活动的制约，难免形形色色，千差万别。本丛书所论及的"文化"，主要包括哪些内容呢？换一句话说，本丛书的文化软实力论著选题主要涉及哪些领域呢？我们的立意主要关注天下大事、政党存亡、国家安危，因此涉及诸如理论、舆论、文艺、出版、网络等领域。具体而言，本丛书研究方向主要包括：中国共产党精神谱系和中华民族精神；中国化马克思主义的理论武装；新闻传播的舆论引导；文学艺术作品对社会思潮和风气的正向引领；哲学社会科学的繁荣发展；文化产业"两种属性""两种效益"的统一；思想理论政治教育的文化软实力功能；文化产业的文化软实力功能；互联网时代文化软实力建设的新机遇和新挑战；文化软实力在人类命运共同体构建中的地位和作用；等等。

总之，本丛书的遴选坚持以下标准：以习近平新时代中国特色社会主义思想为指导，以社会主义核心价值观为灵魂，以中国博大精深优秀传统文化为根脉，倡导逻辑严谨、深入浅出、通俗易懂、生动活泼、喜闻乐见的文风，力求为推进中华民族伟大复兴提供有价值的精神食粮，为培育和筑牢中华民族共同体意识发挥作用。

### 三 关于"中国青年学者"的定位

"文化软实力"的重要性，毋庸置疑，世界各主要大国无不高度重视软实力。但是，"文化软实力"作为一门新兴的学科，还不够完善成熟。虽然文化软实力研究方兴未艾，但是同其他比较成熟的学科比，研究力量还是比较单薄，有分量的研究成果还比较少。如此重要的研究领域，确需不断壮大研究队伍，仅凭少数人研究是无法满足形势发展和国家需求的，也不利于使这一重要研究持续深入。因此，文化软实力研究需要一批又一批思想文化精英踏着实践的大地，和着时代的旋律，前赴后继地深入研究，不断推出优秀成果。而在这一学术研究历史进程中，"中国青年学者"无疑是最引人注目的生力军。他们必然是勇推"前浪"的"后浪"，时代呼唤他们领军扛旗。这正是我遴选"中国青年学者"的初衷。

当然，所谓"优秀"都是相对而言，没有绝对标准。但是，我们有理由相信，凡是入选本丛书的"中国青年学者"，都会珍惜荣誉、乘势而上、勇攀研究的新高峰。他们都很清醒，自己的著作一旦入选"中国青年学者文化软实力论丛"并由中国社会科学出版社出版，读者就会端着放大镜品评自己的著作，必将精益求精。

希望《中国青年学者文化软实力论丛》能成为优秀青年学者的一个磁场，能吸引越来越多立场正确、导向鲜明、视野开阔、善于创新、勇于负责、甘于奉献的优秀青年学者。他们将是文化软实力研究的希望之星。

是为序。

张国祚

2022 年 3 月

# 目 录

绪 论 …………………………………………………………（1）
 一 问题的提出与研究的意义 ………………………………（1）
 二 国内外研究现状述评 ……………………………………（3）
 三 研究内容与总体框架 ……………………………………（8）
 四 研究方法与主要创新点 …………………………………（13）

**第一章 弘扬中华优秀传统文化与增强国家文化软实力的基本问题** ………………………………………………（17）
 第一节 弘扬中华优秀传统文化增强国家文化软实力的必要性与可能性 ………………………………………（17）
  一 弘扬中华优秀传统文化增强国家文化软实力的必要性 …………………………………………………（18）
  二 弘扬中华优秀传统文化增强国家文化软实力的可能性 …………………………………………………（21）
 第二节 弘扬中华优秀传统文化增强国家文化软实力的思想借鉴 ………………………………………………（24）
  一 创造性转化思想 ……………………………………（24）
  二 创造性诠释思想 ……………………………………（43）
 第三节 弘扬中华优秀传统文化增强国家文化软实力的理论渊源 ………………………………………………（52）
  一 综合创新理论 ………………………………………（52）

二　中国化马克思主义文化软实力理论……………………(56)
　第四节　弘扬中华优秀传统文化增强国家文化软实力的
　　　　　战略意义……………………………………………(61)
　　一　弘扬中华优秀传统文化增强国家文化
　　　　软实力对中国的战略意义………………………………(61)
　　二　弘扬中华优秀传统文化增强国家文化
　　　　软实力对世界的战略意义………………………………(64)

第二章　中华优秀传统文化与国家文化软实力的辩证关系……(66)
　第一节　国家文化软实力的相关概念………………………(66)
　　一　国家文化软实力概念的语义分析和内涵分析………(66)
　　二　国家文化软实力的基本构成与要素分析……………(69)
　　三　国家文化软实力的主要特征与基本价值……………(73)
　第二节　中华优秀传统文化的相关概念……………………(74)
　　一　传统文化与先进文化、革命文化、和谐文化………(74)
　　二　中华传统文化与中华优秀传统文化、
　　　　中国文化精神、中华民族精神…………………………(76)
　第三节　新时代对中华优秀传统文化的判断标准…………(82)
　　一　关于判断标准的讨论…………………………………(83)
　　二　应与马克思主义文化观相符合………………………(89)
　　三　应与人文精神密切相关………………………………(91)
　　四　应与民族精神直接联系………………………………(91)
　　五　应与时代、实践和科学发展相顺应…………………(92)
　第四节　中华优秀传统文化是国家文化软实力的根基……(95)
　　一　中华优秀传统文化是构建国家文化软实力的
　　　　优势基础……………………………………………(96)
　　二　国家文化软实力的提升有助于促进中华优秀
　　　　传统文化的转化……………………………………(99)
　第五节　中华传统文化对国家文化软实力建构的
　　　　　双重效应…………………………………………(101)

一　中华传统文化对国家文化软实力建构的
　　　　积极效应 ……………………………………………（101）
　　二　中华传统文化对国家文化软实力建构的
　　　　消极效应 ……………………………………………（103）
　　三　发挥中华优秀传统文化对国家文化软实力
　　　　建构的积极效应 ……………………………………（104）

第三章　中华优秀传统文化的历史进程及其蕴含的
　　　　文化软实力 ……………………………………………（107）
　第一节　中华优秀传统文化的历史渊源、发展脉络、
　　　　　基本走向 …………………………………………（107）
　　一　理论根基与古典形态 ………………………………（108）
　　二　基于"冲突—反应"的近代化发展脉络 …………（115）
　　三　蕴含世界理念的现代基本走向 ……………………（119）
　　四　涵养平等原则的未来发展趋势 ……………………（123）
　第二节　中华优秀传统文化中蕴含的文化软实力 ………（126）
　　一　民族认同价值观念与文化凝聚力 …………………（126）
　　二　民族伦理道德观与文化吸引力 ……………………（127）
　　三　民族创新基本价值观与文化创造力 ………………（129）
　　四　和谐共生民族理念与文化整合力 …………………（130）
　　五　践行开放民族精神与文化辐射力 …………………（132）

第四章　弘扬中华优秀传统文化与增强国家文化软实力的
　　　　核心内容 ………………………………………………（136）
　第一节　基于中华传统美德的转化培育和弘扬社会主义
　　　　　核心价值观 ………………………………………（136）
　　一　中华传统美德与社会主义核心价值观 ……………（136）
　　二　爱国主义 ……………………………………………（137）

三　自我认同 …………………………………………（151）
　第二节　基于传统伦理价值观的转变树立生态文明
　　　　　理念 ……………………………………………（162）
　　　一　伦理价值观与生态文明理念 ……………………（163）
　　　二　以人为本 …………………………………………（165）
　　　三　天人合一 …………………………………………（177）
　第三节　基于传统探索革新观念的发展厚植创新
　　　　　理念 ……………………………………………（186）
　　　一　探索革新观念与创新理念 ………………………（186）
　　　二　实践理性 …………………………………………（189）
　　　三　自强自新 …………………………………………（196）
　第四节　基于传统普遍和谐观念的创新构建和谐
　　　　　文化 ……………………………………………（208）
　　　一　普遍和谐观念与和谐文化 ………………………（208）
　　　二　兼收并蓄 …………………………………………（209）
　　　三　多元互补 …………………………………………（218）
　第五节　基于传统和而不同原则的转换培养文化
　　　　　自觉理念 ………………………………………（228）
　　　一　和而不同原则与文化自觉理念 …………………（228）
　　　二　贵和尚中 …………………………………………（232）
　　　三　协和万邦 …………………………………………（241）

第五章　基于弘扬中华优秀传统文化增强国家文化软实力的
　　　　历史成就与具体问题 …………………………………（253）
　第一节　弘扬中华优秀传统文化增强国家文化
　　　　　软实力的历史特征 ……………………………（253）
　　　一　独特创造 …………………………………………（254）
　　　二　价值理念 …………………………………………（258）

三　鲜明特色……………………………………………(261)
　第二节　弘扬中华优秀传统文化增强国家文化软实力的
　　　　　历史经验……………………………………………(263)
　　一　辉煌成就……………………………………………(263)
　　二　基本经验……………………………………………(267)
　第三节　弘扬中华优秀传统文化增强国家文化软实力
　　　　　面临的具体问题与形成原因………………………(271)

第六章　新时代弘扬中华优秀传统文化增强国家文化
　　　　软实力的途径……………………………………………(275)
　第一节　新时代国内外机遇与挑战…………………………(275)
　　一　近现代中华优秀传统文化的发展轨迹与
　　　　主要挑战……………………………………………(276)
　　二　新时代中华优秀传统文化发展面临的历史
　　　　机遇与多重挑战……………………………………(279)
　　三　新时代中华优秀传统文化发展的思想基调与
　　　　总体趋势……………………………………………(287)
　第二节　新时代需要处理好的基本关系……………………(290)
　　一　处理好文化传统性与文化现代性的关系………(291)
　　二　处理好文化民族性与文化世界性的关系………(292)
　　三　处理好文化对内凝聚力与对外影响力的关系…(293)
　　四　处理好文化理想性与文化现实性的关系………(294)
　　五　处理好文化传播主体与文化传播受众的关系…(295)
　第三节　立足实践的创造性转化与创新性发展……………(297)
　　一　坚守中华文化立场…………………………………(297)
　　二　满足社会的道德伦理诉求…………………………(299)
　　三　符合文化功能的需要………………………………(300)
　　四　满足社会主义先进文化的需要……………………(302)

五　符合维护国家文化安全的需要 …………… (303)
第四节　"五位一体"立体网格文化发展路径………… (305)
　　一　主导路径：通过教育引导增强国家文化
　　　　整合力…………………………………………… (307)
　　二　日常路径：通过舆论宣传增强国家文化
　　　　辐射力…………………………………………… (309)
　　三　集中路径：通过文化熏陶增强国家文化
　　　　吸引力…………………………………………… (312)
　　四　根本路径：通过实践养成增强国家文化
　　　　凝聚力…………………………………………… (314)
　　五　保证路径：通过制度保障增强国家文化
　　　　创造力…………………………………………… (315)
第五节　"五位一体"立体网格文化发展路径的
　　　　保障机制………………………………………… (318)
　　一　政坛与论坛的互动机制 ……………………… (318)
　　二　群众参与机制 ………………………………… (320)
　　三　国内国际文化交流机制 ……………………… (322)

**结束语**……………………………………………………… (326)

**参考文献**…………………………………………………… (329)

**后　记**……………………………………………………… (343)

# 绪　　论

在日趋激烈的综合国力竞争中，以文化为标志的软实力作用日益凸显。传统文化是一个民族的基因，影响着人们的思维方式和行为方式，具有永不褪色的时代价值。中华优秀传统文化源远流长，博大精深，是我国文化软实力的战略资源和根基。为了回应全球文化竞争之加剧，充分发掘中华优秀传统文化优势，大力推进传统文化创新工作，是提高我国文化软实力的重要内容，是构建和保障我国社会主义意识形态的重大举措，将有力巩固我国社会主义核心价值体系，提高中国文化在国际社会的影响力。

## 一　问题的提出与研究的意义

### （一）问题的提出

习近平总书记在主持中共中央政治局第十二次集体学习时指出，增强国家文化软实力包含四个组成部分：一是要努力夯实国家文化软实力的根基，二是要努力传播当代中国价值观念，三是要努力展示中华文化独特魅力，四是要努力提高国际话语权。传统文化是一个民族的基因，影响着人们的思维方式和行为方式，具有永不褪色的时代价值。中华优秀传统文化源远流长，博大精深，是中国文化软实力的资源和根基，是当代中国价值观念最深刻的价值源泉，是展示中华文化独特魅力的最基本的文化基因，是提高国际话语权的最具优势的文化资源。中华优秀传统文化为中国特色社会主义道路提供思想理论支持，为思想道德建设提供文化指引，是最为深厚的国家文化软实力。

弘扬中华优秀传统文化，展现中国人民的精神志气，提振中华民族的文化自信。增强国家文化软实力，践行文化自信，我们不仅有来自中国革命、建设、改革的伟大实践过程中孕育的革命文化和社会主义先进文化，还有来自中华优秀传统文化的思想底蕴。为了回应全球文化竞争的加剧，充分发掘中华传统文化优势，大力推进传统文化创新工作是增强中国文化软实力的重大举措，将提高中国文化软实力在国际社会的影响力，为新时代中国乃至人类社会的发展提供新的出路。

（二）研究意义

本研究的主要目标：一是依据国家文化软实力五力互动功能结构理论体系，梳理中华优秀传统文化核心内容。认真挖掘具有独特价值的中华优秀传统文化，提炼其中精华的、最能体现中国特色的内容，增强中国文化软实力。二是给予中华传统文化合理的定位。站在历史发展的高度，认真发掘传统文化真精神，以便更好地为人类社会做贡献；认真反省中华传统文化自身缺陷，以便更好地在适应现代社会发展的总趋势下给予现代诠释。三是在文化创新中处理好民族性与世界性的关系。并非所有民族的都能走向世界，要通过中华优秀传统文化增强国家文化软实力，必须同时兼顾民族性和世界性，并朝着更具世界性的方向努力。

本研究的学术价值主要体现在：一是丰富和发展中国特色社会主义国家文化软实力理论体系。通过研究中华优秀传统文化的软实力功能提出五力互动功能结构理论体系，构建增强国家文化软实力的"五位一体"立体网格发展模式，为丰富和发展中国特色国家文化软实力理论体系的研究提供有益的参考。二是以现代化和全球化眼光阐发中华优秀传统文化的当代转化与创新。从现代化视角看，西化论与文化保守主义对中华传统文化均做出一定贡献，但都有失偏颇。为了克服这一弊端，本研究透过全球化视角，重新审视构建国家文化软实力的方法论，提出构建中华优秀传统文化创造性转化与创新性发展新模式。三是克服文化部落主义和文化帝国主义。面临文化全球化的发展趋势，中华优秀传统文化现代转化与创新可能出现两种倾向：一种是"文化部落主义"，一种是"文化帝国主义"或曰"文化霸权主义"。为了克服这两大障碍，本研究始终坚持文化建设的辩证统一，更好地推进文化开放、文化创新以及文化安全。

实践意义：一是立足实践切实理清中华优秀传统文化的核心内容和软实力价值，促进中华优秀传统文化与现代文明相契合，对弘扬民族精神、传承中华文化具有重要的借鉴意义。二是提出弘扬中华优秀传统文化、增强国家文化软实力的科学路径，为我国增强国际社会竞争力及复兴中华文化提供特定的精神动力与文化导向，对解放和发展文化生产力，推进文化产业、增强国家文化软实力具有十分重要的指导意义。在全球化与现代化交互影响的背景下，应推进当代中国文化发展，形成与中国经济社会发展和国际地位相适应的文化优势。

## 二 国内外研究现状述评

### （一）国外研究现状述评

国外关于文化软实力与中华优秀传统文化研究主要围绕以下几个方面。一是对软实力的研究。20世纪30年代，英国实用主义者卡尔提出"文化权力"概念，与军事权力、经济权力一并称为世界的三种权力。20世纪60年代，美国学界针对保罗·肯尼迪等大国兴衰论，肯定美国拥有文化、价值观和国民凝聚力等新型的软实力优势，有力地批判了美国权力衰退论。

20世纪90年代初，逐渐形成一种"文明的冲突"的观点。同时期，美国哈佛大学约瑟夫·奈教授在题为《软实力》的文章中，第一次提出国家综合国力包括硬实力和软实力的论断，并从文化、政治和外交三个方面阐述软实力。随后，马修·弗雷泽站在西方的立场对美国如何运用和提高软实力进行了系统而独到的分析；曼纽尔·卡斯特从多元文化主义立场出发，对全球化与网络化背景下国家、民族、社区与个人身份认同问题进行了系统阐述。此外，柯兰齐克、考恩、约翰·汤姆林森等学者均站在全球化视角看待文化软实力的作用与意义。

二是对中华传统文化的研究。1980年后，国外对中华文化研究的热度逐渐上升，以日本、新加坡和韩国最为突出。日本成立了关于孔孟思想的研究会，并将其与本国现代化进程研究相联结；在韩国，主要研究成果有釜山大学金日坤的《儒教文化圈的伦理秩序与经济》、韩国同德女子大学赵骏河的《儒学价值观与21世纪新人》、尚志大学李相殷的《儒学与21世纪公共道德》等。

西方美英等国家的研究热情也很高。著名学者费正清与赖肖尔合著的《东亚：伟大的传统》一书从世界眼光肯定"中国文明是优秀的"；杜维明教授所著的《东亚现代性中的儒家传统》指出正视中华传统文化的积极意义。英国著名历史学家汤因比在《展望二十一世纪》一书中指出21世纪是中国文化的时代。法国汉学家汪德迈的《新的汉文化圈》将中国、韩国、日本、新加坡等国家和地区划为汉文化圈，从而否定了世界文化的西方化和单一化。德国著名汉学家罗哲海的《轴心时期的儒家伦理》将中国思想置于世界思想史的范围内加以考察，超越了传统研究方法的结论。

三是对文化软实力与中华传统文化相结合的研究。如美国迈克尔·巴尔的《中国软实力：谁在害怕中国》。国外学者在关注美国文化软实力从"独霸性"降为"主导性"的同时，越来越多地开始研究中华传统文化及其软实力。

(二) 国内研究现状述评

国内关于文化软实力与中华优秀传统文化研究：第一，对文化软实力的研究。中国学者较早系统探讨文化力理论的是军事科学院的黄硕风研究员。王沪宁是较早介绍约瑟夫·奈软实力概念的中国学者。20世纪90年代，以王沪宁《作为国家实力的文化：软权力》一文为代表，学界开始研究社会发展和国家安全建设的文化因素。此后，庞中英、张骥、桑红等从国际政治关系的视角，一是批判美国文化霸权主义；二是将文化建设视为国家安全重要因素，提出构建中国文化安全战略。

进入21世纪后，关于文化软实力的研究成果逐渐增多。通过对近十年学术期刊网相关论文检索，可以看出关于文化软实力的研究目前已经成为学术界的热点话题。迫切需要构建一个全新的国家战略规划，文化软实力研究亦上升至国家战略层面。如郭建宁的《中国文化强国战略》是首部全面、系统地阐述如何实施文化强国战略的著作；骆郁廷的《文化软实力：战略、结构与路径》从文化软实力的科学内涵与国际视野、发展战略、内容结构、建设途径及力量整合等方面展开研究；张国祚的《中国文化软实力研究要论选》从多方面涉及文化软实力的基本范畴和战略地位；沈壮海的《文化软实力及其价值之轴》阐述了文化与软实力、价值体系与思想教育方面的见解；洪晓楠等从哲学视角探讨制约增强国家文化软实力的若干要素，建构评价体系，开展国家文化软实力比较研究，提出当代中国提升文化软实力的方略和具体措施；花建等以全球化的广阔视野层层展开"文化力"这一全新的理念，揭示了21世纪中国和平发展的文化动因。

目前学界主要围绕以下几方面展开研究：一是探讨增强国家文化软实力的必要性与可能性；二是通过深入考察中国文化软实力建设现状或通过中外比较来分析中国文化软实力建设的经验教训；三是提出中国文化软实力建设的关键问题与对策建议，如周文彰"手段—目的论"、陈澍"动力—关键"、张国祚"五个着力点"、陈晋"三个关键环节"、刘玉堂"五强"、李彬"六强"、焦锦淼"八强"等。

第二，关于中华优秀传统文化的研究。20世纪80年代中期以来，呈现出从偏激到理性、从批判性到建设性的过程，大致分为四个阶段：一是80年代中期，表现出较激烈的反传统倾向，至晚期迅速转向，由文化热转到国学热，建设性研究渐成主流；二是90年代初，转向全球化视域下中国文化的变迁研究；三是90年代中期，集中在中华优秀传统文化的当代价值、继承创新等问题；四是90年代后期以来，以反思文化发展历程构筑先进文化为主旋律。

三十多年来，学界的研究主要表现在以下方面：其一，关于中华传统文化的基本理论。一是关于内涵、发展规律及历史意义问题的探讨，形成两种代表性观点：从微观层面将其看作是与政治、经济相联系的现代化建设的重要组成部分；从宏观层面将其看作现代化建设的核心、根本与灵魂。二是关于"传统"与"现代"的关系问题，主要形成三种观点：传统是现代的起点与基础；现代是传统的延伸与超越；传统是动态的、变化发展的范畴。如汤一介基于四大文化圈和两大文化体系阐释中国文化在东方文化中的地位及发展前景。

其二，关于中华传统文化的本质及内容。主流观点认为，其实质是以儒家文化为主干，儒、释、道三种文化相互融通而成的文化，如张岂之从"优秀传统文化的核心理念"诠释"民族文化基本元素"；此外，任继愈《中华五千年的历史经验》、陈来《回向传统——儒学的哲思》等均持此观点。第二种观点将"社会思想"而不是"典籍思想"看作历史进程的关键。第三种观点提出官文化与小农意识构成主要矛盾。第四种观点认为中华传统文化是一种封建官样的意识形态文化。

其三，关于中华优秀传统文化现代转化的关键。形成"基本肯定"与"完全重构"两种截然不同的观点。前者包括张岱年的"文化综合创新论"，主张在汲取西方文化的优秀成就的同时努力发扬中国文化的优秀传统，创建社会主义的新中国文化；梁漱溟的《东西文化及其哲学》从客观的视角评价中华传统文化；唐君毅的《中国文化之精神价值》通"中体西用"与"全盘西化"之两极，对中国文化的基本精神作宏观的概论式描述；方克立的"马魂、中体、西用"论把坚持马克思主义指导、挺立民族文化和坚持对外开放有机地统一起来。此外，冯天瑜的《中国文化近代转型管窥》、郭齐勇的《中华人文精神的重建》、张君劢的《明日之中国文化》均提出建设性意见。"完全重构"认为中华传统文化在文化选择及知识传播系统方面严重制约了科学的发展，必须通过解构再造完成现代化。

第三，对文化软实力和中华传统文化相结合的研究。当前，学界对二者相结合的研究逐步成为热点。通过学术期刊网检索，相关硕士学位论文3篇，关系比较密切的期刊论文30余篇。主要围绕以下几个问题展开讨论：

其一，关于国家文化软实力与中华传统文化关系的宏观考察。一是关于文化软实力的传统文化渊源的研究，如孟宪实指出我国历代思想家都高度重视国家软实力，并归纳出文化力量的具体表现，高斌、王蒙等亦从此方面展开研究。二是关于国家文化软实力以传统文化为基础的必然性的研究，刘张飞从历史先进性、资源的丰富性及其时代的价值性等方面进行论证，此外还有马庆红、朱利民、刘克利等。

其二，关于国家文化软实力与中华优秀传统文化关系的具体研究。一是从理论整体的视角论述，如张胜军指出传统文化不可能自然而然地增强软实力，必须把握好民族性和普适性等关系。二是论述国家文化软实力与中华优秀传统文化思想的对应关系，如江凌指出中华传统文化的和合理念、包容开放特质、民本思想、仁爱思想、整体意识、传承创新等有利于增强国家文化软实力；刁生虎等从中华传统文化有助于中华民族凝聚力的增强、中华文明亲和力的提升、和谐世界的当代建构、生态文明的全球实现等方面阐释；刘莲香等从爱国主义传统、和合思想、自强不息等方面探讨。三是从其他方面进行研究，冯建辉等从认同论、张笑扬从符号学的观点阐释二者的关系问题。

其三，关于中华优秀传统文化对国家文化软实力的价值的研究。一是从总体上论述传统文化对增强国家文化软实力的价值；二是从某些具体方面论述了传统文化对增强国家文化软实力的价值；三是探讨国家文化软实力视野下的传统文化价值定位问题。如韩红梅等从传统文化具有生命力、凝聚力、创新力、吸引力、影响力等方面给予论证；赵林栋从个人、群体、国家和世界四个层面进行阐释。

其四，关于通过中华优秀传统文化提升国家文化软实力的对策研究。一是将传统文化作为提升文化软实力的突破口，提出提高文化软实力的战略；二是从中西马辩证关系角度提出，提高我国文化软实力应当采取抵制与交流相结合的方式。

综上所述，目前的相关研究主要以论文为主，还没有全面、系统的研究著作。尚存在以下问题：关于中华优秀传统文化中的"优秀传统文化"究竟是什么以及"优秀"的标准研究较少；从国家战略层面出发研究不够；缺乏比较完整的理论基础和研究方法；提出的具体策略和实践路径尚不够明晰；对于战略意义的总结，大多只归结到对我国的意义，没有考虑到对世界的意义。针对以上问题，有待进行深入的历史考证、逻辑分析和实践确证，从而形成理论化系统化的研究成果。

## 三　研究内容与总体框架

（一）研究内容

立足实践需要，针对现实问题，紧跟时代步伐，将研究内容确定为：研究与甄别中华优秀传统文化的核心内容；中华优秀传统文化与文化软实力的辩证关系；弘扬中华优秀传统文化增强国家文化软实力的理论基础、核心内容、主要问题等；弘扬中华优秀传统文化增强国家文化软实力的历史考察、经验教训、机遇挑战、科学路径。

第一章阐述弘扬中华优秀传统文化与增强国家文化软实力的基

本问题。一方面，中华民族的发展壮大离不开对中华优秀传统文化的继承、发展和弘扬。社会主义核心价值观反映了中华民族几千年来传承和发展着的优秀品质和精神，是国家和民族文化竞争力的体现，是国家文化软实力的灵魂。民族振兴、国家富强、人民幸福伟大梦想的实现，需要中华优秀传统文化的滋养和国家文化软实力的支撑。另一方面，中华优秀传统文化以其强大生机和巨大的包容力，可以为增强文化软实力提供深厚的理论滋养。创造转化思想、创造性诠释思想、综合创新理论、中国化马克思主义文化软实力理论等，为弘扬中华优秀传统文化与增强国家文化软实力提供思想借鉴与理论基础。战略意义从对中国的意义和对世界的意义两个方面进行论证。

第二章论证中华优秀传统文化与国家文化软实力的辩证关系。国家文化软实力是国家软实力的核心因素，与经济实力和科技实力等硬实力相互影响、相辅相成。包括五个组成部分：激励国家形成强大向心力的国家文化凝聚力；获得外界仿效的国家文化吸引力；推动发展、追求领先的国家文化创新力；将文化要素组织成效能最大有机整体的国家文化整合力；向外界正确表达意图的国家文化辐射力。其中，国家文化凝聚力是内核要素，国家文化吸引力是基础要素，国家文化创造力是倍增要素，国家文化整合力是集成要素，国家文化辐射力是表象要素。国家文化软实力的主要特征是，可以衡量国家文化发展的"发展度"；反映国家文化发展的"满意度""协调度"与"持续度"。传统文化、先进文化、革命文化与和谐文化，共同构成中国特色社会主义文化的文化土壤和有机组成部分。它们具有共同性和一致性，也存在着区别与差异。新时代对中华优秀传统文化的判断标准是，与马克思主义文化观相符合；与人文精神密切相关；与民族精神直接联系；与时代、实践和科学发展相顺应。中华优秀传统文化是国家文化软实力的根基，为构建国家文化软实力提供资源支撑；另外，国家文化软实力的提升也有助于促进中华优秀传统文化的转化，使其更加契合新时代的变化与发展，成为新时代社会文化道德大厦的有力支撑。中华传统文化对国家文化软实力的建构具有双重效应。

第三章阐释中华优秀传统文化的历史进程及其蕴含的文化软实力。中华优秀传统文化的古典形态是由先秦至清代前中期的文化集成，核心价值观包括天人合一、爱国主义、以人为本与知行合一，奠定了中华文化博大精深的基础。自鸦片战争开始至新中国成立，中华优秀传统文化进入近代文化转型时期，形成"冲突—反应"型的近代文化形态，核心价值观包括经世致用、以人为本与兼收并蓄。新中国成立后，形成了蕴含世界理念的现代中华文化基本走向，核心价值观为世界精神、天人合一和多元互补。新时代社会的统一共识建立在社会制度和个人行为规范基础之上，据此，涵养平等原则的中华文化未来发展趋势，不仅落实在基本的生存层次，还向更高层次开放，并通过伦理规范反映出来。

中华优秀传统文化是国家文化软实力的突出优势，这种优势的激发，关键在于发挥中华优秀传统文化的有效性和文化软实力功能。即发挥中华优秀传统文化所具有的激励中华民族形成强大向心力的文化凝聚力功能，获得国外仿效的文化吸引力功能，推动发展、追求领先的文化创造力功能，将文化要素组织成效能最大有机整体的文化整合力功能，向外界正确表达意图的文化辐射力功能。文化凝聚力功能与文化吸引力功能互为内外，文化整合力功能与文化辐射力功能互为表里，文化创造力功能是吸引子。提高国家文化软实力，必须做到五力功能互动。

第四章阐释弘扬中华优秀传统文化与增强国家文化软实力的核心内容。从结构功能分析的角度看，中华优秀传统文化与国家文化软实力在结构上具有同构性。一是基于中华传统美德的转化培育和弘扬社会主义核心价值观。爱国主义和自我认同是中华文化精髓，蕴含着丰富的思想道德资源，可以提升价值观自信，增强文化凝聚力。二是基于中华传统伦理价值观的转变树立生态文明思想。天人合一和以人为本为生态文明思想提供了思想资源，有助于当代中国价值观念的传播，增强文化吸引力。三是基于中华传统探索革新观念的发展厚植创新理念。实践理性和自强自新为创新发展理念提供了重要精神资源，展示了中华文化的独特魅力，增强文化创造力。四是基于中华传统普遍和谐观念的创新构建和谐文化。多元互补和兼收并蓄为和谐文化提供了理论支撑，能够展示中国各民族多元一体、文化多样和谐的文明大国形象，增强文化整合力。五是基于中华传统和而不同原则的转换培养文化自觉理念。贵和尚中与协和万邦为文化自觉理念提供了丰富的思想基础，能够提高国家话语权，推动构建新型大国关系，增强文化辐射力。

第五章论述基于弘扬中华优秀传统文化增强国家文化软实力的历史成就与具体问题。深入考察中华文化的独特创造、价值理念、鲜明特色。进一步明确以中华优秀传统文化为基础构建国家文化软实力是连续性与阶段性的统一，从而增强文化自信和价值自信。全面总结弘扬中华优秀传统文化增强国家文化软实力的历史经验与成就。从历史的视角考察演进和形成，总结经验与成就，提升弘扬中华优秀传统文化增强国家文化软实力的自觉性。深刻分析弘扬中华优秀传统文化增强国家文化软实力的具体问题与形成原因。从混淆传统文化的精华与糟粕，对政治层面与学术层面、大众化与精英化、继承与创新等关系处理失当等方面集中分析。

第六章探索新时代弘扬中华优秀传统文化增强国家文化软实力的途径。客观分析当前国内外机遇与挑战，从国内机遇、国际机遇、国内挑战、国际挑战四个维度深刻分析。弘扬中华优秀传统文化，要在转化和发展中认真对待五对关系：处理好文化传统性与文化现代性的关系；处理好文化民族性与文化世界性的关系；处理好文化对内凝聚力与对外影响力的关系；处理好文化理想性与文化现实性的关系；处理好文化传播主体与文化传播受众的关系。在此基础上，立足实践的创造性转化与创新性发展。中华优秀传统文化的发展路径是一个由多个节点构成的结构集合，全方位多层次宽领域共同构建"五位一体"立体网格文化建设路径，意味着从局部建构到全面发展的文化建设现代化。教育引导主导路径为遵循文化发展内在规律，对公民进行中华优秀传统文化及其创造性转化、创新性发展的全面教育引导，推进传统核心价值观的思想精华和道德精髓时代化，增强社会主义核心价值观文化整合力；舆论宣传日常路径为促进开放交流，处理好文化全球化与同质化的关系，促进媒体融合，讲好中国故事，提高舆论引导能力，提升国际话语权，增强文化辐射力，二者互为"表里"。文化熏陶集中路径为满足大众需求，开展文化熏陶，推进传统核心价值观大众化，增强社会主义核心价值观的文化吸引力；实践养成根本路径为强化认同效果，促进全体人民自觉践行社会主义核心价值观，发挥法律法规刚性约束力作用，增强文化凝聚力，二者互为"内外"。制度保障保证路径为坚持效益与利益相统一原则，深化文化体制改革，完善文化管理体制，致力于建设新时期文化创新体系，增强文化创造力，为联结"表里""内外"的桥梁。弘扬中华优秀传统文化增强国家文化软实力，必须做到"五位一体""五力功能互动"。保障机制为政坛与论坛的互动机制、群众参与机制、国内国际文化交流机制。

  结束语对全部研究进行简要总结，指出在国家文化软实力建构的过程中，既要重视把文化软实力与当代中国社会的实践结合起来，又要自觉地把文化软实力与中华优秀传统文化的现代转化与创新统一起来。

  （二）总体框架

  以马克思主义文化理论为指导，综合运用逻辑与历史相统一、辩证分析、比较分析等方法，以"国家文化软实力"与"中华优秀传统文化"两个核心概念为切入点，论证中华优秀传统文化是构建国家文化软实力的根基，以五力互动功能结构理论为依据，深入分析弘扬中华优秀传统文化增强国家文化软实力的主要内容、历史进程，全面总结经验与教训，系统阐述增强国家文化软实力的科学路径。整个研究分为绪论、主体和结束语三个部分。绪论部分主要介绍选题意义与研究现状、基本思路与方法以及可能创新之处；主体包括六个部分，总体研究框架如图所示。

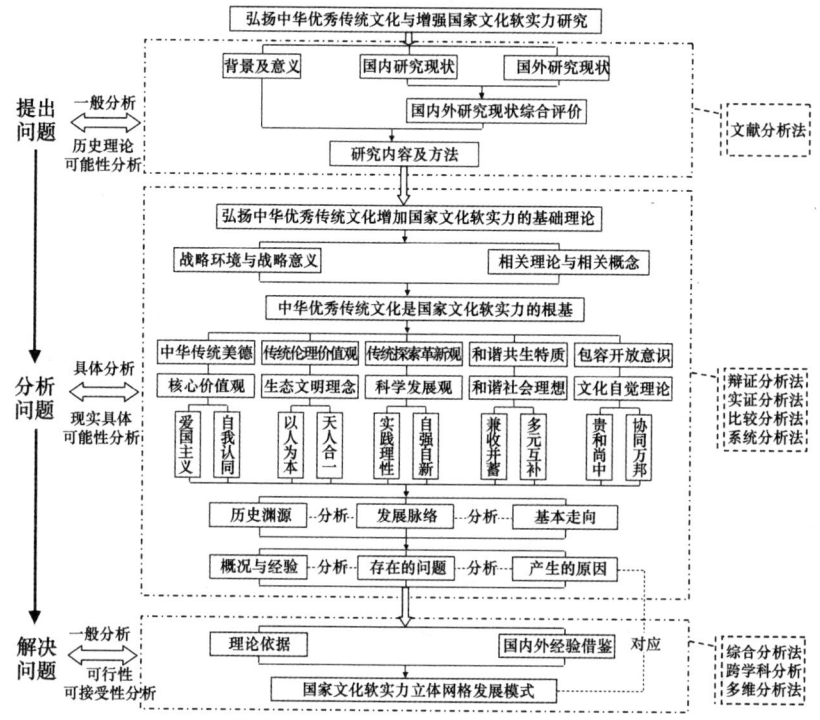

图1-1 总体研究框架

## 四 研究方法与主要创新点

### （一）研究方法

通过文献计量分析法，结合网络引擎搜索，阅读和梳理相关研究成果，在综合借鉴他人成果的基础上，确定本研究的核心问题，并对这些问题进行分析、评述、总结。

通过逻辑与历史相结合的分析法，认真梳理弘扬中华优秀传统文化增强国家文化软实力的现状、问题、挑战与对策措施等,通过分析国家文化软实力建设与中华优秀传统文化相结合的历史,力求找出二者相契合的逻辑。

通过系统分析法,以马克思主义文化观为指导,坚持从实际出发,对中华优秀传统文化进行整体性、层次性和动态性的分析,科学认识中华优秀传统文化的本质,把握中华优秀传统文化发展规律。

通过比较分析法,借鉴国外发达国家成功经验,包括重视文化发展的地位与作用,将文化产业作为提升国家文化软实力的重要载体,通过全方位、立体化、多途径文化输出扩大文化国际影响力等;提出弘扬中华优秀传统文化增强国家文化软实力的一般规律,为中国弘扬优秀传统文化增强国家文化软实力提供有益的借鉴。

通过科学原则与价值原则相统一的方法,把握通过弘扬中华优秀传统文化增强国家文化软实力的内在规律性,体现出学术研究的科学性;把握理论背后的实践基础,紧密关注人民群众的需要和价值取向,体现出科学研究的价值性。

通过运用跨学科、多维度的研究方法,综合分析与回应了弘扬中华优秀传统文化增强国家文化软实力的突出问题。

运用定性与定量相结合的方法。定性分析有助于我们认识问题的本质,定量分析则更有助于我们将问题讲清楚,清晰地描述出中国文化的发展趋势与状况。

(二) 主要创新点

探索如何将中华优秀传统文化与国家文化软实力相契合,重点做好创造性转化与创新性发展。此问题的提出是文化的可离析性和科学发展的内在要求,创造性转化即文化的民族性传承坚持科学理论指导和辩证转化,赋予其新的时代内涵,激活其生命力;创新性发展即文化的时代性转化坚持批判性重构和融合性创新,给予中华优秀传统文化以拓展与完善,增强其影响力。二者是将中华优秀传统文化与国家文化软实力相契合的重要理论结构与当代实践特征。

从哲学视角研究国家文化软实力与中华优秀传统文化的辩证关系，关键在于首先明确提出"中华优秀传统文化是国家文化软实力的根基"的重要命题，阐明中华优秀传统文化在国家文化软实力建构中的地位和作用。

对弘扬中华优秀传统文化增强国家文化软实力的发展脉络进行新考察。依据国家文化软实力五力互动功能结构理论，一方面总结中华优秀传统文化的传承性与适应性，另一方面挖掘中华优秀传统文化的当代文化软实力功能和价值，以动态的视角从整体上把握中华优秀传统文化的历史变革及其规律特征。

对弘扬中华优秀传统文化增强国家文化软实力的核心内容进行新探索。分析中华传统美德中的爱国主义和自我认同精神，培育和弘扬社会主义核心价值观，提升价值观自信，增强文化凝聚力；分析中华传统伦理价值观中的天人合一和以人为本精神，树立生态文明理念，致力于传播当代中国价值观念，增强文化吸引力；分析中华传统探索革新观念中的实践理性和自强自新精神，厚植创新理念，展示中华文化独特魅力，增强文化创造力；分析中华传统普遍和谐观念中的多元互补和兼收并蓄精神，构建和谐文化理论，展示中国各民族多元一体、文化多样和谐的文明大国形象，增强文化整合力；分析中华传统"和而不同"原则中的"贵和""尚中"与"协和万邦"精神，培养文化自觉理念，提高国家话语权，推动构建新型大国关系，增强文化辐射力。

提出弘扬中华优秀传统文化增强国家文化软实力必须做到"五位一体"。教育引导主导路径为遵循文化发展内在规律，对公民进行中华优秀传统文化及其创造性转化、创新性发展的全面教育引导，推进传统核心价值观的思想精华和道德精髓时代化，增强社会主义核心价值观文化整合力；舆论宣传日常路径为促进开放交流，处理好文化全球化与同质化的关系，促进媒体融合，讲好中国故事，提高舆论引导能力，提升国际话语权，增强文化辐射力，二者互为

"表里"。文化熏陶集中路径为满足大众需求,开展文化熏陶,推进传统核心价值观大众化,增强社会主义核心价值观的文化吸引力;实践养成根本路径为强化认同效果,促进全体人民自觉践行社会主义核心价值观,发挥法律法规刚性约束力作用,增强文化凝聚力,二者互为"内外"。制度保障保证路径为坚持效益与利益相统一原则,深化文化体制改革,完善文化管理体制,致力于建设新时期文化创新体系,增强文化创造力,为联结"表里""内外"的桥梁。弘扬中华优秀传统文化增强国家文化软实力,必须做到"五位一体""五力功能互动"。

# 第一章 弘扬中华优秀传统文化与增强国家文化软实力的基本问题

中华民族的发展壮大离不开对中华优秀传统文化的继承、发展和弘扬。中华优秀传统文化反映了中华民族几千年来传承和发展着的优秀品质和精神，是国家和民族文化竞争力的体现，是国家文化软实力的灵魂。民族振兴、国家富强、人民幸福伟大梦想的实现，需要中华优秀传统文化的滋养和国家文化软实力的支撑。中华优秀传统文化以其强大生机和巨大的包容力，可以为增强文化软实力提供深厚的理论滋养。创造转化思想、创造性诠释思想、综合创新理论、中国化马克思主义文化软实力理论等，为弘扬中华优秀传统文化与增强国家文化软实力提供思想借鉴与理论基础。

## 第一节 弘扬中华优秀传统文化增强国家文化软实力的必要性与可能性

弘扬中华优秀传统文化增强国家文化软实力是当代中国文化发展生生不息、与时俱进的基本路径。中华优秀传统文化在继承和弘扬的过程中遇到了一些挫折和困难，却不能影响它对中华民族的巨大影响力。不可否认，中华优秀传统文化是中华民族的根基和精神家园，是中华民族实现伟大复兴的不竭力量之源，弘扬中华优秀传统文化增强文化软实力一定是必要且可能的。

## 一　弘扬中华优秀传统文化增强国家文化软实力的必要性

社会意识对社会存在具有巨大的反作用。当前国家间的竞争已经不仅仅是经济科技的竞争，更是文化的竞争。因而，在逐步提高国家经济实力的同时更要积极提高文化软实力。经济的发展、科技的进步离不开文化的发展和进步。文艺复兴和宗教改革带来了工业革命和资本主义社会的建立；新文化运动的开展促进了新民主主义革命的萌芽。[①] 文化具有难以想象的影响力，它不仅是政治革命的先导，更是经济发展的巨大推动力量。因而弘扬中华优秀传统文化增强国家文化软实力是一项影响深远且需要不断投入精力的具有极大历史意义的工程。

民族文化是所有文化的第一特质，它在民族发展的历史进程中反映着本民族民族精神的形成与演变，这些文化塑造出本民族的共同价值观念和行为模式，在此基础上，构成本民族的文化认同。郭齐勇提出，一个社会的文化土壤或社会文化背景包括"伦理共识"和"文化认同"。"文化认同"是个体所归属的民族文化的基本身份的自我定位；"伦理共识"是隐性的有约束力的价值观、生活态度、对待家庭与社会的方式以及终极信念的共同点。一个健康的现代化社会不能不依赖于"文化认同"与"伦理共识"。[②] 中华优秀传统文化是中华民族赖以生存的文化根基和精神家园，是形塑中国人心理和行为的非常重要的精神资源，是中国人安身立命的精神支撑，更是民族独立性和独特性的鉴证。面对各种外来文化和宗教，中华文化的独立性受到了一定程度的冲击，各种文化糟粕也成为优秀文化发展的威胁。因而，弘扬中华优秀传统文化非常紧要和必要。既要在文化交融的世界里保持自身的独特性，又要在文化的发展和变迁中"取其精华，去其糟粕"。

---

① 刘爱武：《弘扬中华优秀传统文化与提升当代中国文化软实力》，《思想理论教育》2015年第8期。

② 郭齐勇：《中国儒学之精神》，复旦大学出版社2013年版，第63页。

## 第一章　弘扬中华优秀传统文化与增强国家文化软实力的基本问题

中华民族的发展壮大离不开对优秀传统文化的继承、发展和弘扬。随着新时代社会政治、经济、文化等领域的变化和调整，社会成员的行为方式、生活方式、价值体系都会发生明显的变化。这一时期也是社会价值观多元嬗变和相互碰撞时期，在这一时期，我国公民的道德困境现象表现极为突出，社会成员必然会出现个体的道德困境。弘扬中华优秀传统文化，建立国人文化自信，加强国人对于本民族历史及现实的认同感，建立共同的精神家园用于抵抗近代西方传入的拜金主义、享乐主义和极端个人主义，解决目前所面临的道德困境。国家文化软实力的增强，事关国家发展和民族振兴；而优秀传统文化对我国文化软实力的增强不可忽视，所以弘扬中华优秀传统文化增强国家软实力是历史与时代赋予我们的重任。

社会主义核心价值观是文化软实力的灵魂，它代表了中华民族几千年来传承和发展着的优秀的品质和精神，是中华民族的灵魂，也是国家和民族文化竞争力的体现。现今不断强调弘扬社会主义核心价值观，不仅是鼓舞每一个人保持灵魂中的善，保留最本真和高尚的自我，更是强调一种传承、一种发展。中华优秀传统文化的根不能断，每一个中华儿女都有责任和义务去继承好、发展它。文化软实力的增强绝不是政府单方面的行为，而是每一个中国人都应该身体力行且切实可行的事。因而，弘扬中华优秀传统文化增强文化软实力是民族发展的动力之源，更是民族复兴的精神动力。

民族振兴，国家富强，人民幸福无疑是全体中华儿女的梦想。而这个梦想的实现需要中华优秀传统文化的滋养和文化软实力的支撑。习近平总书记在强调增强文化软实力的重要性时提出了以提高国际话语权塑造国家形象的问题。可以说，由于中华文化与西方文化的差异以及20世纪中国奉行的闭关锁国的政策使西方国家甚至是国际社会对中国存在一定程度的误解和敌视。随着中国经济的发展，对外交流的频繁与国际地位的提升，国际上开始出现关于"中国威胁论"的种种论调，试图抹黑中国的国际形象，阻碍中国的进一步发展。这些误解和敌视归根结底是中华文化没有为世界所理解和接受，中国的文化软实力还不够强。目前通过向外界传递中华优秀传统文化中"和而不同""以和为贵"等思想观念来表明中国的崛起是和平崛起，不会对世界构成威胁，以弘扬中华优秀传统文化增强我国文化软实力是卓有成效的。[①] 目前，通过向国际社会宣传我国传统文化中的各种理念，已经在一定程度上消解了"中国威胁论"此等无稽之谈，为中国的发展营造了一个相对稳定的国际环境。让国际社会通过了解中国文化尤其是中华传统文化来了解中国，理解当代中国制度的选择，打消"国强必霸"的旧观念，愿意与中国一起合作，携手共进。同时我国历史悠久，文化源远流长，其中不仅有深刻的内涵还有着无与伦比的吸引力。通过向国际社会弘扬中华优秀传统文化，以期获得世界人民的理解与喜爱，形成从对中华传统文化的喜爱到关注中国。从提升本国的影响力到使国际社会认同和理解当代中国的发展道路和制度选择这一改变，这是弘扬中华优秀传统文化所期望达到的提升国家文化软实力的效果。

中国要以大国形象屹立于世界，光靠经济的发展远远不够，文化的弘扬和发展更加重要。要把中华文化带到世界的每个角落，让全球人都知道这个有着五千年文明史的国家是怎样优秀的礼仪之邦，这个自信雄健的国家值得每一个人尊敬和向往。随着文化外交的不断发展，文化软实力的不断提高，中国的国际形象和地位的提高便指日可待。同时，增强文化软实力也意味着增强中国人的骨气和底气。中国梦归根结底是人民的梦，是需要每一个中国人把实现自身远大志向和实现中华民族伟大复兴结合起来才能实现的。在漫长的奋斗历程中，民族自信心就显得尤为重要。弘扬中华优秀传统文化增强文化软实力的过程就是民族自信心复原的过程。人们在不断接触学习自身文化充实自身的同时一定会从内心生发出一种强烈的自

---

① 孙兰英：《我国文化软实力的思想基础与提升路径》，《文化纵横》2011 年第 4 期。

信感。当中华文化在世界范围内得到认可和赞赏的时候，每一个中国人都会充满底气。

## 二 弘扬中华优秀传统文化增强国家文化软实力的可能性

四大文明古国之一的中国历史悠久，底蕴深厚。而中华优秀传统文化生生不息、绵延不绝，是我国人民战胜艰难困苦、勇往直前创造美好生活的强大精神力量。中华优秀传统文化以其强大生机和巨大的包容力，对我国文化软实力的发展具有现实的可能性。

一方面，中华传统文化博大精深、源远流长，为增强文化软实力打下了深厚的理论基础。充分发掘优秀传统文化的优势，汲取其内涵中的合理部分，对当今社会的发展、文化建设具有重要意义。中华优秀传统文化是华夏族群的精神形态与文化结晶，其思想内涵丰富，对解决陷入工业文明困境的现代人类提供了有益的启迪。作为族群的意识与心理，它在今天仍是鲜活的。例如"仁者爱人""天人合一"。"仁者爱人"涉及人与人之间关系的和谐。儒家强调以"仁"即"爱人"为交往之本，提出"己欲立而立人，己欲达而达人""己所不欲，勿施于人"的交往观，这是将人当作目的而非手段的交往观。现代工业化社会，随着物质财富的迅速增加，物质与资本对人们的影响也愈加深刻，人的物化与异化更加凸显出来，具体表现为人与人之间关系的物质化、金钱化，这也导致了享乐主义和拜金主义的泛滥，使人们陷入精神危机的同时导致了社会冲突的加剧。儒家所提倡的"仁者爱人"在一定程度上可以消解人与人关系的异化，还精神世界本真，有利于加强民族凝聚力，能够促进民族融合、国家统一及政权巩固，这是文化软实力的重要表现。"天人合一"强调的是人与自然的和谐，以及在此基础上辐射出来的生态和谐观，这对抑制工业化生产以来人类盲目增长的自大心理，增强其对自然的敬畏之心，促进生态文明的发展具有重要作用。"仁者爱人""天人合一"等优秀传统文化共同构建了增强文化软实力的理论基础,说明优秀的传统文化放到今天也是极有生命力的,其对文化软实力的提升作用不可忽视。

另一方面,中华优秀传统文化为文化软实力的提升提供现实基础。自党的十七大做出提升国家文化软实力的重大战略部署后,我国便进行了许多有益的尝试,通过使中华传统文化走出去,来吸引世界人民,使他们了解中国。"和实生物,同则不继";越是民族的就越是世界的;越是本土的就越是全球的;越是多样化就越是一体化。在这一时期,中国与各国举办文化交流年加强与国际间的交流与了解,随着影响的深入,世界各国对中国了解的加深,促进了文化教育交流的日益频繁。同时,布尔迪厄和福山所说的"社会资本""文化资本"与中国的"经济资本"和科技现代化相辅相成,使精神文化资本转化为经济资本,丰富、改善、激活现代社会化的行为方式。近年来,影视作品成为我国传统文化传播的重要载体,这将使得我国的传统文化可以被更加形象具体地感受和理解。以上种种,无一不是优秀传统文化对文化软实力的提升的现实表现,其在现实上是可能的。同时,随着我国社会经济转型步伐的加快,文化产业也逐渐被重视起来,此时,应借助弘扬优秀传统文化增强文化软实力的契机大力发展文化产业,挖掘优秀传统文化的合理内核。

此外,这还取决于中华传统文化的可离析性和文化软实力的内在要求。弘扬中华传统文化增强国家文化软实力的理论根据在于,中华传统文化具有可离析性,可以成为不同文化系统的结构要素。弘扬中华传统文化增强国家文化软实力是中国文化软实力自身超越发展的内在要求。

弘扬优秀传统文化是增强国家文化软实力必不可少的一部分,也是实现国家实力全面提升至关重要的一环。切实践行它并不是一件很难的事。弘扬优秀传统文化,不是让我们返回古人的生存状态,不是开启一场复古反新的运动,而是在现代新兴科技不断发展,社会面貌日新月异的时代能够保持住老祖宗留给我们的精神食粮和武

## 第一章　弘扬中华优秀传统文化与增强国家文化软实力的基本问题

器。优秀传统文化给予我们勇气和力量，告诉我们不忘初心，方得始终。这种不屈不挠，不抛弃不放弃的强大精神正能量就是当今国家文化软实力提升的表现。弘扬中华优秀传统文化不可能一蹴而就地提升国家文化软实力，可它从每一个个体着手，用个体的力量汇聚成了国家的力量；用个人的顽强毅力，凝聚成国家的精神屏障。[①] 弘扬优秀传统文化不仅是形象工程，更是地位工程。它不仅提升了本民族人民的自信心，更是在世界范围内赢得了广泛的认可。越来越多的留学生来到中国进行交流和学习只是因为仰慕这个文明大国绚丽多彩的文化，千千万万的投资者把中国视为未来世界上发展最火热的沃土，这与中华优秀传统文化在世界范围内的传播和弘扬是不可分的。《舌尖上的中国》把中华传统文化的神秘与诱惑带到了世界的每一个角落，在人们盯着电视屏幕流口水的时候，中国文化已经住进了更多人的心里。文化的影响就是这样悄无声息潜移默化的，这正是中华文化影响力扩大的展现。

中华优秀传统文化精神因素具有超越时空的价值与意义。中国的发展离不开文化的进步，我国在经济发展的过程中产生的一系列社会问题也正反映了文化发展力度的不足，我国的文化软实力还没有跟上经济发展的步伐。因而，在面对老人倒地扶不扶的问题时，我们不能单纯地认为这是一个个别现象或者是某些群体的心灵出了问题。而中华优秀传统文化又恰到好处地弥补了人们道德上的滑坡。因而，弘扬中华优秀传统文化绝不是喊喊口号，而是社会发展的必然趋势，是解决社会问题的关键和根源所在。因而，我们每一个人都应当对国家文化建设充满信心，同时国家文化软实力的增强需要每一个个体去学习、践行和发展中华优秀传统文化。

综上所述，文化软实力的特性决定了其由弘扬中华优秀传统文化而得以提升的必然性，而中华优秀传统文化的博大精深及现实的

---

① 参见李忠军《中国梦·社会主义核心价值观·中国精神三位一体的铸魂逻辑》，《社会科学战线》2015年第6期。

实践也为增强国家文化软实力提供了理论来源，打下了现实基础，保证了其现实的可能性。

## 第二节 弘扬中华优秀传统文化增强国家文化软实力的思想借鉴

### 一 创造性转化思想

林毓生关心中国文化的建设，他给中国思想界的一个重要启示是"中国传统的创造性转化"。对五四激烈反传统运动进行深刻反思，为当代文化选择和文化发展提供借鉴；对中国人文存在的危机进行深层反省，提出重建人文的时代课题；对传统变迁的实现模式和具体构想进行系统阐述，深度挖掘创造性转化的本质和精髓。这四个方面的内容构成了林毓生关于中国传统创造性转化思想的主体内容，使得这一思想在实际操作层面获得更坚固的根基和依托。

（一）超越五四传统

第一，传统文化秩序解体和思想模式束缚相互激荡下的文化困境。在探寻"五四"时期产生如此激烈的反传统意识的原因时，林毓生指出造成这一激烈的"思想革命"的内外原因有两个：内因是反传统的知识分子深受中国传统思想模式的束缚；外因是"普遍王权"的崩溃即封建社会制度的瓦解。

林毓生认为，中国自封建制度建立以后历朝历代的思想家们所秉持的一个共同的分析问题的范式就是"为了谋求解决道德上与政治上的问题，特别强调基本思想（或观念）所具有的力量与优先性"[①]。在林毓生看来，近代中国自鸦片战争以来遭受的内外危机自身并不能促使或必然带来中华传统文化秩序的解体，内忧外患的社会环境只是为"解体"提供了一种结构上的可能性，而绝非必然性。

---

① 林毓生：《中国传统的创造性转化》，生活·读书·新知三联书店1988年版，第173页。

## 第一章 弘扬中华优秀传统文化与增强国家文化软实力的基本问题

之所以发展到五四时期开始全面攻击中国传统，是由于"五四"人物受到了中国传统整体性思想模式束缚所致，因此中国要实现民族振兴，就必然要对中国传统进行激烈的批判。林毓生认为这些人物未能真正从传统中国一元化、整体性思想模式下走出。而这种传统的思想模式是与中国数千年封建王国的社会结构密不可分的，正是中国长期的封闭社会环境造成了一元化的思维模式。因此，当20世纪初中国面临各种外来思潮时，由于没有正确的思想前提准备和对自身未来方向的明确把握，于是陷入了"传统"与"现代"、"中国"与"西方"的文化困境之中。

所谓"普遍王权"是指一种知天命的观念，即中国传统社会政治秩序是靠封建王权来建立和维持的，人们心中形成了固定的思维观念，这是在中国几千年的历史发展中形成的，隐藏于中国人的心中。林毓生认为这一观念在中国古代社会发展中扮演着不可或缺的角色，是维持中国传统社会秩序稳定的重要工具。这种思维模式将中国传统社会的经济、政治、文化有效地糅合在一起，虽历经漫长岁月，但在本质上从未发生改变。但自1840年以后，这种传统的思想模式开始一步步地受到西方坚船利炮、政治制度、思想文化的挑战，这种挑战是全方位的，直到辛亥革命，封建制度在中国彻底退出历史舞台。伴随着经济基础和政治制度的变革，作为上层建筑的思想文化一下子处于真空或茫然的状态。在这种情况下，"中国知识分子不再轻易地假定传统的任何事物，因此，在传统文化与政治秩序的基本结构崩溃之后，传统中每一事物均可能遭受怀疑和攻击了"[1]。

第二，超越五四思想以达成五四的鹄的。林毓生在对五四运动进行深刻反思的基础上提出，中国未来的发展须超越五四思想的局限，发扬"五四"追求的精神，实现"五四"未实现的目标。新文

---

[1] 林毓生：《中国传统的创造性转化》，生活·读书·新知三联书店1988年版，第167页。

化运动在林毓生思想上是具有重要意义的,这一运动不仅是其思考中国问题的逻辑起点,更是其提出"创造性转化"思想的原点。在他看来,正是五四运动开启了中国人现代化的进程,而"五四"没有将中国的现代化进程延续,只是提出了中国发展的目标,形成了"五四精神"。五四精神"是一种中国知识分子特有的入世使命感"[1],这种使命感是继承中华传统文化中特有的以天下为己任的理想光辉。在林毓生看来,"这种使命感使中国知识分子以为真理本身应该指导政治、社会、文化与道德发展",因此,"这种入世的使命感是令人骄傲的'五四'精神,我们今天纪念'五四',要继承这种'五四'精神,发扬这种'五四'精神"[2]。

所谓"五四目标",简单来说就是民主和科学,但这一民主和科学目标所蕴含的是指使中国摆脱内外危机,寻找到中国实现现代化的真正道路。而关于"五四思想",林毓生强调要从思想内容与思想模式两个方面来认识,思想内容又分为实质和形式两个层次。"五四"作为近代中国历史上一次重要的爱国主义运动,它所提出的目标,包括追求民主、自由、法治、科学等,直到今天中国仍没有完全实现,经过一个世纪的历史检验,这些目标对于当今中国的未来发展仍具有重要意义,仍是中国在未来发展道路上所必须追求和努力去完成的。但是,目标的完成必须正确处理传统与现代的关系,只有将传统与现代的关系理顺,加上发扬"五四"精神,才能为实现"五四"目标创造良好的前提条件。

第三,超越科玄论战摆脱一元化思维模式。20世纪20年代,"科学与玄学的论战"在中国思想文化领域悄然登场,虽然持续时间不长,但影响却是深远的。虽然已经过去近一个世纪,但论战涉及

---

[1] 林毓生:《中国传统的创造性转化》增订本,生活·读书·新知三联书店2011年版,第169页。

[2] 林毓生:《中国传统的创造性转化》增订本,生活·读书·新知三联书店2011年版,第169—170页。

## 第一章 弘扬中华优秀传统文化与增强国家文化软实力的基本问题

的问题,即对中华传统文化资源的择取问题,直到今天也不能说已经彻底澄清了,仍是哲学领域、思想文化领域的前沿课题。

这场论战自1923年2月开始,一直延续到1924年年底基本结束,历时将近两年之久,此后仍然断断续续,但已不那么集中。整个论战过程大致可以分为缘起与爆发、展开与深入、转折与结局三个阶段。第一阶段从1923年2月张君劢(1887—1969年)发表"人生观"讲演,到同年张君劢又发表长文反击科学主义代表人物丁文江(1887—1936年)。第二阶段从同年5月梁启超作《关于玄学科学论战之"战时国际公法"》,到吴稚晖发表《一个新信仰的宇宙观及人生观》,其间两派人物纷纷登场亮相,论战走向高潮。最后阶段从同年11月陈独秀为《科学与人生观》陈序、邓中夏发表《中国现在的思想界》,直到1924年岁末,其间"科玄"论战发展为科学主义派、玄学主义派和唯物史观派三大派关于中国文化和中国未来走向的激烈思想论争。正如有学者指出,"科玄论战实际上将五四运动以来形成的中国现代的保守主义派文化哲学(以现代新儒家为其主流)、中国现代的自由主义西化派文化哲学、中国现代的唯物史观派文化哲学之阵营的营垒分化得更加明确"[1]。

实际上,这场论战是自鸦片战争以来中国先进知识分子在面对东西方文化选择时产生矛盾心理的必然结果。论战的一方是以张君劢、梁启超为代表的东方文化派,另一方是以胡适、丁文江等为代表的西方文化派。东方文化派主张划清科学与哲学的界限,反对科学万能论。而西方文化派则强调科学与哲学的联系。林毓生在分析"科玄论战"时指出了双方各自的短板,西方文化派的丁文江是学地质的,不是学哲学的,虽然有强烈的爱国热情和知识分子的使命感,但是不太专业。另外,张君劢的回应在林毓生看来也是相对薄弱的。基于此,林毓生认为,"从科玄论战这件事可以看出,中国知识分子

---

[1] 洪晓楠:《哲学的文化转向》,人民出版社2009年版,第54页。

对自己角色的内在反思是不够的,常弄不清楚自己该做什么事"①。也就是说,在研究中国社会发展和关注中国未来发展时,绝不能陷入一元化、单向度的思考模式之中,要在多元张力中保持理性的清醒头脑。

(二)重建中国人文

在这个日新月异的飞速发展时代,应该用什么样的方法来应付我们所出现的文化危机呢?林毓生认为中国人文重建所应采取的基本态度是:"比慢"。在他看来,中国自五四以来最大的历史难局之一就是"激进",即"重大的灾难又产生了重大的危机,重大的危机又迫使人们急切地找寻解决之道"②。因此,林毓生认为中国不能再这样走下去,所以强调要"比慢"。

一是"比慢"需要具备历史感。中华文化绵延五千年,是世界上唯一延续不断的古老文化,但在近代以来遭到了几乎毁灭性的打击。先是在被动挨打的情况下,学习西方最实用的东西,即器物层面向西方学习,但器物层面向西方学习主要采用的是"拿来主义"。后来是制度层面向西方学习,再后来就是文化层面的全面反思。在各种思想交锋中,历史和人民选择了马克思主义,最后领导中国走上了社会主义道路。但是,新中国成立后的文化建设并非一帆风顺,而是历经挫折,先后走过向苏联学习、"文化大革命"、全盘西化、国学复兴之路。但至今,我们仍处在深深的文化危机之中。纵观历史演变,林毓生指出:"当我们深切地知道我们的问题严重性与庞大性以后,我们知道我们无法一下子就能真正解决中国文化的危机"③。

二是"比慢"要学会走自己的路。"走自己的路"这句话不仅是对中国发展的科学总结,更是对中国文化发展的科学指导。林毓

---

① 林毓生:《热烈与冷静》,上海文艺出版社1998年版,第176页。
② 林毓生:《热烈与冷静》,上海文艺出版社1998年版,第121页。
③ 林毓生:《中国传统的创造性转化》增订本,生活·读书·新知三联书店2011年版,第32页。

## 第一章 弘扬中华优秀传统文化与增强国家文化软实力的基本问题

生指出,中国文化的问题"只能脚踏实地,用适合你的速度,走你所能走的路"①。这种观点也被越来越多地为中国学者所认可或提倡。如武汉大学赵林教授在《文明冲突与文化演进》一书中就指出:"第一,必须以自己传统的精神资源作为根基,来嫁接西方文化;第二,这种传统的精神资源绝不能一成不变地从古代拿过来,而是要进行深刻的自我批判和自我更新,不能原封不动地把儒家传统作为中国现代化建设的精神根基。"②

三是"比慢"要拒绝囫囵吞枣。"囫囵吞枣"即整体性接受一个事物或称为全盘性接受一个事物。近代以来中国已经产生了深刻的文化危机,这是无可争议的事实。因此,在传统的文化秩序崩溃的情况下,如何正确理解和处理传统与现代的关系成为百年来知识分子争论最多的话题之一。中国在和西方思想、西方学说接触的时候,常常显得力量薄弱或没有自信。在这种情况之下,林毓生建议:"用具体的感受作我们的起点,把所有其他学到的东西作为参考,以这种态度进行文化的建设,比囫囵吞枣式引进别国的学派要比较实在,比较更有创造性。"③ 意思就是说,中国在向外国学习的时候,要以自己的国情作为思考问题的起点,把学到的东西作为参考而不是作为模板或者标准,这样进行自己的文化建设会比全盘性地接受西方更富有创造性。

人文重建首先应当持有的基本观念是追求具体的特殊性。林毓生认为,"人文学科所关注的是具体的特殊性而不是普遍的通性"④。他以文学为例讲述了人文学科只有具体的特殊性才能有很高的成就。或者说,正是因为有了特殊性的发现,才使得不同的作家以不同的

---

① 林毓生:《中国传统的创造性转化》增订本,生活·读书·新知三联书店2011年版,第32—33页。
② 赵林:《文明冲突与文化演进》,东方出版社2006年版,第231页。
③ 林毓生:《中国传统的创造性转化》增订本,生活·读书·新知三联书店2011年版,第71页。
④ 林毓生:《中国传统的创造性转化》增订本,生活·读书·新知三联书店2011年版,第32页。

形式表达出同样的理念。林毓生认为人的心灵中有一种特别的本领,这种本领能使自己和他人面对相同的事物时,感受到与他人有所不同的感受。有了这种感受,自己的人文活动就比较有生机,而不是亦步亦趋地跟在他人后面或者陷入形式主义的空洞之中。

其次是必须注重思想。林毓生认为,"我们从事人文工作的时候,必须注重思想,以思想作为基础"[①]。他以文学领域出现的"新批评"为例子指出,文学领域的新批评主义认为文学的创作不必讲究思想是犯了形式主义的谬误或称为"意图的谬误"。而历史上凡属真正伟大的作品,都是以深厚的思想作为基础的。因此,面对人文工作,不能过分地重视逻辑与方法论,虽然重视逻辑和方法论有一定的作用,但是过分强调必然适得其反。近代以来,许多知识分子认为,方法是有利的工具,因此研究学问或从事创造必须把方法搞懂。林毓生则认为正是部分知识分子产生了对逻辑、科学方法论的迷信,而导致自己的思想变得很肤浅。林毓生借用波兰尼的"支援意识"指出,影响一个人研究和创造的最重要因素是不能用语言来阐明的,是由经过长期背后的文化教育潜移默化而得到的"支援意识"所支配的。对此,林毓生也认为,"我们应当从事的重要工作,乃是根据内在的理知资源,以批评的态度、精密的眼光、开阔的胸怀,提出特殊而具体的重大与原创的问题,并谋求解答"[②]。

最后就是要坚持自我批评。林毓生认为人文学科重大和原创性的思想都是来自问题本身的提出,而这些问题又是具体的和特殊的。近代中国的知识分子之所以常常失败,在于"提出问题的人在事先未能做深切的自我批判与反省"[③]。没有对自身进行批判和反省提出

---

[①] 林毓生:《中国传统的创造性转化》增订本,生活·读书·新知三联书店2011年版,第36页。

[②] 林毓生:《中国传统的创造性转化》增订本,生活·读书·新知三联书店2011年版,第47页。

[③] 林毓生:《中国传统的创造性转化》增订本,生活·读书·新知三联书店2011年版,第48页。

的问题常常是轻率的，因而不能真正促进思想的发展。因此，近代中国知识分子在面临中国传统社会和文化崩溃之时，面对西方浩瀚无垠的科学文化知识，又在急切的心情之下，没有对自己的传统和国情进行深刻的自我反思。林毓生认为"人性最大的光辉是：我们有天生的道德资质，以及在思想上经由反省而能自我改进的理知能力。今后中国有识之士，必须以这两种内在的资源为基础，从认清我们自己特殊而具体的重大问题出发，重建中国的人文"[①]。

（三）创造性转化即改革模式

林毓生在提倡"创造性转化"的观点时，对人类社会发展的变迁方式进行了思考，在他看来，人类社会从传统走向现代变迁基本分为"新保守主义模式""革命模式"和"改革模式"三种模式。

"新保守主义模式"主要是指日本在第二次世界大战结束之前所采用的变迁模式。它的特点是通过重新肯定自身的历史传统来实现自身的现代化，即"用重新肯定旧的符号与权威（天皇）——包括其传统的非理性成分——来促进现代化的建设"[②]。这种模式因过分强调本民族的旧传统，造成了极强烈的带有非理性主义成分的民族意识，最终导致日本军阀发动侵华，侵袭东南亚，侵袭珍珠港的行为。在中国，文化保守主义常指20世纪20年代以来，现代新儒家试图通过一场儒家复兴运动来使中国摆脱近代以来所遭受的文化危机。他们以弘扬儒学为己任，以实现儒学的现代转化为宗旨，表现出强烈的爱国意识、民族意识。

所谓"革命模式"，主要表现为一种激进地、快速地寻求事物发展的质变，将"传统"与"现代"两个绝对不相容的实体，认为"现代"必然反"传统"。在林毓生看来，这种模式是一种极其不稳定的变迁方式，更潜在地隐藏着巨大的文化危机。

---

[①] 林毓生：《中国传统的创造性转化》增订本，生活·读书·新知三联书店2011年版，第56页。

[②] 林毓生：《政治秩序与多元社会》，台湾联经出版事业公司1989年版，第394页。

所谓"改革模式",就是指采用渐进的发展和变革模式,有别于"保守模式"和"革命模式",林毓生所提倡和认可的也是这样一种文化变迁模式。这种文化变迁模式与林毓生提倡的中华传统文化的"创造性转化"不谋而合,都强调要渐进地重组和改造一个社会和民族的传统文化,在渐进地发展中实现文化的现代化,同时又保持一个国家和民族的文化延续和文化认同。具体来说,"那是把传统的符号、思想与价值加以重组与改造,使经过重组与改造的符号、思想与价值变成促进现代化的种子,同时在变迁中保持了文化的认同"①。这种模式因将"传统"与"现代"有机接轨,不仅利于中华文化复兴,而且利于国家实现现代化。

林毓生指出,传统变迁是一个过程,不可一蹴而就,对文化传统进行"创造性转化"要有合适的土壤,否则,不仅不能达到预期效果,反而会事倍功半,影响传统变迁的进一步发展。

林毓生认为,"创造性转化"是一个开放、多元、发展的过程,即对中华传统文化与西方文化两方面,均予以开放、提倡多元、注重发展的过程。在实际运作层面,它所使用的多元思考模式,蕴含着这样两个步骤:先将传统文化中诸多的"质素"结合韦伯的理念型分析进行合理的定性分析,有用的保留,无用的摒弃,然后再将这些进行过"定性"的"质素"放到现代生活中加以"定位",即把传统中的合理成分继承下来放在现代生活中该放的位置。简而言之,即先"定性"后"定位"的运作步骤。

第一,基于韦伯理念型分析对传统文化质素定性。韦伯的"理念型分析"所强调的是人们在认识和了解物自身和社会现象时,必然会采用理念、观念等作为认识工作的分析工具,这一分析方法与实证主义形成鲜明对比。但是,这一分析认识工具也具有明显的弊端。林毓生赞成韦伯的分析方法,认为韦伯之所以倡导使用"理念

---

① 林毓生:《中国传统的创造性转化》增订本,生活·读书·新知三联书店2011年版,第294页。

## 第一章 弘扬中华优秀传统文化与增强国家文化软实力的基本问题

型分析",正是由于他认识到经验事实的无限复杂性和无限多的不确定因素在其中。在林毓生看来,对中国传统的整体分析,应该学习和借鉴韦伯的这一方法论原则,首先要对中国传统进行科学的认识,而不是全盘的批判和一元化的评价。其次,要认识到中国文化传统在现代社会生活中可能实现转化的无限可能性和无限发展性。中国传统特别是中华传统文化流淌在中国人的血脉之中,无法用实证主义的方法去确定。因此,林毓生强调韦伯的"理念型分析"方法。但同时,必须明确,提倡韦伯所倡导的"理念型分析"并不是说任何情况下用这一分析都能取得显著成果。总之,林毓生根据"理念型分析"指向意义的不同分别加以阐释,并将对部分文化传统质素进行"定性"的要旨融入其中,体现了历史的、发展的眼光,具有深远的借鉴意义。

第二,基于现实对传统文化质素定位。林毓生指出,"创造性转化"的第二个步骤就是在第一个步骤"定性"的基础上,结合现实生活,对中国传统的质素进行合理的"定位"。即是说,中国传统中某些与现代生活不相适应的,我们就应该予以抛弃。而在当代生活中仍有较大价值和历史穿透力的,我们就应该结合时代予以传承和发扬。比如说,中国主张"和为贵"的家国理念,"天下兴亡、匹夫有责"的爱国情怀,"苟日新、日日新、又日新"的创新精神,这些优秀传统文化在"定性"中都对当今中国文化建设有巨大作用,因此在"定位"中就应该把属于国家层面的,定位到国家层面,属于个人层面的,定位到个人层面。在林毓生看来,"定位"和"定性"是同样重要的,两者相辅相成,相得益彰。但是,不能把不属于同一层面的不同文化进行错乱"定位",如果那样,就会犯怀海德所说的"错置具体感的谬误"。简言之,任何事物都具有自身的特殊性,无论是面对中华传统文化,还是西方外来文化,在进行创造性转化的实际运作中,基本前提就是要对其进行合理的定位,只有这样,才能明确各自转化的方向,进而重获生机,获得独立发展。

(四)创造性转化思想的价值

第一,提供创造性的思维方式与实践向度。面对中国自鸦片战争打开眼界后看到的中华民族的危机,近代以来,关于中华传统文化对中国现代社会价值问题的争论从未停止。林毓生"创造性转化"思想的提出和对中国未来社会发展的关怀值得我们学习。这一命题提醒国人要以更加清醒、更加多元、更加理性的态度去对待一切优秀文化资源,无论是对待中华传统文化,还是对待西方外来文化,都不能以单一的态度去分析,而应该采用多元的视角去评判,做到为我所用。林毓生的这一概念给我们以一种新的思维方式去正视以往对待文化传统的错误观念,并进一步反作用于实践,提供新的实践向度。

韦伯曾言:"并非理念,而是物质的与理想的利益直接支配着人类的行为。然而,理念所创造出来的'世界图景'却经常像转辙夫(扳道夫)那样,决定各种利益的互动所推动的人类行动在哪条轨道上前进。"[①] 即是说,人类历史的发展是由物质决定的而非理念,但是理念能提供一种导向或者图景指明人类历史发展的方向。而林毓生所提出的"创造性转化",就是给历史的发展提供了一个可能的选项,而不是绝对的正确选项,他是为了希望不要等到历史有朝着这个方向前进的可能的时候,因为前途方向不明确,而走到岔路上去,即在面对中国未来文化发展时,要有提前的理论准备和顶层设计。马克思主义哲学认为,物质生产是决定人类历史发展的主要因素,意识、艺术、科学、思想作为对物质生产的反映,反作用于物质生产。林毓生虽不赞成一元式的思想决定论,但却不认为思想工作毫无意义,不可能产生任何贡献。在历史演化过程中,思想与其他非思想因素都是互动因子,而且这些不同因子在历史的不同时期扮演着不同分量的角色。因此,"'创造性转化'是一个导向,并不是一

---

① 张岱年:《文化与哲学》,教育科学出版社1988年版,第1页。

第一章　弘扬中华优秀传统文化与增强国家文化软实力的基本问题

个蓝图。……'创造性转化'的功效，只有在其他因子与它互动产生了有利于它的客观条件下，才能发挥出来"①。因此，任何片面地认为"创造性转化"具有整体性思想决定论倾向的观点，都应当而且必须被否定，它仅仅是一个导向，在合适和必要的时候提供创造性的思维方式与实践向度。

第二，扬弃激进主义和保守主义两极对立思维模式。激进主义和保守主义自西方资产阶级革命以来，成为众多政治家和学者们关注的焦点话语和评判事物的一种尺度，多是在政治维度上使用。随着实践的发展，人们逐渐将伊始于政治话语的评判尺度用到文化上来，分析文化上的激进主义和保守主义。文化激进主义的主要观点是：主张全盘西化，重在揭示文化发展过程中的"质变"和"飞跃"。文化保守主义的主要观点是：认同和维护传统，重在揭示文化发展中的"量变"和"渐进"。两者相伴相随，共同作用于文化历史的发展。从资产阶级改良派的民权思想、进化论以及对封建专制主义的批判，到资产阶级革命派的三民主义的尝试，到新文化运动时期的打倒孔家店和全盘西化论，直到五四运动以后中国知识分子接受马克思主义，才逐渐找到中国文化发展的道路，经过新民主主义文化道路，走上了社会主义文化的发展道路。

近代以来，文化激进主义一路高歌猛进、势如破竹，文化保守主义也不断发起反攻，两极对立、势同水火。然而，林毓生的思想主张虽不足以构成制约和调和对立的两极的第三极，却也摒弃了两极对立的一元化思维模式，为中国传统的创造性转化提供了方法论指导。他既没有像保守主义者那样追求文化的"中体西用"，也没有在激进的全盘西化道路上越走越远，而是寻求两者的平衡点，理性反思中国意识的危机，提出对中国传统进行创造性转化的重大任务。林毓生"创造性转化"的思想产生的广义背景主要是对中国近代知

————————
① 林毓生：《热烈与冷静》，上海文艺出版社1998年版，第106页。

识分子现代化理论的失望。他认为,自鸦片战争以来,"中体西用"的保守主义、拼盘式折中主义、全盘西化的激进主义等,事实上都陷于难以纾解的困境。而看似极具艰难的"创造性转化",但可把传统、变革、现代三者之间的复杂关系理顺,它是与中国传统封闭的、一元式思想模式完全相反的。在林毓生看来,维护传统和反对传统两派产生的强词夺理和互相争论,不能达到中国传统创造性转化的结果。林毓生关于中国传统的创造性转化思想正是扬弃了"激进主义"和"保守主义"两极对立思维模式。

第三,为综合创新论进一步发展提供有利借鉴。我国著名哲学家张岱年于20世纪30年代提出了"综合创造论"。1933年到1935年这3年间,他先后发表7篇文章,构成了哲学的综合创造论,强调中国文化的发展方向在于兼收东方和西方文化的长处,既继承中国自身的文化遗产之长处,又吸收西方外来文化之精良,融合两者,创新发展,但要避免简单的调和和拼凑。上述基本文化思想是张岱年先生在20世纪30年代就提出的,它实际上代表了中国文化现代化的发展方向,但长期以来由于各种原因为学界所忽视。

党的十一届三中全会后,中国开启改革开放的新征程,面对人们思想文化的再次大开放,中国又出现了"文化热",一时间各种思潮蜂拥而至。张岱年先生又多次重申中华民族文化复兴的坦途在于走"文化综合创新"之路。这与30年代提出的"文化综合创造"相比,虽有一字之差,但更加凸显出文化创新。张岱年指出,辩证的综合创新是指"抛弃中西对立、体用二元的僵固思维模式,排除盲目的华夏中心论与欧洲中心论的干扰,在马克思主义普遍真理的指导下和社会主义原则的基础上,以开放的胸襟、兼容的态度,对古今中外的文化系统的组成要素和结构形式进行科学的分析和审慎的筛选,根据中国社会主义现代化建设的实际需要,发扬民族的主体意识,经过辩证的综合,创造出一种既有民族特色又充分体现时代精神的高度发达的社会主义新中国文化"①。因此，在中华传统文化的旧系统已经过时、建设新文化的时代已经到来的背景下，必须实现中华传统文化的综合创新。

张岱年先生一以贯之提倡的"综合创新论"理念与林毓生提出的"创造性转化"理念有着异曲同工之妙。两者既存在相似之处，也存在部分鲜明差异。相似之处体现在：其一，前提是都看到了中国近代以来的文化危机；其二，认为走出中国文化危机的出路在于必须扬弃"西方主义"和"保守主义"之路；其三，中国文化的未来复兴根基在于中国传统之中，同时要学习和吸收西方先进文化。区别之处体现在：其一，"创造性转化"以西方的民主自由为导向，而"综合创新论"坚持马克思主义为指导，坚持社会主义的原则，在指导思想上更科学、更合理。其二，"创造性转化"强调的是与现代、西方进行嫁接与转化，侧重于"转化"，而"综合创新论"主张走创造性综合和综合性创造之路，更多地强调"综合"，在我国社会主义文化发展需求和方向上更进一步。

综上可见，无论是林毓生的"中国传统的创造性转化"，还是张岱年先生的"综合创新论"，在一定程度上都顺应了当代世界性文化哲学发展的主流，前提性地在文化问题上正确理顺了传统与现代、东方与西方的关系问题，提出了新的思路和理念，指出了中华传统文化未来发展的走向和道路，也是促进中华传统文化不断注入新元素并积极融入世界文化的方向盘和指明灯。

（五）对新时期中华传统文化创造性转化的启示

首先，以正确认知为前提创造性转化中华传统文化。人类历史是不断认识世界和持续改造世界辩证统一的历史。如何正确地认识人类所面对的世界获得真理以指导实践，是哲学认识论的重要组成部分。马克思主义哲学认识论超越了旧唯物主义的直观反映论和唯

---

① 张岱年、程宜山：《中国文化与文化论争》，中国人民大学出版社1990年版，第390—391页。

心主义的抽象能动论，以科学的认识论和实践观回答了认识的基础和本质问题。

第一，中华文化的繁荣昌盛是实现中华民族伟大复兴的应有之义。辩证唯物主义认识论强调实践是认识的基础。如今千年大国历经磨难迎来今日的伟大复兴就是我们认识当今中国时代的实践基础，而国家和民族的兴盛又无不以文化的兴盛为支撑。没有中华文化的兴盛，就不会有中华民族伟大复兴梦的实现。文化是民族生存和发展的重要力量，人类社会每一次进步无不伴随着文明的升华。

第二，汲取传统文化的精华是中华文化繁荣昌盛的必要条件。中华优秀文化是中华民族的精神命脉，是中国屹立于世界文化之林的坚实根基。林毓生面对中国近代以来的意识或文化危机，以强烈的人文关怀，提出"创造性转化"的理念，并在理论上阐释了这一理念的内涵、缘由、实际运作。他认为中国的优秀传统实现现代性转化是完全可能的，这在理论上给我们指明一个方向。2014年，习近平总书记在主持中央政治局就培育和弘扬社会主义核心价值观进行集体学习时强调："抛弃传统、丢掉根本，就等于隔断自己的精神命脉"[1]。可见，当代中国共产党人以高度的文化自觉引领着中国文化的前进方向。

第三，汲取传统文化的精华需要结合现实进行"双创"转化。中国在经历了"全盘西化"和儒学复兴的浪潮后，越来越清醒地认识到中国未来文化走向在于"创造性转化"，一方面以自己的传统为根基来嫁接西方，但绝不西化；另一方面，自我更新传统文化，但绝不复古。党的十八大以来，习近平总书记针对中华传统文化的发展讲到要实现"双创"，即"要处理好继承和创造性发展的关系，重点做好创造性转化和创新性发展"[2]。

第四，社会主义文化建设要坚持马克思主义的指导地位。之所

---

[1]《习近平谈治国理政》第1卷，外文出版社2018年版，第164页。
[2]《习近平谈治国理政》第1卷，外文出版社2018年版，第164页。

以需要一定的思想作为指导，是因为对各种文化要素进行筛选、定素、定位时要有一定的思想武器。在中国这样一个人口庞大的国家，如果以多元化的思想为核心，必将产生一盘散沙的文化荒漠。而马克思主义在吸收人类优秀文化成果的基础上，科学地揭示了人类历史发展的基本规律。马克思主义自从来到中国之后，逐渐和中华传统文化交汇、融合、发展，一方面实现了马克思主义的中国化，另一方面中华传统文化在马克思主义的指引下，日益焕发出博大的光芒。在当代世界，中国的传统文化引起越来越多世人的强烈关注，国人文化意识和文化自信的恢复都证明了社会主义必将迎来文化建设的新高潮。从这个意义上说，社会主义文化建设亦需要马克思主义的指导。

不可否认，千年的传统文化中存在着精华，也存在着糟粕。但林毓生认为，必须摒弃五四整体主义反传统的方法来对待传统，对中国传统进行历史、客观、辩证的分析，有选择地加以继承。因此，在对待中华传统文化的时候，前提是要有正确客观的认知，如果对中华传统文化失去正确客观的认知，那么继承与发展便无从谈起。

其次，以辩证转化为原则创造性融合中西优秀文化。进行分析与综合、解构与重构、发掘与扬弃、转化与创新中华传统文化需遵循一定的基本原则。这就要求以马克思主义哲学的辩证法为原则创造性地融合中西优秀文化。

辩证法是马克思主义哲学的重要方法论，中华传统文化之中既存在着相统一的一面，也存在着相对立的一面。人类的实践活动作为主体与客体的对立统一，也是物的尺度和人的尺度、合规律性与合目的性的对立统一。所以，在认识、分析、重构中华传统文化时，要坚持辩证法对立统一规律，不能只看见对立看不见统一，或者只看见统一看不见对立。也正如林毓生所言，对待传统文化"首先需从分析不同的传统成分在历史演变而成的关系来理解，许多传统成分是彼此抵触的；所以在理论上构成选择性继承的可能"①。林毓生还认为，对待中西文化都要采取辩证分析的方法，不能犯"一刀切"的弊病或陷入形式主义的窠臼。如他在谈五四时，认为"整体主义反传统"就是"五四人物未能从传统中国儒家思想里的一元式借思想、文化以解决问题的途径的思维模式之影响中解放出来的缘故"②。又如在谈到如何对待外来文明时，他说："移植任何外来文明的成分到一个新的环境里来，要看这个新环境的土壤，是否适合它的成长。"③这就启发后人在评价、清理和批判继承中华传统文化和学习、借鉴、吸收外来文明时，要坚持马克思主义的辩证原则，从文化本身的辩证特点出发，多层面、多角度、全方位地进行研究与发掘，既不能犯等量齐观、平分秋色的平均主义错误，更不能犯偏一、独一的自我主义错误。

林毓生也强调，创造性转化必须坚持辩证的方法。他说："第一，它必须是创造的，即必须是创新，创造过去没有的东西；第二，这种创造，除了需要精密与深刻地了解西方文化以外，而且需要精密而深刻地了解我们的文化传统，在这个深刻了解交互影响的过程中产生了与传统辩证的连续性，在这种辩证的连续中产生了对传统的转化，在这种转化中产生了我们过去所没有的新东西，同时这种新东西却与传统有辩证地衔接。"④因此，在面对中西文化、古今文化的区别与联系时必须坚持马克思主义的辩证方法。同时，要在继承中发展，在交融中发展，在发展中创新，唯有此，才能连接古今，融通中外，才能对中国特色社会主义文化建设做出应有的贡献。习近平总书记在新时期文艺工作座谈会上指出："传承中华文化，……是古为今用、洋为中用，辩证取舍、推陈出新，……实现中华文化

---

① 林毓生：《热烈与冷静》，上海文艺出版社1998年版，第32页。
② 林毓生：《热烈与冷静》，上海文艺出版社1998年版，第111页。
③ 林毓生：《热烈与冷静》，上海文艺出版社1998年版，第285页。
④ 林毓生：《中国传统的创造性转化》增订本，生活·读书·新知三联书店2011年版，第80页。

的创造性转化和创新性发展。"① 因此，在当今全球化的时代背景下，国与国之间、民族与民族之间的文化相遇，应该是互相汲取、相互融合，而不是亨廷顿所说的相互否定、相互斗争。

辩证法的批判，就是从肯定与否定、生成与灭亡的统一上来看待传统和现存事物，这一原则作为人类社会发展的一般规律，同样也适用于文化发展。中国今后的文化发展应当自觉遵循这条规律。"坚守中华文化立场，坚持古为今用、推陈出新，秉持客观科学礼敬的态度"②，才能更好地继承和弘扬中华优秀传统文化，推进中华优秀传统文化的创造性转化和创新性发展，进一步推动社会主义文化大发展大繁荣。

最后，以继承创新为方法创新性发展社会主义文化。马克思主义哲学认为，文化活动与经济活动、政治活动一起构成了人类社会发展的基本内涵。文化的力量已经深深融入民族延续的生命力、创造力和凝聚力之中。文化的发展对人的塑造和社会发展都具有无可比拟的重要作用，而文化要发挥塑造和引领作用，就需要实现自我的调整与创新。

一是要开发利用好我国历史传统中优秀的文化资源。文化传承的方式多种多样，有代际之间的口头传承、有知识分子的文本记忆；有显性的古典建筑的历史遗存、有隐性的耳濡目染的文化熏陶。但其基本方式可分为自发和自觉两种，与人们生活息息相关的风俗习惯、家风家训等往往是通过第一种方式得以延续，而作为科学、艺术、文化遗产、哲学等往往需要采取主动自觉的方式得以传承。当今时代的中国，面对人文的失落和文化的危机，更应该提倡自觉的文化传承，进一步讲，就是要认真梳理、挖掘、利用好我国历史传统中优秀的文化资源。中国优秀的传统文化包含着丰富的治国理念、人文精神、教化思想、道德理念，这些资源是我们取之用之的宝藏，

---

① 习近平：《坚定文化自信，建设社会主义文化强国》，《求是》2019年第12期。
② 《中共中央关于繁荣发展社会主义文艺的意见》，人民出版社2015年版，第9页。

我们需要结合时代条件加以继承和发扬。

二是要立足现实确立"转化"的对象。中华传统文化成分多样，必须有鉴别地加以对待。如习近平总书记所言，对待先人传承下来的文化，要"有鉴别地加以对待，有扬弃地予以继承"[1]。众所周知，并非所有的传统文化都有转化的必要。列宁对待马克思主义的方法对我们有重要的启示和借鉴意义，他说："因为具体的社会政治形势改变了，迫切的直接行动的任务也有了极大的改变，因此，马克思主义这一活的学说的各个不同方面也就不能不分别提到首要地位"[2]。对中华传统文化也应坚持这种实事求是、具体问题具体分析的态度，即依据具体社会发展的文化新形势，针对现实社会发展的文化新问题，围绕文化强国建设的新任务，深入挖掘中华传统文化之精华，可以在现代生活中进行创造性转化的部分进行有效的转化。如中国传统的家风文化、乡贤文化等都是可以为现代社会主义所大力提倡和践行的。一方面强调要确立转化的对象，另一方面要在实践中进行践行，只有理论和实践相互促进，中华传统文化才不会在历史发展中出现裂痕。

三是古为今用、推陈出新，使之成为涵养中国特色社会主义文化的重要源泉。马克思主义哲学认为，文化的传承和创新不是彼此分离的两种进程，而是文化发展过程中有机统一的两个方面，即要求我们要坚持"古为今用、推陈出新"的方法论。一方面，通过对中华传统文化进行去粗取精、去伪存真的转化后，重点是通过这种转化使之有助于化解现代社会的文化困境，使之成为符合当今社会主义发展需要的新时代文化，以服务于中国特色社会主义文化建设，为改革发展创造良好的社会环境，这就是中华传统文化创造性转化中"古为今用"的方法；另一方面，经过转化后的新文化符号，在实践中不断检验，通过兼收并蓄、系统整合和综合创新的转化，形

---

[1] 《习近平谈治国理政》第1卷，外文出版社2018年版，第164页。
[2] 《列宁全集》第20卷，人民出版社1989年版，第111页。

成新的理论形式和实践模式,将这一套文化整体纳入中国特色社会主义文化体系之中,使之成为社会主义文化体系的有机组成部分,这就是中华传统文化创造性转化中"推陈出新"的方法。

纵观林毓生的思想,其中贯穿始终的是对待传统不能实行"全盘性"地否定或肯定,要在合理继承传统的基础上,融合西方优秀文化,实现中华传统文化的复兴。面对当今世界思想文化交流交融交锋,面对市场经济下思想文化的多元多样多变,中华文化不能迷失方向,需要重现林毓生的思想警告。时下,又到了一个新时代的重要关口。文化作为民族的血脉,我们的血管里,跳动着五千年文明史的精华,也积沉着长期停滞的糟粕。展望未来,我们要扬起"文化自信",肩负"文化自觉",完成"文化使命"。

## 二 创造性诠释思想

傅伟勋创造性诠释思想的内容主要含涉五个层次,即"实谓""意谓""蕴谓""当谓""创谓",其中层次之间各有次序,不可随意僭越。这一思想有不同于其他诠释思想的理论特点,主要包括创造性的"误读"、对特殊方法论的一般性超越、辩证开放的学术性格和对化约主义的批判性。创造性诠释思想是傅伟勋文本诠释和理论创造的方法论基础,其实质是对传统文化现代性重建的一种探索,以促进中华传统文化的创造性转化和创新性发展。

傅伟勋（Charles Wei-Hsun Fu, 1933—1996）, 1933年10月7日出生于中国台湾省新竹市,他从小爱好文学,日文亦好。1952年夏,他在台湾《新生报》上偶然读到牟宗三先生的"哲学智慧的开发"一文,自觉心灵颇受震撼,遂决定以哲学为己任,并于同年考取台湾大学哲学系。在大学期间,傅伟勋受方东美先生、王叔岷先生的影响颇深,对中国传统的考据之学、西方哲学以及印度哲学均下过一番苦功。

1971年,傅伟勋担任美国天普大学宗教学研究所教授。从1972

年始，傅伟勋一直在构思这一方法论，并于1974年年底公开了他的创想。1984年3月，他在台湾大学第一次用中文讲演了该课题，并获得了台大师生的一致认同。1986年4月，傅伟勋于中国社会科学院演讲时，首次在大陆公开此课题，1988年5月，傅伟勋再次于武汉大学对这一课题进行了公开演讲。傅伟勋先生是一位"出乎中国哲学之外"而又"入乎中国哲学之内"的现代学人，[①] 他的创造性诠释思想意在弥补中华传统文化中高层方法论的缺失，以此来推动传统文化的创造性转化和创新性发展。

（一）创造性诠释思想的主要内容

创造性诠释思想作为一种一般方法论的内容，自上到下共分为五个层次，且这几个层次之间为诠释之间的依次递进关系。[②]

第一，纯客观的语辞呈现——"实谓"层次。创造性的诠释学的第一个层次——"实谓"。关于这一层次，傅伟勋从纯粹客观性的语辞呈现状态进行表述，即"习惯地只说出了口的语言活动"，或"发出具有某种意思与指谓的某种语句"。正因"实谓"层次的客观性，诠释者在这一阶段的主要任务是对原典的寻找，如何找出原原本本或至少几近真实的版本，乃是首要课题。以老子《道德经》为例，最初的原典不知所踪，目前的通行本是王弼本，其他本为辅助，当王弼本无法解决一些诠释问题的时候，就有引用其他版本的必要。1973年在湖南长沙出土的《道德经》帛书本，是迄今所有版本中年代最久的，因此，它能够在"实谓"层次给诠释学者提供重要的线索。通过"实谓"层次的考证分析，我们可以更加接近原典文献的原本，从而有可能更加准确地诠释原典文献。但在傅伟勋看来，诠释中绝对的客观性是不能达到的，如果过分强求诠释学的客观性，唯一的办法就是找出原本之后重抄一遍，如此而已。如何超越纯粹

---

① 李翔海：《批判的继承与创造的诠释——傅伟勋哲学方法论评述》，《北京社会科学》1995年第3期。

② 傅伟勋：《从创造的诠释学到大乘佛学》，台湾东大图书公司1991年版，第10页。

客观性的原本资料与原典诠释之间的差距,就必须上升到"意谓"层次,来探索原思想家究竟想要表达什么。

第二,原典诠释——"意谓"层次。傅伟勋认为,具有创造性的诠释必须是一种对谈。在他看来,这种对谈应从两个方面来进行,即诠释者的主体性方面和原典本身的诠释方面。首先就诠释者的主体性这一方面说,诠释者所需要的是一种如德国哲学家狄尔泰所说的"随后体验"的态度。即为了能够与原文作者更好地"对谈",要对原典及作者生活所处的历史背景、思想历程等进行深刻而全面的了解。

当然,傅氏认为,诠释学者要尽可能地如实了解原典字句或章节的真正意涵,分析出该语句的意义或意涵,英美的日常语言分析法为这一分析提供了宝贵的方法论灵感。通过此分析,诠释学者可以看出原典所有思想内容的多层意涵。然而,傅伟勋指出,"意谓"层次的分析,无论是脉络分析、逻辑分析还是层面分析,都只停留在表层,无法解决原典所表达的深层意涵。诠释学者若想进一步深入,还需要上升到"蕴谓"层次。

第三,梳理诠释理路——"蕴谓"层次。傅伟勋的创造性诠释思想在"蕴谓"层次的主要任务为梳理诠释理路,归纳出一些比较有分量的诠释学理路或观点来,并以此为指导或借鉴。以《道德经》为例。古今对《道德经》的诠释可谓是汗牛充栋,但却并不是杂乱无章,总结起来,对老子的思想理路分析,大致有五种。第一,以庄子、王弼为代表的传统道家的思想理路;第二,以韩非子为代表的法家理路;第三,与《孙子》相联系的兵家理路;第四,社会伦理学理路;第五,传统的道教理路。对于这五种诠释理路,古今学者都众说纷纭、莫衷一是,每种理路都有不同的思想家或学者支持。当然在中国思想史上占主导地位的应属第一种诠释理路,即自庄子以来的道家哲学思想。例如"反者道之动""无为而无不为"均体现了一种辩证的思想,正是这种思想为其他诠释思路提供了形上学的支撑。这一诠释进路始于庄子，经过魏晋时期王弼等人，直至现代中国哲学，成为对老子思想诠释的主流进路。

由此我们可知，诠释学者在这一层次所做的主要工作便是梳理和选择，在梳理的过程中，尽量归纳出一些比较有分量的观点。如果说"意谓"层次的原典诠释是诠释学者的一个自我摸索阶段，那么"蕴谓"层次便是一次系统性的诠释学经历，这一经历不但增加了诠释学者们的视野，还以相互了解主体性意义的可能义理蕴涵代替了"意谓"层次的"诠释客观性"。傅伟勋认为，这种主体性意义的可能义理才是诠释学的审定标准，基于此，不仅可以避免不必要的学术武断，还可以"讲活"或"救活"原典或原思想家的思想。当然，在"蕴谓"层次，我们依然不能解决一些深层的矛盾和理论问题，因为系统的、历史的梳理依然停留在表层结构，无法得到任何诠释学的结论，为了进一步解决问题，我们还需要上升至"当谓"层次。

第四，建立独创性的诠释洞见——"当谓"层次。在"当谓"这一层次，诠释学者的任务是要通过思想史的探讨，结合中外哲学与诠释学的方法论研究，为原思想家说出他本应该说出的话，为他澄清表面矛盾，发掘其思想体系中的深层结构，发现终极义理，借以重新安排原思想家体系之中的多层意涵。"当谓"层次指，原作者应当说出什么。这里的"应当"不是指原作者本人亲自说出来，而是诠释学者超越"蕴谓"层次中诸多的诠释学进路，判定原作者的原典深层理论实质，进而提出自己的诠释洞见。

海德格尔在其著作《康德与形而上学的问题》中曾提出，"创造性的"诠释是具有灵感生气的，且需要启明观念的力量来引导。这句话对于傅伟勋的创造性诠释思想起了很大的作用。为此，诠释学者需要理清原典的表面结构和深层结构，这也就超越了"蕴谓"层次的平面分析，使诠释不再拘泥于文字表面。同时，为了进一步救活原思想家的思想义理，诠释学者需要诉诸"批判的继承"与"创

## 第一章 弘扬中华优秀传统文化与增强国家文化软实力的基本问题

造的发展"二者的兼行。① 因此,也是自"当谓"层次起,傅氏的创造性诠释思想开始有了不同于其他诠释理论的特点。

第五,批判的超克——"创谓"层次。诠释学者在"创谓"层次的主要任务是通过与中外各大思想及其传统的互相对谈和交流,并将原思想家的思想放到当下的思想系统中,融合诠释学者自身的创造性思维,经过这种工作和交融,诠释学者应该可以培养出能为原有思想及其历史传统"继往开来"的新力量。纵观历史,其实不难发现,在中外哲学史上影响力较大且有自己独创理论的思想家,多半曾以创造的诠释学家的身份接受过这种思维训练,西方哲学史上,从亚里士多德到康德、黑格尔;中国哲学史上从孔子、孟子到朱熹、王阳明等大家皆是如此。

傅伟勋认为,若诠释学者在"创谓"层次进一步发展庄子的思想进路,仍会获得自己的创造性结论。诠释学者必须使用这一时代的鲜活语言,经由前人开拓出来的思想,实现学术的交融与会通,进而说出前人未曾说出但是必须说出的话,从而为中国的形而上学重新发现一条道路出来。傅伟勋教授一直认为"诠释应当具有创造性",这类似于海德格尔的"诠释是一种对谈"。但不同的是,傅伟勋更重视对谈之后的创造性,因为他认为,只有通过创造性的对谈,诠释学者才有可能打破传统诠释学的限制,突破原思想家思维上的局限性,将这种传统的思想与现代的境况相融合,从而实现真正的批判与超越。

以上便是傅伟勋创造的诠释学的五大层次。就广义而言,创造的诠释学分为五大层次,但就狭义而言,单指"创谓"这一层次。因此,傅伟勋创造性诠释思想也可以说是一个从"依文解义"到"依义解文"的过程。当然傅伟勋也指出,虽然这五大层次各有次序,不可随意僭越,但若诠释学者对于这五大层次熟练之后,大可

---

① 傅伟勋:《从西方哲学到禅佛教》,生活·读书·新知三联书店1989年版,第426页。

不必再死板地依次探讨原典诠释的问题,五大层次的考察可以同时进行。

(二)创造性诠释思想的理论意蕴

一是创造性的"误读"。傅伟勋创造性诠释思想最有别于其他诠释理论的一点便是在"创谓"这一层次之中,在这一层次,诠释学者从批判的继承者转变为创造的发展者,从而真正体现出了傅氏所强调的"创造"的意义。傅伟勋认为,自第一层开始,尽量客观地对原典进行诠释到为原思想家说出他现在应该说出的话,当然是创造性的诠释学的一般方法和理路,但"创谓"层次有意的误读才最能体现出诠释者的理论突破性和文化创造性。

潘德荣教授认为,傅氏的"误读"并非是将文本解释得痴人说梦,而是一种经过详细论证的"误读"。它是对原有思想作了合乎逻辑的深化和发展,即通过有意的曲解,使理论体系内部的各部分阐述之间的矛盾、不协调之处和谐统一起来,使之成为基于某种理念而一以贯之的体系,或是对原有理论的进一步发展。[①] 对此,大多数学者只能按照忠实性原则完成基本的"依文解义"的诠释工作,真正强调创造性的却不多。傅伟勋的创造性诠释思想不仅要在继承的基础上寻求发展,更重要的是在批判的基础上寻求创造的发展,只有这样才能为中国文化的现代性发展开辟一条新路。

二是对特殊方法论的一般性超越。在傅先生看来,哲学方法论可以分为一般的与特殊的两种。如黑格尔的辩证法、胡塞尔的现象学、英国的日常语言分析学派等,都属于特殊方法论。与此不同,一般的哲学方法论则须跳过任何特定的思想立场,纯然成立之为方法论,而不带任何实质性的思想内容。

傅伟勋的创造性诠释思想便是一般方法论的进路。它的建构有赖于现象学、辩证法、实存分析以及日常语言分析等哲学理路,并

---

[①] 潘德荣:《诠释的创造性与"创造的诠释学"》,《中国哲学史》2002年第3期。

## 第一章　弘扬中华优秀传统文化与增强国家文化软实力的基本问题

吸收了中国传统的考据、义理之学而形成。创造的诠释学之所以构建为一般的方法论，是由于其目的与中华传统文化的诠释与发展息息相关。不仅如此，这种一般的方法论还具有普遍的适用性，不仅可以"扩充延伸其适用功能到一个思想传统（如儒家思想传统或佛教思想传统）的延续、继承、重建、转化或现代化等等广义的诠释学课题"[①]中去，亦可扩延到文艺鉴赏与批评、哲学史以及一般的思想史研究。

三是辩证开放的学术性格。创造性诠释思想之所以能够成为20世纪中国重要的诠释理论之一，受到如此广泛的认可和应用，主要原因便是其辩证开放的学术性格。这种开放性为这一理论提供了如源头活水一般的理论来源，使其不断完善自己、发展自己。这也是傅伟勋创造性诠释思想与其他封闭、静止的诠释理论最大的不同。

首先，这种开放性体现于创造性诠释思想的具体层次之中。就五个层次之间的关系来说，傅伟勋认为，如果改变下层解决方式，都会引起上层解决方式的变换。如"实谓"层次中原典文献的新发现，必然会引起"意谓"层次的新的脉络和逻辑分析。而这种新发现也势必会影响"蕴谓"层次、"当谓"层次和"创谓"层次原有的诠释结论，进而引起新的诠释学的探讨。同样，较高层次的"当谓"或"创谓"的新的见解，同样也会引起"实谓"层次的新探索。因此，创造性诠释思想的各个层次并不是一成不变的，而是随着时间、条件的变化来不断地改变、发展自己，具有历史性。这里值得一提的是，虽是不断发展和改变，但并不是肆意的变化。

其次，这种辩证开放性主要体现在"当谓"和"创谓"层次之中，这也是创造性诠释思想与其他诠释理论最大的区别。海德格尔曾说过，独创性的思想家并不了解自己。若套用词语，我们也可以说，老子本人并非了解自己，因为只有批判并超越了自己，才算是

---

① 傅伟勋：《从创造的诠释学到大乘佛学》，台湾东大图书公司1991年版，第45—46页。

了解自己。庄子或许更了解老子，而后来的诠释学者也许会更了解庄子。因此，只有对前人进行超越，才能得到前人所未得到的理论，培养出为原有思想及其历史传统"继往开来"的新力量。创造性的诠释思想便是在"当谓"与"创谓"的层次上不断地批判与超越，因而它是辩证开放的，不断发展的。

四是对文化化约主义的批判。傅伟勋认为，以传统儒家文化为代表的中华传统文化有其内在的局限性，即标榜德性之知重于见闻之知的泛道德主义立场。而这种立场的偏差不但容易使中国学者混淆道德价值问题与经验事实问题，造成科学研究态度和逻辑思考能力的缺失，还容易使人产生单元简易的心态，以化约主义的态度对待学理研究。"传统的中国思想家急于获得实践性的结论，故对纯理论的知性探求无甚兴致与耐性，而在建立自己的思想时，也多半抓住大体，却抛落了重要细节。所以我说中国学者容易变成'笼统先生'。"[①] 也正是这种立场偏差和单元简易的心态造成中华传统文化方法论的缺失。

创造性的诠释学从"实谓"到"创谓"的五个层次，则要求学者从纯客观的语辞呈现出发到根据客观文献对原典进行诠释，最后到学者创造性的诠释。这样一种递进的诠释理路，在重视事实经验的基础上，以一种较为思辨的方式为传统中国文化提供了一种诠释方法。这种诠释方法旨在修正德性之知重于见闻之知的偏差，进而促进中国学者纯理论的知性探求。不仅如此，傅伟勋指出，中国虽有较为完整的考据义理之学，但这种注疏的方式极大地限制了诠释者的创造性，因此许多具有创造性的诠释作品不能够清晰地呈献给读者。而创造性诠释学"当谓"和"创谓"这两个层次则能很好地弥补这一不足。以原典为基础，并在此基础上进行创新，从而实现传统文化的现代性发展，在这一层面上说，傅伟勋创造性的诠释学

---

① 傅伟勋：《批判的继承与创造的发展》，台湾东大图书公司1986年版，第32页。

能够克服文化化约主义的偏失，是一个完整的方法论体系。

（三）创造性诠释思想的当代启示

创造性诠释思想是傅伟勋诠释文本和创造理论的方法论基础。傅伟勋不仅将此方法运用于对《道德经》《坛经》等原典诠释的研究中，而且还在此基础上创造了"中国本位的中西互为体用论""生命的十大层面与价值取向"等重要的思想理论，为解决当代中国文化建设的难题提出了自己的看法。其中，"中国本位的中西互为体用论"旨在超越"体用"二元论的僵化模式，寻求中西文化的真正融合，以解决中外文化的关系问题。"生命的十大层面与价值取向"则是将创造性的诠释思想运用于儒家心性论（尤其是孟子的性善论）而创立出来，以多元开放的心态和多层远近观的角度来诠释一种学术理论，弥补了化约主义的偏失，解决了古今文化的关系问题，以促进中华传统文化的创造性转化和创新性发展。因此归结起来，创造性诠释思想的实质和最重要的时代价值是对中华传统文化的现代性重建的一种探索。

傅伟勋先生是一位"出乎中国哲学之外"而又"入乎中国哲学之内"的现代学者，他一生都在追求的一个目标便是，怎样使中华传统文化真正走向世界，真正为更多的人所了解。因此，在保留中国传统哲学的精华的同时，他用一种更加思辨和西方化的方式来对待中国哲学，使其更加国际化，创造性诠释学便是其中的一个成果。创造性诠释思想旨在弥补缺乏高层次方法论的中华传统文化的不足，其最终目的是为了促进中华传统文化的创造性转化和创新性发展。其实不仅是创造性诠释思想，观其毕生的学术贡献，从中西互为体用论到顾及全面的多层远近观，其最终目的都是克服中华传统文化的内在局限性，为传统文化找到一条适合于现代发展，并促使其走向世界的道路。

傅伟勋先生通过创造性诠释思想的阐述，尤其是在最高的"当谓"和"必谓"两个层次，将其方法论与文化哲学有机地统一起来，不但要求从方法论的角度"讲活"并"救活"中华传统文化，更重要的是在广泛的文化领域批判地继承并创造性地发展中华传统文化。因此，对于中华传统文化重建工作的思想课题，必须要在兼顾基本诠释工作、借鉴并吸纳中西哲学优秀的方法论的基础上，对"当谓"和"必谓"层次予以相当的重视，这样才能为中华传统文化的现代性重建开辟出一条新路。

对于如何促进传统文化的现代化，傅伟勋先生也提出了自己的观点。在他看来，中国传统的考据、训诂之学已具有学问的规模，这也就意味着中华传统文化在"实谓""意谓""蕴谓"三个层次上已达到了一定的水平，但仍需继承和引进。中国当代学者的着重点应放在"当谓"和"创谓"这两个较高的层次上。对此，傅伟勋先生曾提出过自己的一些观点，首先，他认为，哲学研究与哲学史研究的分际应该划清，以便哲学家与哲学史家能够分工合作，分别完成哲学的思想开创与纯学术工作的发展与深入；其次，当代学者应重新探寻中国哲学语言的得失所在，以便经由传统哲学语言之批判的继承设法创造合乎时代需求的哲学语言；再次，中国当代学者必须面对西方哲学的冲击，设法早日解决中国方法论的建立课题，在解释学、语言分析、比较哲学、后设理论等方面应多作探讨；最后，当代中国学者必须关注哲学思想的齐全性、无暇性、严密性和明晰性，以便促进中华传统文化的创造性转化和创新性发展。当今世界是一个日益民主自由化、多元开放的（后）现代社会，中国学者要重新解释、重新探问传统思想的言语理论，以此来"讲活"中华传统文化。

## 第三节 弘扬中华优秀传统文化增强国家文化软实力的理论渊源

### 一 综合创新理论

马克思主义综合创新论，不仅富有时代精神和民族特色，还坚持民族文化的主体性和坚持对外开放,是中国文化的综合创新之路。

(一) 综合创新论的产生背景

"综合创新论"最早由张岱年先生在20世纪30年代提出的文化的综合创造论发展而来,并经方克立先生的深入阐发和大力倡导而闻名于思想文化界。在20世纪30年代,新文化运动的影响此起彼伏,得到了有识之士的大力支持,他们渴望改变现状,救亡图存。他们把目光不单单着眼于国内,同时放眼于更遥远的西方,放眼于世界,吸取西方文化的进步精髓,积极把西方的哲学思想传播到国内的土壤。

在20世纪30—40年代和80—90年代,张岱年先生发掘和整理中国传统哲学,在探索中国文化建设中如何处理好中、西、马三种资源的相互关系时,坚决批判了"全盘西化论"和"中国文化复兴论",提出了文化"综合创造"论,这是"文化综合创新论"的雏形。21世纪,方克立先生又提出了"马魂、中体、西用"等系列观点,对综合创新论做出了新的概括,在学术界引起了一定关注。

(二) 张岱年的综合创新论

张岱年在20世纪30年代提出"文化的创造主义"思想。张岱年的综合创新论理论基础主要包括辩证唯物论、中国传统的唯物论思想与人生哲学、罗素的新实在论。他的综合创新论有一个基本前提,就是既反对"全盘西化论",又反对"东方文化优越论"。他认为在综合创造之前,当然需要选择,而对于其选择的标准和依据来说,应该是有利于中国文化的现代化。

1935年,张岱年批判当时社会上的"全盘西化"的观点,倡导并建议创造出符合中国的新文化。张岱年反驳并否定了文化的不可分性,他认为文化具有可以借鉴的特点。西方文化也有一些有益积极的因素,应该尽可能地吸收;而对于西方文化陈旧的部分,需要进行合理的扬弃。同样,在中华传统文化中也存在着健康有活力的优秀文化,我们应该尽可能地保持、改进和发展,并将这些优秀文化不断向前推进,但是对于传统文化中存在的腐朽、落后的部分应该与历史一起摒弃和埋葬。

张岱年先生"综合创造"文化观的要点主要可以概括为：我们应该摒弃以往二元僵化的中西文化思想交锋的思维方式，在马克思主义的普遍真理和社会主义原则的指导下，用科学解释和谨慎选择的态度包容从古代到现在的国内外文化体系的组成结构。并且根据我国社会主义现代化建设的实际发展情况和现实需要，激发中华民族的文化主体意识，通过综合创造，将文化的民族性与现代性相结合，创造带有中华民族主体性的文化。

20世纪80年代，张岱年提出"文化综合创新论"。张岱年晚年在恢复正常的教学和研究工作以后，仍充满着热情，强烈地关注所处时代的现实，给予时代的关怀。20世纪80年代，他也积极地参与到"文化热"时代大讨论中。在众多不同的文化观念里，他强烈批评了80年代后期全盘西化等反传统思想——不仅是奴性意识在作怪，而且也反映了一种文化无知。他主张在民族主体意识基础上进行文化创新，分析了中国文化前景与中国文化发展的差异，进而提出了"文化综合创新"的理论。

（三）方克立的综合创新论

方克立对现代新儒学派文化哲学和自由主义西化派文化哲学的研究，既不同于以自己的生命作大幅度投入的大陆现代新儒家，也有别于视现代新儒家为中国现代思想危机的自由主义者，重要的是构建切实有效的中华文化现代化道路。因此，方克立对文化哲学的杰出贡献在于把回溯过去和前进展望进行了统一，创造性地继承和发展了马克思主义文化的综合创新。从这一方面对中国文化发展的方向、原则和方法，发表了一系列真知灼见。

自张岱年1987年提出"文化综合创新论"以来，方克立一直坚持不懈对此观点进行积极发扬。方克立提出，"综合创新"的文化理念与中国先进文化的方向是一致的。2005年，方克立再次指出，在半个多世纪前张岱年先生主张以辩证唯物主义为基础，中、西、马

## 第一章　弘扬中华优秀传统文化与增强国家文化软实力的基本问题

的三流相结合、综合创新之路,是中国文化发展在新世纪的正确的方向和现实的道路。[①] 我们应该在对传统文化进行全面分析的基础上进行合理的扬弃,从而符合社会主义和谐文化和先进文化的发展方向。方克立的宏观思想表现在方法论即在研究过程中始终强调马克思主义立场,对现代新儒家的立场、观点和方法进行现实的科学研究和分析,将评价一分为二,这是"同情的理解和客观的评价,批判地超越"。

方克立对"全面创新"发展观进行历史的分析,指出"综合创新"理论是经过几代人的实践和理论才得以不断深化发展的。方克立认为,在古代中西和现代中西文化问题的处理上,综合创新理论之所以胜于多种偏颇或折中的文化理论,是因为它始终贯彻了辩证唯物主义的方法论原则。历史可以证明思想文化的综合创新明显优于极端西化与折中主义中体西用派,是中国文化的精髓。究其高明的原因,在于它不仅超越了华夏中心主义和欧洲中心主义的偏见,而且在一定程度上超越了中国和西方思维之间的二进制的形而上的思维。

方克立指出,在新的历史条件下,马克思主义综合创新理论是对"古今中西"问题的一个完整的回答。在此基础上,方克立将"全面创新"文化观的四个观点称为综合创新的文化价值观的四大要素或四大特色。第一是开放性,这不仅是一种做法,更是一种综合的历史态度。第二是主体性,继承中华传统文化和借鉴西方文化的目标和标准,是立足于当今中国的现实情况,为了促进中国文化和整个中国社会主体的现代化。第三是辩证法,即批判继承法的辩证法。第四是创新,即全面的创新结合。这四个特点体现了文化发展规律。

以"综合创新文化观"为宗旨,20世纪90年代,方克立对不

---

[①] 方克立:《现代新儒学与中国现代化》,天津人民出版社1997年版,第207—209页。

同问题的未来前景进行了展望,提出了一个全新的思路,即"东方"论和"西方"论,以超越和克服"东化论"与"西化论"。所谓"东化论"或"东方文化救世论"就是鼓吹"21世纪是东方文化的世纪"。东化论者直言:"既然能搞'西化',为什么就不能搞'东化'呢?"20世纪90年代,与东化论对阵的是"全球化论"。从综合创新论文化观透视东化论与西化论,可以发现,从思维方法来说二者有共同的特点,即非此即彼。而综合创新论主张亦此亦彼,即在现实中达成一个可以接受的折中结果。

## 二　中国化马克思主义文化软实力理论

马克思主义文化软实力理论是对马克思、恩格斯及中国共产党历届领导人文化思想的继承和发展。马克思、恩格斯是无产阶级先进文化思想的创始人,他们提出的唯物史观成为无产阶级先进文化思想的理论基石和核心观点;在此基础上,他们还提出了无产阶级先进文化建设的一系列基本原则,这些思想成为无产阶级先进文化思想的源头,为以后的马克思主义者对先进文化的探索开辟了广阔的道路。此后,毛泽东同志在1949年9月21日中国人民政治协商会议第一届全体会议上的开幕词中提出:随着经济建设的高潮的到来,不可避免地将要出现一个文化建设的高潮,我们将以一个具有高度文化的民族出现于世。邓小平同志在改革开放之初,在1979年中国文学艺术工作者第四次代表大会上的祝辞中提出:实现百花齐放、百家争鸣这个马克思主义方针的条件,也在日益成熟。江泽民同志在党的十六大报告中提出,在当代中国人民的伟大奋斗中,必将迎来社会主义文化建设的新高潮,创造出更加灿烂的先进文化。党的十六大以来,胡锦涛同志指出:必须大力加强中国特色社会主义文化建设,不断为改革开放和现代化建设提供有力的思想保证、精神动力和智力支持。2007年10月15日,胡锦涛同志又提出要坚持社会主义先进文化前进方向,兴起社会主义文化建设新高潮,激

## 第一章　弘扬中华优秀传统文化与增强国家文化软实力的基本问题

发全民族文化创造活力，提高国家文化软实力。习近平总书记在党的十九大报告中指出，加强中外人文交流，以我为主、兼收并蓄。推进国际传播能力建设，讲好中国故事，展现真实、立体、全面的中国，提高国家文化软实力。

报告中所使用的"文化软实力"一词，由美国哈佛大学教授约瑟夫·奈（Joseph S. Nye）于20世纪80年代末首先提出。胡锦涛同志在党的十七大报告中所提出的"提高国家文化软实力"，其主要目的是巩固马克思主义指导地位，把中国特色社会主义文化建设推向新的阶段。习近平总书记将中华优秀传统文化、革命文化、社会主义先进文化作为中国特色社会主义文化的三大支柱。繁荣昌盛的中华文化，必然以提升我国文化软实力为根本途径。恩格斯指出，一个民族想要站在科学的最高峰，就一刻也不能没有理论思维。

关于文化的地位和作用的重要思想在毛泽东思想、邓小平理论、"三个代表"重要思想、科学发展观中也都有体现，以习近平同志为核心的党中央从十八大以后的新问题出发，把这些思想表达得更明确、更系统，贯彻得更自觉、更坚定了。党的十六大以来，以胡锦涛同志为总书记的党中央面对实践提出的新课题，提出了科学发展观。首先，突出强调了文化建设在总体布局中的位置，强调了文化建设与其他建设的关系。胡锦涛同志在党的十七大报告中提出，要按照中国特色社会主义事业总体布局，全面推进经济建设、政治建设、文化建设、社会建设，促进现代化建设各个环节、各个方面相协调，促进生产关系与生产力、上层建筑与经济基础相协调。其次，突出强调了文化软实力在经济社会发展中的位置和作用。近40年来，我国经济社会保持持续快速健康发展，经济实力迈上新台阶，经济总量跃居世界第二位，人民生活总体达到小康水平，这在客观上要求文化有一个大发展大繁荣。因此必须切实加强文化软实力建设，最大限度地激发文化发展活力，努力生产出更好更多的文化产品。最后，突出强调了文化软实力在综合国力竞争中的重要地位和作用。2013年12月30日,习近平总书记在中共中央政治局第十二次集体学习时发表重要讲话时指出,"提高国家文化软实力,关系'两个一百年'奋斗目标和中华民族伟大复兴中国梦的实现"[①]。党的十八大提出"五位一体"总体布局,文化建设是灵魂。党的十八大以来,习近平总书记从文化理念和指导思想的高度对文化软实力做出一系列重要论述,传递出庄严的语境,鲜明的观点,坚决的态度,其意义极为深远。进入新时代,文化软实力在综合国力和国际竞争中的地位和作用越来越突出:一是文化与经济相互交融,经济较量中的文化因素日益凸显,经济发展越来越依赖于文化的支撑;二是文化产品与服务已作为独立的贸易形态,成为综合国力竞争的重要方面;三是文化领域已成为政治斗争和意识形态较量的主战场。因此切实加强国家文化软实力建设,是增强我国综合国力、赢得国际竞争的必然要求。

　　文化软实力建构的主要源动力主要包括三个。动力之一是解放和发展文化生产力。2004年,党的十六届四中全会通过的《中共中央关于加强党的执政能力建设的决定》强调要深化文化体制改革,解放和发展文化生产力。进一步革除制约文化发展的体制性障碍。把文化发展的着力点放在满足人民群众精神文化需求和促进人的全面发展上。这是中央正式文件中第一次出现"解放和发展文化生产力"的提法,它反映了我们党对文化发展和文化体制改革的认识更加深入,更认识到事物的本质。第一,解放和发展文化生产力,就是要在科学发展观的指导下,解决文化发展与经济、社会诸项发展的关系,从而提高国家文化软实力。第二,解放和发展文化生产力,必须不断深化对文化发展目的的认识,坚持以人为本,创造更多更好的精神文化产品,满足人民群众日益增长的精神文化需求,促进人的全面发展,从而提高国家文化软实力。第三,解放和发展文化

---

[①]《习近平谈治国理政》第1卷,外文出版社2018年版,第160页。

## 第一章 弘扬中华优秀传统文化与增强国家文化软实力的基本问题

生产力,必须要深化文化体制改革,从而提高国家文化软实力。第四,解放和发展文化生产力,必须不断提高满足人民群众日益增长的精神文化需求能力,从而提高国家文化软实力。

动力之二是文化创新。发展创新文化既是建设创新型国家的一项重要工作,同时创新文化也是文化软实力建设的有效途径。第一,进行文化创新,要坚持解放思想,实事求是,与时俱进,始终高扬改革旗帜,增强发展意识,树立创新观念,发扬优良传统,用改革的精神激励自己,用发展的要求审视自己,用创新的办法完善自己,从而推动国家文化软实力建设。第二,进行文化创新,要在时代的高起点上推动文化内容形式、体制机制和传播手段创新,从而推动国家文化软实力建设。第三,进行文化创新,要高度重视互联网等新型传媒,从而推动国家文化软实力建设。第四,进行文化创新,要调动广大文化工作者的积极性,更加自觉、更加主动地推动文化大发展大繁荣,在中国特色社会主义的伟大实践中进行文化创造。广大文艺工作者一定要焕发创造激情,激发原创能力,正确处理继承和创新的关系,大力弘扬中华民族的优秀文化传统,积极学习和借鉴世界各国人民创造的一切文明成果,博采众长,厚积薄发,推陈出新,在人类文艺发展史上谱写更加绚丽多彩的篇章。[1]

动力之三是加强宣传工作。实现党的十七大描绘的宏伟蓝图,加强国家文化软实力建设,宣传思想工作担负着统一思想、凝聚力量的重大任务和使命。习近平总书记指出:"提高国家文化软实力,要努力展示中华文化独特魅力。"[2] 也只有当马克思主义文化被广大人民群众真正地理解和掌握,并转化为投身改革建设的内在动力时,我们的宏伟目标才能够顺利实现。

最后,关于文化软实力建构的保障。对于文化安全问题,毛泽

---

[1] 胡锦涛:《2006年11月10日在中国文联第八次全国代表大会、中国作协第七次全国代表大会上的讲话》,《人民日报》2006年11月11日。

[2] 《习近平谈治国理政》第1卷,外文出版社2018年版,第161页。

东同志具有高度的历史警觉和文化思考：提出要警惕资产阶级糖衣炮弹的进攻；提出反对现代修正主义和防止帝国主义"和平演变"战略思想。邓小平同志在新的历史时期提出"一个党，一个国家，一个民族，如果一切从本本出发，思想僵化，迷信盛行……就要亡党亡国"[1]。江泽民同志郑重提出"国家要独立，不仅政治上、经济上要独立，思想文化上也要独立"这样一个事关国家文化主权的重大命题，指出要"抵制殖民文化侵蚀"，不要在思想文化上"变成人家的附庸"[2]，在处理对外文化关系上，明确地提出了"要维护国家的政治经济文化安全"[3]的战略要求。

胡锦涛同志强调，经过长期努力，我国国际地位和国际影响明显提高，文化软实力不断增强，我国的发展道路和发展模式得到越来越多国家的理解和认同，中华文化的作用和影响引起世界更大关注，国际社会更加重视我国的声音和作用。西方敌对势力对我实施西化、分化的政治图谋没有改变，力度不断加大，手法更加多样。他们始终把意识形态作为颠覆和控制别国、实现自身战略意图的重要工具，凭借经济、科技等优势推行文化霸权，加大文化输出和思想价值观念渗透。各种敌对势力在境外合流，成为西方敌对势力对我实施西化、分化的政治工具。他们集中攻击我国基本政治制度、新闻出版制度和司法制度等，利用互联网、非政府组织、宗教活动等形式和渠道，插手我国人民内部矛盾和群体性事件，煽动对党和政府的不满，甚至制造暴力犯罪，打砸抢烧，企图干扰北京奥运会，达到分裂祖国的目的。面对这些情况，我国不仅在经济上面对严峻考验，而且在文化上也面临诸多挑战。因此抵制西方敌对势力的西化、分化图谋，必须进一步提高我国文化软实力，对内增强民族凝

---

[1] 《邓小平文选》第2卷，人民出版社1994年版，第143页。
[2] 江泽民：《在中国文联第六次全国代表大会，中国作协第五次全国代表大会上的讲话》，《人民日报》1996年12月17日。
[3] 江泽民：《在全国对外宣传工作会议上的讲话》，《人民日报》1999年2月27日。

聚力和向心力，对外增强国家亲和力和国际影响力。这就需要充分发挥意识形态建设的重要作用，大力增强马克思主义文化的说服力和感召力，用社会主义核心价值体系引领社会思潮，用马克思主义中国化最新成果占领学术阵地，牢牢掌握哲学社会科学的话语主导权；深入研究阐释我国的发展成就和发展理念，对中国特色社会主义发展道路和发展模式进行提炼和升华，推动国际社会更好地了解中国特色社会主义，推动中华文化走向世界，增强中华文化的国际影响力。

## 第四节 弘扬中华优秀传统文化增强国家文化软实力的战略意义

中华优秀传统文化是中华民族不可撼动的精魂，是维系祖国统一和各民族团结的精神纽带。作为四大文明古国中唯一没有被中断的文明，泱泱大中华以其五千年灿烂的中华文化巍巍屹立于世界民族之林。几千年悠久历史沉淀出的优秀传统文化，在现代化的今天，不仅没有被泯灭，反而更显生机。但是，由于历史和现实等因素，传统文化在近代之后反而受到了忽视，甚至批判。新文化运动提出"打倒孔家店"的口号，这里的"孔家店"虽然不能完全代表中华传统文化，但是，在新文化运动中，中华传统文化都被一概否定了。到了改革开放之后，由于市场经济的冲击，中华优秀传统文化一度被忽视，西方的功利价值观甚嚣尘上。因此，弘扬中华优秀传统文化增强国家软实力尤为重要，其战略意义不仅仅在于提高人民的思想道德修养，更在于抵抗外来文化的入侵，保持民族的统一性。

**一 弘扬中华优秀传统文化增强国家文化软实力对中国的战略意义**

第一，有利于发展经济，是提升我国综合国力的需要。文化对经济具有反作用。弘扬传统文化中的精华可以对经济产生积极的反作用。文化通过渗透到各个行业中去发挥出生产力的作用,各行各业的发展也无不与文化紧密相连。饮食领域有饮食文化,企业领域有企业文化,旅游领域有旅游文化,体育领域有体育文化。中国灿烂丰富的传统文化是当今文化发展建设的灵感源泉,基于传统文化基础能创造出富有生命力且独具中国特色魅力的文化产品。而一部《大圣归来》,其独具中国传统特色又富有创新精神的故事内容和制作形式,在获得多方赞誉的同时让民众对中国动漫产业的振兴又重拾信心。弘扬优秀的中华传统文化有利于增强中国文化产业的独立性、独创性,提高文化辨识度。

国际间综合国力的竞争越来越重视文化软实力,其影响力比任何时候都更加广泛深刻。因此,经济的发展以及综合国力的提升都需要以提升文化的软实力为前提。文化软实力与经济发展相互促进,前者的发展为后者的发展提供良好的环境和契机,更加容易吸引外资,引进人才,加强国际间合作,促进后者持续健康地发展。

第二,有利于提高国际地位,是维护国家安全的需要。中华传统文化扎根于中华民族的沃土,是人类文化的一大瑰宝。几个世纪以前,中国文化风靡欧洲,中国的瓷器、服饰、歌舞在西方世界广为流传,甚至与西方本土文化相融合。如著名歌剧《图兰朵》就是一个以中国传说故事为背景、以西方歌剧为展现形式的一大文化创新。后来,由于历史等原因,中华文化在国际上逐渐失去了话语权,世界对中华传统文化的理解还停留在"落后""封闭"上。近年来,由于国家的兴盛与相关文化政策的实施,中华文化在世界上大放异彩,"中国年"、中国传统节日在国外也受到了广泛关注。经济方面走出去固然重要,但是,最根本的,还是从文化方面感染别人。通过提升文化软实力,能够增强不同国家和民族对中国国情的了解和认同,在文化相互理解和相互认同的基础上,才能够赢得他国的尊重,赢得更多国家间的交流与合作的机会。

弘扬中华优秀传统文化增强国家软实力有利于抵制文化霸权主

义。西方发达国家通过大众传媒、教育文化、扶持建设等方式传播西方的核心价值观。尤其是美国，其在通过大众传媒这一媒介输出价值观方面尤为严重。首先，CNN、美国之音等媒体实行多语言新闻放送，每天都在以一定的形式宣传美国的对外政策和介绍美国社会。并且美其名曰"帮助"各国人民正确理解"美国的价值观"。其次，美国又利用计算机、网络等技术，向外输出美国的流行音乐、好莱坞电影。音乐、电影看似只是简单的娱乐产品，但是其中蕴含的是美国的价值观体系，其所进行的所有价值判断和价值选择，所反映的所有思想，都是美国的价值观。为了应对西方文化霸权的渗透，弘扬中华优秀传统文化是有效的对策之一。只有当民众对本国优秀的传统文化有了充分的了解和认可、并对本国文化产生自豪感之后，才能更加理智、更加客观地面对来势汹汹的外来文化，才能够从一种辩证的角度来看待本国文化和外来文化的关系，从而在面对文化霸权主义的时候，不沦为文化帝国主义的奴隶和炮灰。同时，优秀传统文化也可以增进中国在世界全球化进程中的国际影响力、号召力，推动其在国际政治、经济领域的发展，提升中国国际地位。

第三，有利于增强民族凝聚力，是民族和谐的需要。弘扬传统文化使民众了解中华文化的独特魅力，有利于激发民族文化的认同感和归属感，从而增强民族自信心、自尊心和自豪感，使得各族人民和谐一致共建祖国。弘扬传统文化提高文化软实力，可以丰富人民的精神文化生活，满足人民群众的精神文化需求。人民群众从温饱进入小康后，在精神文化方面需求日趋旺盛。当前人们对精神文化产品的消费能力稳步提升，消费中心转移到教育、科技、文化、旅游等领域，并呈现多样性、多层次的特点。提升文化软实力，可以更好地用文化愉悦身心，舒缓压力，充实精神世界，满足人民日益增长的精神文化需求，从而增强民族凝聚力。

弘扬中华优秀传统文化增强国家软实力有利于增强民族凝聚力、向心力。"团结统一、爱好和平、勤劳勇敢和自强不息"是中华民族的伟大精神,其中"团结统一"排在首位。中国国土面积广大,民族众多,在这种条件下,中国之所成为一个"大中国"而不是分裂的诸多"邦联",是因为中国人民共享或者说认同同一个民族文化,那就是中华传统文化。这里的中华传统文化是指融合了中华各个民族优秀传统,历经岁月洗礼并对今天的社会产生影响的优秀传统文化。广大民族同胞只有先对中华传统文化有了认同感,才会进而认同在此文化基础上形成的经济、政治等国家制度,也只有这样,国家才能和平统一,为现代化建设创造一个和谐的社会环境。

**二 弘扬中华优秀传统文化增强国家文化软实力对世界的战略意义**

一方面,促进世界文化多样性。提升国家文化软实力,必然有助于中华传统文化走向世界。以饮食文化为例。在饮食文化方面,美国人是用脑子吃饭,我一天需要消耗多少大卡的热量,我就补充多少大卡,很少讲究口味,烹调的方法主要是以油炸为主。法国人是用心吃饭,法国人的饮食在世界上来讲是比较讲究的,法国大菜的制作可以说是极费心思的,有的菜从选用食材到制作需要几天的时间,选料之讲究、做工之精细、色彩之搭配均堪称世界之典范。日本人是用眼吃饭,由于日本是一岛国,物产相对来说比较匮乏,有的食材需要长期进口,所以他们把饮食的风格放在少而精上,做的量很少,但是食材选择以活的海鲜为主,用的器皿也是非常讲究,但是都突出一个小字,让人吃起来赏心悦目,但是每次的食量都不是太大,所以我们中国人吃日本料理都说吃不饱,而日本人却养成了这样的饮食习惯,所以你在日本很少见到大腹便便的人。中国人是用嘴吃饭,中国人吃饭最讲究口味,酸、甜、苦、辣,南甜北咸、东辣西酸;中国八大菜系,各有自己的一套烹饪方法,讲究风味和口感。

如今的世界是一个全球化的世界,是一个地球村,任何国家任何民族的任何优秀文化都是世界人民的财富,都是人类的财富,而

## 第一章 弘扬中华优秀传统文化与增强国家文化软实力的基本问题

中华传统文化延绵数千年,这其中的优秀文化实在是世界文化多样性的重要组成部分。

另一方面,促进世界和平发展。中华传统文化古往今来,一直在强调"仁"和"礼",强调"己所不欲,勿施于人"。中华民族向来反对霸权主义和强权政治,反对战争和军备。无论在联合国的维和部队,还是非洲的难民国度,中国人的身影络绎不绝。因此,提高国家文化软实力,有利于传播中华传统文化。因此,弘扬传统文化,提升国家软实力更有利于维护世界和平的发展。

随着国家越来越重视文化软实力的作用,弘扬中华优秀传统文化也越来越成为重中之重,尤其是年轻的一代,更肩负着中华民族复兴的伟大使命,积极吸取传统文化的精髓,将传统文化与现代文明相结合,积极将中国优秀的传统文化推向世界,使其屹立于世界民族文化之林而不倒,并呈现更加异彩纷呈的姿态,中华民族的伟大复兴也必将成为现实。

# 第二章 中华优秀传统文化与国家文化软实力的辩证关系

弘扬中华优秀传统文化与增强国家文化软实力之间在学理上葆有相互关联、相互契合的逻辑关联，在实践上保有相互作用、相互促进的辩证关系。中华优秀传统文化是国家文化软实力的根基，在国家文化软实力建构中处于重要地位，发挥关键作用。中华优秀传统文化的创造性转化创新性发展，基于文化的可离析性和科学发展的内在要求，"两创"是将中华优秀传统文化与国家文化软实力相契合的重要理论结构与当代实践特征。

## 第一节 国家文化软实力的相关概念

### 一 国家文化软实力概念的语义分析和内涵分析

软实力的定义可以概括为：通过吸引别人而不是强制他们来达到你想达到的目的的能力，主要包括文化的吸引力和感染力；对外政策、意识形态和政治价值观的吸引等。在这众多因素中，文化魅力是软实力的深层根源和核心实力。相比传统的硬实力，软实力更加温和，是对于影响对象来说能够唤起其主动接受和主动参与行为的力量，包括国家和民族内部的凝聚力、创造力，外部的渗透力、说服力、吸引力等。软实力和硬实力是相互挟制、相互区别又相辅相成、互为补充的辩证关系，硬实力是软实力的保障和载体、软实

## 第二章 中华优秀传统文化与国家文化软实力的辩证关系

力是硬实力的源泉和延展,二者统一于推动国家和民族文化实力和文化影响力提升的发展进程。

马克思、恩格斯是无产阶级先进文化思想的创始人,他们提出的唯物史观成为无产阶级先进文化思想的理论基石和核心观点;在此基础上,他们还提出了无产阶级先进文化建设的一系列基本原则,这些思想成为无产阶级先进文化思想的源头,为以后的马克思主义者对先进文化的探索开辟了广阔的道路。毛泽东同志在《新民主主义论》中首次把新的文化力量纳入了国家的力量层面,他指出"新的政治力量,新的经济力量,新的文化力量,都是中国的革命力量",这揭示出政治力、经济力、文化力共同形成人类社会发展的三种基本力量。党的十一届三中全会以后,邓小平同志突出强调了文化的地位和作用,把科技力量看成是具有决定意义的文化实力,这标志着我们党对文化问题的认识又达到了一个新的高度。江泽民同志提出"文化是综合国力的重要标志"的科学论断,这是在继承前人的基础上对文化软实力理论进行的一次伟大的创新。胡锦涛同志提出把文化发展的着力点放在满足人民群众精神文化需求和促进人的全面发展上,提出"解放和发展文化生产力",并对解放和发展文化生产力做出了全面部署,这反映了我们党对文化发展和文化体制改革的认识更加深入,更认识到事物的本质。以习近平同志为核心的党中央发出了"坚定文化自信,推动社会主义文化繁荣兴盛"的伟大号召,建设社会主义文化强国。习近平总书记将"文化自觉"发展为"文化自信",并提出在时代发展潮流和中国特色社会主义伟大实践中,夯实中华优秀传统文化根基,提高马克思主义中国化,弘扬和传播当代中国文化创新成果,充分展现对中华文化价值的肯定,对中华文化生命力的坚定信念。

在中国化马克思主义文化软实力理论的时间维度发展线索中可以看出,我们党对文化力量的认识不断清晰、深化,文化、意识形态、价值观等的影响逐渐深入人的思想、社会经济、政治和社会生活等各个方面,文化已经成为治理国家的一个重要方略。从科学发展观的角度来看,这是人们寻找更科学的发展路径。不断发展和完善的中国化马克思主义文化软实力理论,为我国的经济、政治、社会以及文化的发展提供了重要的理论支撑和实践导向。这就需要充分发挥意识形态建设的重要作用,大力增强马克思主义文化的说服力和感召力,用社会主义核心价值体系引领社会思潮,用马克思主义中国化最新成果占领学术阵地,牢牢掌握哲学社会科学的话语主导权;深入研究阐释我国的发展成就和发展理念,对中国特色社会主义发展道路和发展模式进行提炼和升华,推动国际社会更好地了解中国特色社会主义,推动中华文化走向世界,增强中华文化的国际影响力,增强国家综合国力,以便在未来的竞争中争得主动。

因此,我们需要在对文献和实际问题研究和分析的基础上,进行理论创新,从而构建"国家文化软实力"的概念。国家的"软实力"主要指的是一个国家通过动员和发挥国民心智能量的作用,促进和保证国家内社会、经济发展目标得以实现的能力。也就是说,依靠对内激励民众的士气、整合民众的力量、发挥民众的才智,对外吸引人才、资金、技术,以实现国家经济发展目的的能力。"国家文化软实力"是指在国家间竞争中,相对于国内生产总值、国家基础设施等硬实力而言的,建立在国家文化、国家精神、国家环境、政府公共服务、人力素质等非物质要素之上的,国家核心价值的凝聚力、国家精神的吸引力、国家公民的创新力、政策制度的整合力和对外界产生影响的文化辐射力等力量的总和。一个国家的综合竞争力,不仅靠林立的高楼大厦、发达的交通、快速增长的GDP等硬指标,更离不开文化,离不开国民素质、文明水平的提升,离不开政务环境、科教文卫等人文因素。没有文化软实力的相应提升,硬实力发展到一定程度就可能受到观念、意识的限制,甚至可能导致原有优秀文化的"异化",或者还有可能产生文化的冲突。没有了文化的包容性和吸纳力,硬实力将失去必要的支撑。所以说,国家文化软实力在现代国家建设中的作用越来越凸显。

## 二 国家文化软实力的基本构成与要素分析

国家文化软实力是国家软实力的核心因素,与经济实力和科技实力等硬实力相互影响、相辅相成,是指一个国家文化的影响力、凝聚力和感召力,成为国家核心竞争力的重要因素。就此而言,我们可以将国家文化软实力分为以下五个组成部分(见图3-1):激励国家形成强大向心力的国家文化凝聚力;获得外界仿效的国家文化吸引力;推动发展、追求领先的国家文化创新力;将文化要素组织成效能最大有机整体的国家文化整合力;向外界正确表达意图的国家文化辐射力。其中,国家文化凝聚力是内核要素,国家文化吸引力是基础要素,国家文化创造力是倍增要素,国家文化整合力是集成要素,国家文化辐射力是表象要素。

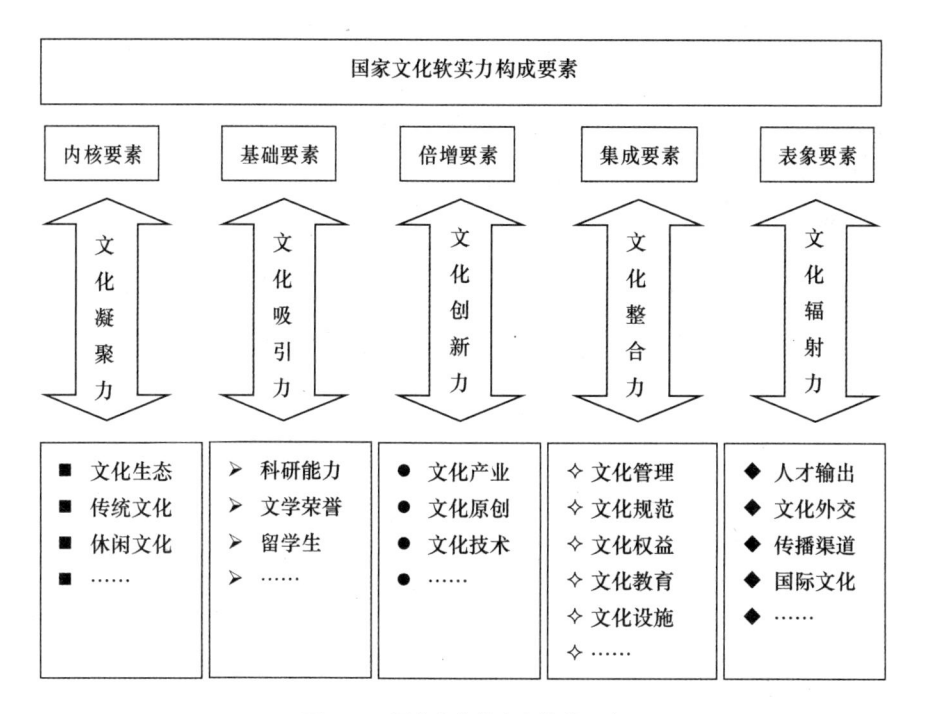

```
┌─────────────────────────────────────────────────┐
│              国家文化软实力构成要素                │
└─────────────────────────────────────────────────┘

 内核要素    基础要素    倍增要素    集成要素    表象要素
   ⇕          ⇕          ⇕          ⇕          ⇕
  文化        文化        文化        文化        文化
  凝聚力      吸引力      创新力      整合力      辐射力

■ 文化生态   ➢ 科研能力   ● 文化产业   ◇ 文化管理   ◆ 人才输出
■ 传统文化   ➢ 文学荣誉   ● 文化原创   ◇ 文化规范   ◆ 文化外交
■ 休闲文化   ➢ 留学生     ● 文化技术   ◇ 文化权益   ◆ 传播渠道
■ ……        ➢ ……        ● ……        ◇ 文化教育   ◆ 国际文化
                                     ◇ 文化设施   ◆ ……
                                     ◇ ……
```

图3-1 国家文化软实力构成要素

国家文化凝聚力。国家通常被称作"文化容器",文化的凝聚性是国家特性中的首要因素。每个国家都在历史演化的进程中,不断吸收、保护、传承和再造国家的文化元素,使之成为特定区域的文化特征和代表。国家文化凝聚力既表现为能够有效地保护、涵养前人的文化成就;也表现为能够很好地吸纳、消化来自不同国家的文化元素,能够将不同文化元素中的有益成分,转化为具有自身文化特色的文化养分和新的文化特色;同时,还表现为能够对所有的文化元素,进行良好的再加工,从而转化为新的国家文化产品,以便开拓文化市场,适应时代发展的需要,服务大众,满足更广大人民群众的文化需求。国家文化凝聚力的提升,既是国家公民文化素养的具体表现,也是国家整体实力和竞争力水平的象征性标志。

国家文化吸引力。国家文化吸引力是国家竞争力的一项重要内容。国家文化吸引力是基于良好的文化建设而形成的独特魅力和人们关注的焦点。对内,这种国家文化吸引力会吸引国家公民对自己所居住的国家产生向心力、家园认同感和文化自豪感;对外,可以使其他国家和地方的人们对这个国家产生亲切感和文化吸引力。在国家文化吸引力方面,人才吸引是最为重要的。一个好的国家,应该能够吸引大批教育家、工程师、金融业者、专业技术人员、艺术家、音乐家等优秀人才;并且根据国家的发展定位,吸纳大批国家主导产业所需的熟练工匠;此外,还要吸纳大量的服务性人员,从而构成完整的人才梯次。构建国家文化吸引力的关键因素,是要以有效的文化建设,推动国家文化独有吸引力的形成和丰富,向外部世界展示国家的正面形象,并形成强烈的独有魅力。

国家文化创新力。文化创新力在不同的时代里,有着不同的意向所指和不同的效能评价方式。简单地说,国家文化创新力就是对所吸纳的文化元素和素材,进行二次加工和影响市场的能力。对于国家竞争力来说,吸纳不同文化元素的能力是一种基本能力,而对所吸纳的文化元素进行保存复制、二次加工、丰富和再造的能力,

## 第二章　中华优秀传统文化与国家文化软实力的辩证关系

以及开拓市场、推介行销文化产品的能力，则是一个国家文化创新能力的体现，也是其文化创新力的核心所在。由于时代的变迁，国家文化创新的内涵、方式和容量，都会随着时代发展而不断产生很大的变化。文化创新所依托的场所形式、生产机构和运作模式，也会在这样的变迁中随之发生改变。在传统的农业社会国家中，文化只是为有限的人群服务的，文化产品的品种也相对有限，文化产品的传播、传习和演示工作，多是由少数专业人士承担的，传播场所和方式也相对简单。在工业化时代的国家中，文化创新力水平大为提升，文化生产和文化传播的规模都大大扩展了，文化展示的场所、场地的形式也都发生了很大变化，出现了大量的专业和业余性质的音乐团体、剧团、演出机构、图书馆、博物馆等。在信息时代里，文化创新力之于国家竞争力的作用也更为凸显，由于传统的制造业正在退出一线国家，而这些国家发挥文化创意基地、文化策源地和思想创新源头的作用就更为明显和突出。那些占据了文化创意领先地位和能力的国家，就会在新的发展格局中，取得较强的发展竞争力。

　　国家文化整合力。国家文化整合力是以有效的组织、协调、运作，将一个国家的正面元素完整地向外部世界展示、宣传、推介和营销的能力，主要包括对自身国家实力的准确认知能力和对国家整体形象的全面把握能力。在传统社会形态中，宣传国家的方式多是以文人作品和人们的口口相传实现的。在当今时代，由于传播手段的多样和迅捷，极大地拓展了宣传和推介国家的空间和机遇。哪个国家能够有效地将自己的文化劳动成果和国家文化形象，通过出色的总结、提升和包装，通过多种巧妙形式将国家宣传推介出去，哪个国家就可能获得更多的被世人瞩目的机会，从而就会拥有更强的竞争力和更大的拓展空间。国家文化整合力与国家竞争力有着直接和密切的关联性，只有当一个国家能够有效地将自己的文化精神、劳动成果以及文化特色成功地宣传推介出去，能够让世人对自己的国家有全面深入的了解，才能够形成整体系统的国家形象。营造和培育国家文化整合力，既是政府的责任，也是社会组织和所有国民的责任。构成国家文化整合力的形式可以多种多样，可以是政府组织实施的大型文化活动，包括大型运动会、大型展览会、文化庆典和颁奖活动等，也可以是民间性质的商务活动、文化交流活动，还可以是普通百姓的自娱自乐文化展示、文化成果展示等，只有能够有效地将国家的文化特色和文化成果传输、展示和扩散出去，对国家的正面、健康形象的形成有所襄助，才是有意义有价值的文化整合活动，就会对国家竞争力的提升产生正面效应。

国家文化辐射力。相比较而言，国家文化辐射力更是一种无形的力量，是由一个国家整体的、综合的、全面的国家文化精神、品行、成果和形象综合而成的文化力量。文化辐射力有历史元素的延续效应，是深远而持续和不断丰富着的文化实力的表现，也反映着当代人们的劳动创造成就，它向世界展示了一个国家的整体形象，不断地向世界宣示着自身的文化价值理念，并以文化成果的形式传达其文化理念。文化辐射力的主要功能是在无形中，有效延伸、拓展、深化国家文化形象，通过国家文化的创造性劳动和优秀成果，拓展国家影响度和知名度，推进国家与外部世界的广泛连接，促进国家不断提升正面形象。国家文化辐射力是多种因素整合而成的力量，它既体现一个国家全体人民对未来的热切发展要求，体现了国家发展具有强大的内在驱动力和强大的活力，同时也体现了一个国家在社会发展、经济增长等方面具有很强的提升与增长能力，有良好的制度设计和实施方法保障，体现为经济活跃，社会繁荣；再有，也体现为一个国家具有很强的对外联通能力，与外部世界有多样、自如和畅通的交往，交往方式方法得当高效，信息畅通开放，交通发达便捷，社会运行成本低廉而高效；还体现出一个国家所具有的内部文化生态状况，一个国家社会机体是否健康，社会结构是否合理，人们在这个国家中生活是否愉快自由，人们是不是热爱自己所生活的国家，也都构成了这个国家的文化辐射力的重要内容；最后，还要通过体会一个国家的魅力，感受国家不可言说的最深层的打动人心的力量，以判断国家品质如何，感受这个国家的整体形象力量。

### 三 国家文化软实力的主要特征与基本价值

第一，衡量一个国家文化发展的"发展度"。发展度强调了文化作为生产力促进和推动社会进步的动力特征。判别一个国家文化是否能够真正地发展，是否能够健康地发展，是否能够理性地发展，以及是否能够在保证国民生活质量和生存空间的前提下不断地发展。

第二，反映一个国家文化发展的"满意度"。满意度突出人民群众利益的主体性和至高性。国家文化构建要充分反映国家内部公众与外部目标公众心理需求与价值取向，使公众在感知国家文化各方面要素和传播信息的接触中，逐渐形成对国家品牌文化的认知与支持。也就是说，国家品牌的构建要在追求文化作用最大化的同时，也要从观念、行为和表现方式上寻求与公众的共鸣。

第三，反映一个国家文化发展的"协调度"。现在评价一个国家发展一般采用"综合实力"，而不仅仅是GDP，这就要求我们在重视经济发展的同时，必须高度重视人口、资源、社会、文化、教育、公共卫生、环境、安全、基础设施建设等一系列发展指标，否则，其发展就不是协调的。协调度强调了内在的效率和质量的概念，即强调合理地优化调控财富的来源、财富的积聚、财富的分配以及财富在满足全人类需求中的行为规范。即能否维持环境与发展之间的平衡？能否维持效率与公正之间的平衡？能否维持市场发育与政府调控之间的平衡？能否维持当代与后代之间在利益分配上的平衡？中国在国家发展的进程中，要将人口、资源、环境、经济、社会视为密不可分的整体，充分考虑到系统和要素之间的内在联系和制约关系，寻求大系统发展和保护的最佳平衡状态，追求人口、资源、环境、经济、社会的全面协调发展。

第四，反映一个国家文化发展的"持续度"。持续度即判断一个国家或区域文化在发展进程中的长期合理性。持续度更加注重从"时间维"上去把握发展度、满意度和协调度。要关注国家文化发展的可持续性，即关注国家文化发展在时间上的动态平衡性。

## 第二节　中华优秀传统文化的相关概念

### 一　中华优秀传统文化与革命文化、社会主义先进文化

中华优秀传统文化与革命文化、社会主义先进文化共同构成中国特色社会主义文化的文化土壤和有机组成部分。它们具有共同性和一致性。第一，在本质特征和发展规律上，中华优秀传统文化与革命文化、社会主义先进文化都遵循文化发展的一般规律：它们都取决于一定的经济和政治，并且都服务于一定的经济和政治。同时，中华优秀传统文化与革命文化、社会主义先进文化都具有一定的相对独立性，具有独特的发展规律，并且能动地反映和反作用于社会的经济和政治。

第二，在文化分类上，中华优秀传统文化与革命文化、社会主义先进文化都属于同一文化类别，处于同一文化序列。"文化"按照范围划分，可分为广义的文化和狭义的文化。广义文化指人类在改造自然、社会的实践中所创造的一切物质财富和精神财富的总和。狭义文化指人类在长期的历史实践中所创造的一切精神财富的总和。按照这个分类方法，中华优秀传统文化与革命文化、社会主义先进文化皆属于精神文化。另外，文化也可以划分为实体文化、行为文化和价值文化三类。按照这种分类方法，中华优秀传统文化与革命文化、社会主义先进文化皆属于价值文化类型、文化序列。

第三，中华优秀传统文化与革命文化、社会主义先进文化都是中国特色社会主义文化的重要源流、建设对象和发展主体。一方面，发展中华优秀传统文化与革命文化是中国特色社会主义文化批判继

承的需要。在当代中国,继承与发展中华优秀传统文化与革命文化可以反映新时代人民群众的发展要求。脱离中华优秀传统文化与革命文化的中国特色社会主义文化建设不免会出现缺少吸引力与创造力的局限性。中华优秀传统文化与革命文化在发展实践中与中国特色社会主义文化建设相统一,并且不断为中国特色社会主义政治、经济、社会、文化、生态建设提供智力支持、精神动力与思想保证。另一方面,社会主义先进文化是中华文化继承创新的最新发展。社会主义先进文化是孕育于中华优秀传统文化和革命文化的重要精神内涵,具有与时俱进的时代价值,包含社会主义核心价值体系的重要内容,也是中国特色社会主义文化建设的重要成果。社会主义先进文化不仅是现代化建设的目标要求,更是中国特色社会主义文化建设的题中之义和重要创新内容。党的十九大报告中,习近平总书记进一步提出现代化发展的新目标和方向是要将我国建设成为富强民主文明和谐美丽的社会主义现代化强国。社会主义先进文化是融入中国特色社会主义和现代化建设目标要求和价值取向的文化创新,是在马克思主义指导下对中华优秀传统文化的继承创新,是中国特色社会主义文化建设的重要结果。

当然,中华优秀传统文化与革命文化、社会主义先进文化之间也存在着区别与差异。首先,从历时态看分别形成于不同的历史时期。中华优秀传统文化是中华民族五千年社会历史的结晶,具有延续性,随着社会历史的发展与进步,不断地吸收合理因素,扬弃糟粕而得到发展。革命文化是党领导人民推翻落后统治、进行革命斗争、建设社会主义国家的过程中形成的文化,是特定历史时期马克思主义同中华优秀传统文化相结合的特殊成果。社会主义先进文化是我国步入社会主义社会后形成的文化形态、价值观念,是根据世情、国情和党情的新变化,在进一步回答"什么是社会主义和怎样建设社会主义"问题以及创造性地回答"建设一个什么样的党和怎样建设党"问题的过程中提出来的。

其次,从共时性来看,中华优秀传统文化与革命文化、社会主义先进文化分别在社会主义建设中扮演不同的角色、承担不同的责任;同时,从关系和界限划分上看,中华优秀传统文化与革命文化、社会主义先进文化是你中有我我中有你的相互包含关系与概念、内涵各自独立的相互区分关系的统一。中华优秀传统文化是文化建设的基础,是革命文化与社会主义先进文化的源泉和养料。革命文化与社会主义先进文化从不同程度上对中华优秀传统文化进行了继承和发展。具体来看,中华优秀传统文化包含革命文化的基本元素、构成社会主义先进文化的"中国特色"部分。革命文化是文化建设必须牢记的历史经验。作为特殊时期形成的特殊文化,革命文化内含中华民族的奋斗历史和经验,是爱国主义精神的力量来源和精神支柱,具有承上启下的重要地位和作用。社会主义先进文化是文化建设的核心内容。坚持马克思主义为指导,根植于中华优秀传统文化、立足中国经济社会发展实践,借鉴国内外优秀思想,通过创造性转化、创新性发展所形成的先进文化,是建设社会主义文化强国的重点。作为中国特色社会主义建设过程中不断更新的成果和社会主义文化强国的题中之义,社会主义先进文化在多元文化观念和社会思潮中处于主导地位,反映中国特色社会主义的历史实践,积淀中华民族的深层精神追求与精神标识。中国特色社会主义文化自信,就是中华优秀传统文化、革命文化和社会主义先进文化的自信。

## 二 中华传统文化与中华优秀传统文化、中国文化精神、中华民族精神

(一)中华传统文化与中华优秀传统文化辩证关系阐释

文化是维系各个民族发展的精神因素,民族实质上是一种最为持久和稳定的文化共同体类型。文化传统遗传基因是民族生存的前提和条件之一,文化传统存在状态积淀着一个民族过去的全部智慧与文明成果,而且还蕴含着它走向未来的一切可持续发展的文化动力。具有

## 第二章 中华优秀传统文化与国家文化软实力的辩证关系

五千年文明史的中华民族也不例外,文化传统是中华民族形成的生存条件与文化观念的历史积淀,是中华传统文化特质的凝聚方向和集中表现。考察一个民族、一个时代的文化,最重要的是把握该文化的整体结构和基本特征,对于中华民族而言即中华优秀传统文化的精神内核。中华优秀传统文化作为中华传统文化整合之结果,是对中华传统文化结构和特征的概括,反映着人的行为方式与思维方式的确定性与趋同性,以维持一个民族绵延不断的基本文化传统。

随着传统文化的发展,优秀传统文化的内涵也必然不断得到丰富和发展。优秀传统文化是传统文化的主脉和风骨,集中体现了传统文化的灵魂与精华。优秀传统文化与传统文化的互动关系主要体现为传统文化是孕育优秀传统文化的母体和温床。传统文化精神,不仅是传统文化的核心和精华,还是传统文化的特质和标记。

一方面,中华传统文化是孕育中华优秀传统文化的母体和温床。优秀传统文化与传统文化是相随相伴的。传统文化孕育着优秀传统文化,优秀传统文化体现着传统文化。从广义上看,传统文化的内容非常广泛,涉及该民族政治、经济、日常生活、思维模式及行为方式等各个领域和各个层面;基于此,优秀传统文化也就体现在一个民族的政治生活、经济生活、日常生活、思维模式及行为方式中。所以,优秀传统文化的丰富内涵,是根植于民族传统文化之中,是由传统文化积淀而成的。传统文化凝聚着具有深厚意蕴的优秀传统文化。就二者关系而言,前者是后者生成、发展和创新的母体与源泉,后者则是前者的核心价值与精髓凝聚,是中华民族集体智慧的结晶,或者说是中华文化的价值整合和理念提炼。总之,中华传统文化是孕育中华优秀传统文化的母体和温床,它以不同的形式或载体体现着中华优秀传统文化,离开中华传统文化,中华优秀传统文化就成了无源之水、无本之木。没有丰富灿烂的中华传统文化,就不可能有厚重坚韧的精神状态和自立自强的精神风采。

另一方面,中华优秀传统文化是中华传统文化的核心和精华,是中华传统文化的特质和标记。任何传统文化都是历史的积淀，都是精华与糟粕、先进成果与落后因素并存的矛盾文化体系。哲学家张岱年指出："凡是符合客观实际的观念，能够促进社会发展的思想，都应谓之精华。凡是不符合客观实际的观念，阻碍社会进步的思想，都应谓之糟粕。这是衡量古今中外的文化思想的主要标准。"① 毋庸置疑，只有符合客观实际、能够促进社会发展的传统文化精华，才能凝结为优秀传统文化。从表现形态看，传统文化是千差万别的、多姿多彩的，从不同侧面展现出民族的性格特征和精神气质；从具体成果看，无论是物质成果，还是精神成果，总是或隐或显地体现出主体的一种精神特质和内在品质。马克思说："植物、动物、石头、空气、光等等……都是人的意识的一部分，是人的精神的无机自然界。"② 即是说，植物等自然物作为人类活动的对象即文化产品，无疑蕴含着人的精神因素。但只有传统文化的核心和精华，才能凝结为优秀传统文化。

优秀传统文化是传统文化的"主心骨"，是传统文化精华的集中体现。不存在不蕴含传统文化的优秀传统文化，也不存在不体现传统文化的优秀传统文化。中华优秀传统文化作为一种世界观、价值观和人生观的集中体现，它是相对稳定的，在社会发展中起主导作用的、为中华民族多数成员所接受的、能激励人们前进和约束人们行为的观念体系。中华优秀传统文化作为中华传统文化的积淀和升华，它对中华传统文化的发展起主导作用。中华优秀传统文化不但制约着物质文化、制度文化的发展，而且能动地主导着中华传统文化的发展方向。总之，中华优秀传统文化为中华传统文化的发展创新提供动力支持，为中华传统文化的前进方向提供价值指向。

此外，不同的传统文化必然孕育着不同的优秀传统文化，而不同的优秀传统文化彰显出不同于其他民族传统文化的特质和标记。

---

① 《张岱年全集》第6卷，河北人民出版社1996年版，第256页。
② 《马克思恩格斯选集》第1卷，人民出版社2012年版，第55页。

### 第二章 中华优秀传统文化与国家文化软实力的辩证关系

优秀传统文化作为传统文化的核心内容，体现着该民族特有的民族风格、民族习惯、民族价值取向及民族心理特征。作为优秀传统的升华，优秀传统文化是观念文化中民族特殊性的表现。优秀传统文化作为传统文化的灵魂与核心，体现出该民族特有的思维方式、价值取向、人生态度及生活方式。马克思说："人们的想象、思维、精神交往……是人们物质行动的直接产物。"[①] 即是说，传统文化及其所孕育的优秀传统文化，皆源于该民族的"物质活动""物质交往"的现实生活过程。每个民族都有特定的生产方式、生活方式、经济基础、政治制度及语言特色，造就了特定的文化传统，并孕育出该民族特有的思维方式、心理结构及价值准则，影响和支配着该民族成员的思想行为，从而使其优秀传统文化具有鲜明的个性特征。相对于其他民族而言，优秀传统文化是该民族特有的集体人格体现，是该民族区别于其他民族的精神特质。例如，中华民族形成了以群体主义为价值取向的文化精神，而西方民族则形成了以个体主义为价值取向的文化精神。群体主义价值观体现了中华文化与中华文化精神的特质；个人主义价值观体现了西方文化与西方文化精神的特质。总之，不同的传统文化，孕育着不同的优秀传统文化，不同的优秀传统文化则体现着不同传统文化的特质和标记。

综上所述，两者是密切联系的。前者是后者赖以存在的深厚土壤和现实基础，后者则是前者的精华凝聚和要义提升；灿烂的中华传统文化必然孕育出伟大的中华优秀传统文化，而中华优秀传统文化的振兴必然带来中华传统文化的繁荣昌盛。中华优秀传统文化与中华传统文化存在着内在的、不可分割的互动关系。

（二）中华传统文化精神与中国文化精神的辩证统一

中国文化精神也称作中国文化的基本精神。根据汤一介先生关于"文化传统"与"传统文化"的深刻论述，可以区分"中华

---

① 《马克思恩格斯选集》第1卷，人民出版社2012年版，第151页。

传统文化精神"与"中国文化精神"这两个概念。关于"文化传统"与"传统文化"两个概念，早在中国文化哲学研究起步阶段，李宗桂就指出，文化传统即受特定文化类型中的价值系统影响而逐渐形成、为全民族大多数所认同的思想与行为的传统。而传统文化则包括广义与狭义之分，广义的传统文化指历史上传承的一切物质、制度、思想等，狭义的传统文化仅针对思想层面，指一切价值观念、思维方式、伦理规范、理想人格、审美情趣等精神成果的总和。① 二者是包含与被包含、宏观指称和集中体现的关系。此后，汤一介又对这一对范畴进行了时代性的阐发，他指出文化传统是一个国家和民族在长久的发展过程中所形成的具有自身特色的文明。② 具有文化差异的各个国家和民族在交流和交往时不可避免会产生文明冲突，同时也带来融合发展。而传统文化则指文化传统的具体内容，以中国为例，中国的传统文化主要由儒释道三家构成，又以儒、道两家为重，前者的"和而不同"思想和后者的"自然无为"思想分别为世界实现文明共存和消解文明冲突提供了中国方案。

中国文化精神包含传统文化和近现代文化、优秀文化和糟粕文化、本民族文化和学习内化的外国先进文化等，涵盖中国从古至今发展历程中产生的各种文化精神和类型的广义的、中性的概念。③ 正如郭齐勇教授所言，中国文化精神具有不同面相，因此要立足中西方、古代与近现代比较分析的视域，才能抓住中国文化的精神内核、凸显中华文化的精神特质。④ 中华传统文化精神是中国文化精神中优秀部分的重要组成之一，同时亦是中国文化精神特质的主要内涵来

---

① 李宗桂：《优秀文化传统与民族凝聚力》，《哲学研究》1992年第3期。
② 汤一介：《"文明的冲突"与"文明的共存"》，《北京大学学报》2004年第6期。
③ 李宗桂：《中国文化精神和中华民族精神的若干问题》，《社会科学战线》2006年第1期。
④ 郭齐勇：《中国文化精神的特质》，生活·读书·新知三联书店2018年版，"前言"第1—4页。

## 第二章　中华优秀传统文化与国家文化软实力的辩证关系

源,中国文化精神中的以人为本、勤俭实干、集体意识、辩证思维等特点,与中华传统文化中儒家的仁学思想、道家有无之辩均密不可分。由此可见,"中华传统文化精神"与"中国文化精神"两个概念是互为表里、相辅相成的:前者是后者进行核心表达的源泉,后者是前者存在的土壤和依存的大树。

同时,二者又是辩证统一的。从哲学意义上说,中国文化精神尤其是其中的中华传统文化精神是中国哲学的思想基础和理论来源,为中国哲学的发展提供了价值指向和内容导向上的养料,因此,中华传统文化的精神特质也可以说同样构成了中国哲学的精神特质。具体来说,一方面,中华传统文化精神作为一种维系和支撑中华民族生存与发展的精神力量,是中华民族对自身存在价值和民族尊严的自我意识,这种价值取向和思维导向也深刻体现在中国哲学自然生机、普遍和谐、创造精神、秩序建构、德性修养、具体理性、知行合一[①]的内核中;另一方面,中华传统文化精神作为一种文化遗传基因的载体,是中华传统文化的内核,是中华民族在漫长的历史发展过程中创造出来的民族价值观念、道德理想、行为准则的总和,是中华传统文化最稳定最本质最集中的体现,也是中国哲学同样需要发扬光大的文化精髓。而中国文化精神则是中华民族在适应时代发展中形成的具有时代精神的一种民族文化流向,能够为中国哲学的发展提供方向指导。另外,从实践意义上来看,当代中国哲学急需完善作为一个现代学科的基础建设和宏观架构,中华传统文化精神能够为学科建设完善理论细节,中国文化精神能够为学科发展提供宏观指导,二者辩证统一于中国哲学的发展进程。

(三)中国文化精神与中华民族精神

"中华民族"这个民族学词汇是一个在近代出现的、相对于外国民族而言的概念。"中华民族"概念始建于清末民初,是在中国遭受

---

[①] 郭齐勇:《中国文化精神的特质》,生活·读书·新知三联书店2018年版,"前言"第1—4页。

外国列强侵略日益严重、民族危机渐深的历史背景下而出现的中国这个多民族大家庭的总称，这是中国各族人民自觉凝聚、自觉区别于外国人而自然形成的一个共同称谓。当然，从以上一系列的考证可以看出，中华民族的实体在"中华民族"这个称谓出现以前就已经在历史上形成并持续数千年之久。"中华民族精神"则是中华民族的优良精神风貌和思想道德品质的凝练，是中华五千年传统文化优秀价值取向的集中表达。

从概念看，二者相互区别；从内在本质看，二者相互联系、不可分割。首先，中华民族精神是中国文化精神中的积极部分，因此一个是褒义的概念，一个是中性的概念，后者对前者是包含关系。其次，二者又是相互联系、不可分割的，都是民族特质和精神风貌的集中表达、是推动人类进步的精神动因和内在动力，因此在内容上具有贯通性和一致性，在整体上具有历史和逻辑统一性。这种相互联系、不可分割的关系，使得二者在中华传统文化精神中和谐共生，并将人文主义的精神内核一以贯之。

从文化视野来观照，中华传统文化精神是一个静态和动态相结合的文化理念体系。自觉开发中华传统文化精神资源，深入把握其具有原创性的文化精神与智慧，这是在软实力视域下实现中华优秀传统文化创造性转化与创新性发展的重要思想基础。

## 第三节　新时代对中华优秀传统文化的判断标准

我们用来分析知识的基本坐标是"真/假"，分析伦理的基本坐标是"善/恶"，分析法律的基本坐标是"公正/不公正"，施米特提出分析政治的基本坐标是"敌/友"。借用这样的分析方法，人们在分析文化时常见的坐标有"精英的/大众的""传统的/现代的""东方的/西方的""进步的/停滞的""文明的/野蛮的"等。由于问题的复杂性，我们还不能够找到一个最显著有效的基本坐标来分析文

## 第二章 中华优秀传统文化与国家文化软实力的辩证关系

化,本文试图用"新/旧"作为分析文化的基本坐标。"新/旧"并不单单表现出以历史为根据的文化分析,即"现代/传统"的分析架构;也表现出以价值观为根据的文化分析,即"优秀/落后"的分析架构,表现出对文化演变方式和转化方向的分析暗含事先的价值褒贬和意识形态标准。

众所周知,文化凭借在当代社会发展中的巨大作用引发了极大的关注度和话题度。加强文化建设已经成为经济社会进一步可持续发展的客观要求和提高国家综合实力与竞争力的必需条件。在这样的时代与社会大背景之下,深入探讨中华优秀传统文化的内涵与判断标准有着非同凡响的现实意义。

### 一 关于判断标准的讨论

法国哲学家德里达的解构主义思想发展了胡塞尔和海德格尔的"拆毁"概念,站在反叛传统结构主义的立场,将建筑学"解构"概念创造性地运用于文学和哲学领域,提出对包括逻各斯中心主义、语言中心主义、在场形而上学话语体系等在内的结构主义进行消解和"去中心化"的观点,从根本上动摇了自柏拉图以来思想文化领域终极真理式的传统结构模式。德里达提出对思想遗产的继承必须经由过滤、筛选、批判以一种矛盾的方式寄存于同一指令中。也就是说对遗产的重新确认要求有限性的条件。只有通过拆解自身,分离自身,分延/延宕自身,同时又通过多次言说自身,才能成其为自身。[1] 这种对思想文化遗产主张拆解式确证和承继的分析方法,是德里达解构主义文学观的核心内容。所谓拆解自身又言说自身的有限性条件,即是思想遗产重新确认过程中对消解结构和本质重构的解构主义分析方法的具体运用。首先,拆解自身即拆分和消解思想文化及其载体的原有意义结构和各种真理性关系。以文学文本为例,

---

[1] 雅克·德里达:《马克思的幽灵》,中国人民大学出版社2008年版,第17—18页。

德里达的文学模仿论认为,所有的文学文本的形式和内容、继承性与超越性都是相互交融、复合多衍的,对其解读的过程实际上是文本自身和读者群体的双向运动,因此任何二元对立性的定义、意义指称都无法真正指代其本身。其次,言说自身,即自身的本质不在任何解读中而在自身,在文学经典的字里行间、在历史文物的形貌纹理、在古代建筑的架构材质,在具体微小的无数形式当中。以文学文本为例,德里达的文学叙事论认为,文本自身就是记载历史、个性多元的本质主体,而对其本质的言说是构建自身语言符号的动态开放、差异多元的运动过程和解读过程,因此文本的本质"不在外部,就在其自身"[1]。这样,对某一思想遗产的继承,就是在对其所有元素的归拢中进行个性化、差异化特征的过滤和筛选,并在批判其中的糟粕、传承其中的精华的基础上,以对立统一的包容性态度去离析其中模仿性的同质部分和创造性的异质部分,从而实现对原始遗产的重构。

西方文化哲学自 18 世纪欧洲启蒙运动初现雏形,随后德国涌现出诸多探讨文化问题的哲学家,其中,黑格尔作为承前启后的重要一员,承袭"祛魅"和"文化合理化"两大历史任务,提出了以"绝对理念"为核心的社团文化哲学观;其中,对于思想文化的本质问题,他指出,思想文化的唯一意义指向唯有绝对理念/绝对精神,作为不同发展阶段和历史时期绝对理念的部分展现,思想文化的本质即是绝对理念发展的特定环节的产物。黑格尔的这一逻辑判断,是在剖析绝对理念的内涵和性质的过程中逐渐阐明的。首先,绝对理念是人类世界所存在的最终极的精神实体和所追求的最高的精神价值,人类物质世界和精神世界的一切活动和产物都是其精神的部分展现,都受其宏观影响。黑格尔指出,客观物质世界的认识对象的本质就隐藏在其自身当中,人类对其的认识过程就是其自身本质

---

[1] Derrida J., trans by GC Spivak, *Of Grammatology*, Johns Hopkins University Press, 1997, p. 157.

## 第二章 中华优秀传统文化与国家文化软实力的辩证关系

的不断展现，因此存在一"绝对理念"作为各种认识对象的多样本质的统一指称和根本内涵；而这个绝对理念/绝对精神被黑格尔确认为最完满、最终极的概念，它"是永恒地在自身内存在着的、同样是向自身内回复着的和已回到自身内的同一性；是作为精神性实体的唯一的和普遍的实体，又是分割为自己和一种知的判断，而它对于这个知来说就是实体"①。这样一来，事物的本质就是理念（也即理性），哲学发展的重点和逻辑的最高阶段也是绝对理念/绝对精神，因此，它是无处不在、无所不包的，任何思想文化都是绝对精神的一个部分。其次，绝对理念/绝对精神的展现是一个逐渐逼近绝对真理、矛盾统一的运动发展过程，是旧认识不断被推翻和新认识不断建立的过程，因此，思想文化是绝对理念发展的特定环节和矛盾运动的特定阶段。黑格尔明确指出："理念本质上是一个过程……即概念作为普遍性，而这普遍性也是个体性特殊化其自己为客观性，并和普遍性相对立，而这种以概念为实体的外在性通过自身内在的辩证法返回到主观性。"② 因此，认识是一个不断肯定又不断否定的无限发展的过程、文化的创造是不断获得与不断失去的辩证统一的过程、文化的发展与人类文明进步是不断更新的过程，思想文化产物具有特殊性和阶段性，同时思想文化的发展具有辩证性。

历史与逻辑相统一是马克思和恩格斯在剖析资本主义社会弊病、论证共产主义优越性的过程中所提出的重要辩证思维方法，也是马克思主义的重要理论成果。关于历史与逻辑相统一的判断标准，马克思和恩格斯对其做出了不同程度的认识、解读和凝练，这些思想核心是一致的：判断某一阶段、某一发展进程历史与逻辑是否统一的标准，要看其发展理念是否符合历史必然性，这是逻辑标准；看其发展方式是否是历史必然性向现实性的转化过程，这是历史标准。不论是在政治经济学视域还是着眼于资本主义发展进程，人类社会

---

① 黑格尔：《精神哲学》，杨祖陶译，人民出版社2006年版，第371页。
② 黑格尔：《小逻辑》，贺麟译，商务印书馆1980年版，第403页。

的发展首先离不开对客观历史和规律的正确认识。在对黑格尔法哲学批判的过程中，马克思阐明物质生产对于市民社会的重要性，成为其理解社会历史规律、揭示历史必然性要求的逻辑起点。在马克思与恩格斯合著的《神圣家族》中，二人将德国古典哲学对历史的认识从抽象世界拉回现实。人类的理性思维能够认识客观物质世界存在的历史必然性，人类的实践活动继而发挥主观能动性去改造客观物质世界，这是意识源于现实同时进行现实性转化的动态过程和发展需求，即世界的哲学化和哲学的世界化。

公元前5世纪到公元前4世纪初年，墨子在坚持经验论的基础上，建立了对于认识真理性的检验标准，包括三方面内容："上本之于古者圣王之事""下原察百姓耳目之实""观其中国家百姓人民之利"，即"三表法"。说明要符合历史经验、广大人民群众的生活经验，对国家和人民有好处。墨子是历史上第一个把形式逻辑的思维形式公理化的中国哲学家，他提出用"本""原""用"三项基本条件来概括性地抽象表述各种事件中所蕴含的普遍性逻辑形式。因此，对照西方逻辑学，三表法即是三段论。所谓三表，就是三条对言论、认识、知识之真理性的判断标准，按照逻辑形式来看，即："本"——大前提——是否符合先人前辈的历史经验，"原"——小前提——是否符合人民群众的实践经验，"用"——结论——是否具有利国利民的性质。进一步概括就是通过考察其是否符合历史发展规律、是否符合实践客观要求，得出其是否是有利于国家民族之利益和发展的具有真理性价值的思想产物。作为古代朴素唯物主义经验论，墨子的"三表法"是站在批判孔子"生而知之"的唯心主义先验论立场，以直接感性经验为依据的认识论和方法论工具。墨子认为人类的认知活动起源于人本能和感官活动，由感性认识为信息汇聚的起点，因此，经验在认知的全过程都占据重要地位并起到重要作用。所谓"古者圣王""百姓耳目"都是经验的来源方式，因此为判断言论是非真伪的前提。同时，墨子的"三表法"亦体现出

## 第二章 中华优秀传统文化与国家文化软实力的辩证关系

文化的三个精神系统之间的相互作用和联系。庄春波指出,文化在精神层面涉及三个系统:语言符号系统、思维方式系统和价值关系系统,三个系统紧密关联,共同构成文化作为一门学科的整体架构。① 而墨子"三表法"的逻辑学思想在属性上属于思维方式系统,同时他在阐释过程中提出了独立的语言符号体系——"本""原""用",三者也是价值判断标准,按照刘笑敢创构、建构型哲学著作的定义,② 墨子具备完整性、体系性和独创性的"三表法"哲学思想具有开创性历史地位和引领性时代价值。

毛泽东在分析思想文化领域的矛盾时,形象地提出了分辨"香花"和"毒草"的六条标准:有利于团结全国各族人民;有利于社会主义改造和建设;有利于巩固人民民主专政;有利于巩固民主集中制;有利于巩固共产党的领导;有利于社会主义的国际团结和全世界爱好和平人民的国际团结。③ 这六条政治标准作为贯彻"百花齐放、百家争鸣"方针的基础和前提,体现了中国特色社会主义的目标和要求。任何文艺作品都包含时代性、阶级性和本民族的特殊性,都是社会历史的产物,因此不存在与政治完全独立和分离的艺术。物质决定意识,思想文化领域一方面无时无刻不在反映政治、影响政治,另一方面由当下的国家社会发展状况和政治导向所决定。在这六个"有利于"中,党的领导与社会主义道路又是其中最为重要、起主导作用的两项,党的领导决定艺术的阶级性,社会主义道路决定艺术发展的方向性。在毛泽东的文化价值思想中,对于文艺批评的标准问题,曾提出过两个标准——政治标准和艺术标准,作为思想文化领域价值判断的两条最基本的准则;同时这两条标准又是统一的,毛泽东认为只有文艺作品充满艺术性,才能确保其在政治进

---

① 庄春波:《文化哲学论纲》,《管子学刊》1996年第1期。
② 刘笑敢:《诠释与定向——中国哲学研究方法之探究》,商务印书馆2009年版,第32—41页。
③ 《毛泽东著作选读》下册,人民出版社1986年版,第789页。

步上发挥巨大的力量。即:"我们的要求则是政治和艺术的统一,内容和形式的统一,革命的政治内容和尽可能完美的艺术形式的统一。"① 文学艺术的艺术性高低要通过其社会效果的反应来评判,所有能够鼓舞人心的、激励斗志的、增强团结性的、为人民群众所喜闻乐见的,都是具有较高艺术性的文艺作品。由此可见,思想文化领域的好坏优劣之分,需要的是这两个标准的统一,思想文化产物是政治性和文艺性的紧密结合,只有明确判断准则,才能树立正确的文化价值观,选择和创造出好的、符合时代要求和人民需要的文艺作品。

当代学者杨翰卿明确提出判别中国优秀传统文化必须具有科学的尺度和标准,"在理论上唯有马克思主义或者发展着的马克思主义,现实上只能是具体的现实社会实践,综合起来,则是马克思主义指导下的具体的现实社会实践"②。首先,对于马克思主义的理论标准,杨翰卿认为,建设中国特色社会主义文化是当前文化建设的重中之重,对中华优秀传统文化的进一步发掘和当代转换又是文化建设的一项重要任务,而要推进中华优秀传统文化的深入发掘和当代转换,第一步是要科学合理地判别何为中华传统文化中的优秀部分,这就需要马克思主义的理论指导。③ 马克思主义内含现代化发展的先进理论,又是党和国家始终坚持的指导思想,能够统摄评判标准追求现代性和民族性的双重立场,因此应将其作为传统文化相关工作的理论前提和依据,只有批判继承马克思主义、进一步发展中国特色社会主义,才能够在新时代面向继承发扬中华传统文化的主体——人民群众,反映人民群众的时代性、民族性的立场和诉求。其次是具体的、现实的社会实践的现实标准。不仅继承发扬的主体是人民群众,科学评判的主体亦是人民群众,而人民群众思维理性

---

① 《毛泽东选集》第3卷,人民出版社1991年版,第869—870页。
② 杨翰卿:《中国哲学文化继承与创新研究》,中国社会科学出版社2012年版,第123页。
③ 杨翰卿、李保林:《论中国传统文化的当代转换》,《中国社会科学》1990年第1期。

的多样性、素质能力的不均性以及中华传统文化自身资源的复杂性都使得这项判别工作十分艰巨，同时也要求评判主体需要始终坚持脚踏实地、实事求是的根本要求和具体问题、具体分析的基本方法，始终不忘立足于具体的、现实的社会实践去进行评判。最后，两个评价标准是统一的关系。马克思主义指导思想是经过中华民族百年革命奋斗的历史实践证明的唯一理论标准，同时马克思主义是不断发展的、是时代性和科学性统一的理论，因此在社会主义现代化建设的具体实践中，马克思主义也在不断地被验证和更新，中国特色社会主义的文化建设，就是马克思主义和中国的具体的、现实的社会实践的统一，是活的马克思主义。

## 二 应与马克思主义文化观相符合

坚持马克思主义文化观在我国文化建设过程中的指导性地位是推进文化繁荣、发展先进文化的重要保障。① 这意味着，中华优秀传统文化的判断标准之一是必须时刻坚持用马克思主义文化观这一基本准则来衡量、判断。

李大钊运用唯物史观分析中华传统现代转化的原因，揭示了中国旧传统终结和新思想兴起的历史必然性。马克思主义逐渐与中国传统建立联系是在马克思主义传入中国后，这个时候中华传统文化已经转向现代形态。毛泽东是自觉地建立起马克思主义与中华传统文化之间联系的第一人，他在《辩证法唯物论（讲授提纲）》中明确指出："要使辩证法唯物论思潮在中国深入与发展下去，并确定地指导中国革命向着彻底胜利之途，便必须同各种现存的反动哲学作斗争，在全国思想战线上树立批判的旗帜，并因而清算中国古代的哲学遗产。"② 再如，冯契利用中国哲学范畴和命题来讲马克思主义

---

① 田贵平、竟辉：《马克思主义文化观的再解读》，《重庆邮电大学学报》（社会科学版）2014年第4期。

② 毛泽东：《辩证法唯物论（讲授提纲）》，八路军军政杂志社1937年版，第10页。

哲学，提出四个哲学问题：感觉能否给予客观实在？理论思维能否把握普遍有效的规律性知识？逻辑思维能否把握具体真理？理想人格或自由人格如何培养？前两者涉及知识问题，西方哲学对其思考较多；后两者涉及智慧问题，中国哲学对其思考较多。必须突出"人性""人格""个性自由"等关于人的存在问题在马克思主义哲学中的位置，由此出发，冯契建构了"智慧说"。

马克思主义在中国的传播、发展为中华传统文化的现代形态也带来了崭新的历史观和世界观。李达提出"实践的唯物论"，毛泽东创立"实践论"，这些都使得"实践"在中华传统文化中获得了空前的重要位置。1949 年新中国诞生前夕，唯物史观对重新塑造现代中国发挥了巨大作用。马克思主义与中华传统问题不是一种外在的联系，而成为一种内在的联系。马克思主义对于中国而言不是没有共同传统的外来哲学，因而能够成为中国传统现代发展的"灵魂"。

坚持马克思主义文化观的指导可以为我们构建优秀传统文化判断标准提供一个客观可靠的方法。马克思主义文化观的批判属性、发展属性、人民立场、全面发展等特性与中华优秀传统文化判断标准的内在要求不谋而合，也与我们对中华优秀传统文化的根本期待不谋而合。从立国、处世、为人三个维度出发，综合理论与现实、总体与个体等多个视角，将是否与马克思主义文化观相符合作为中华优秀传统文化的判断标准之一必然有利于我们充分挖掘中华传统文化精华，在复杂众多的传统文化基因之中海选出与时代最相匹配的、与现代社会最相协调的优秀文化成分。①

综上所述，重新找回中华民族失落的精神家园，在道德评价失准、社会价值观濒临崩坏的当下重新构建道德素养，加强民族凝聚力和向心力，重新树立起民族自信心和精神信仰，在全球化迅猛发展的今天抓住机遇、迎接挑战、增强文化软实力迫在眉睫。要弘扬

---

① 高国希：《中华优秀传统文化的现代阐释与教育路径》，《思想理论教育》2014 年第 5 期。

中华优秀传统文化，我们需要先建立起一套全面、科学、系统的衡量尺度，对传统文化进行判断与扬弃之后再为我所用。

### 三 应与人文精神密切相关

所谓中华传统文化，顾名思义，指的是中华民族几千年来历史发展过程中由广大劳动人民创造出的、在时间的积累中得以不断发展扩充的、有着深深民族特征的文化范畴，它包括物质文化、政治文化、思想文化等多个层面，是一个有机的文化整体。① 众所周知，任何一种堪称优秀的文化，其核心内容一定是真正关心人类福祉、关心人如何才能在大地上诗意栖居的文化。真正优秀的文化其根本思想一定是指向为人类生存提供精神食粮，提供精神原动力的。基于此，中华优秀传统文化首先要与人文精神密切相关。

精神反映的是中华民族文化最为本质、最为基本的特征，是民族精神和民族信仰所在。中华传统文化中对"道"的追求是传统文化体系最具特色的价值取向之一，对"道"的追求通过中国哲学重人心、重人性、看重人的生活与生命等问题得到体现。由此可见，中华传统文化的重心就落在对人之所以为人的本性和生命伦理关怀之上。中华传统文化精神从某种角度来讲就是以儒家创始人孔子提出的以"仁"为中心向外扩散发展进而形成的一种文化模式。② 这些精神是中华传统文化中与时代相适应的、始终与人文精神密切相关的部分，是世界公认的中华优秀传统文化精华。

### 四 应与民族精神直接联系

判断中华优秀传统文化的第二条标准是中华优秀传统文化与中华民族精神直接联系。中华文明是世界上四大古文明中唯一一个没有经历过断层、始终保持着延绵不断发展的文化，这样漫长的历史

---

① 李宗桂：《试论中国优秀传统文化的内涵》，《学术研究》2013 年第 11 期。
② 徐小跃：《中华传统文化的价值追求》，《新世纪图书馆》2014 年第 12 期。

发展意味着中华文化中不可避免地存在着与时代不相适应的或本身就具有不科学不合理性的糟粕成分。传统文化构成的多样性和复杂性决定了我们在调用它的时候必须有一个科学的、客观的判断标准，保证取其精华、去其糟粕，收到最大的效果。中华民族精神是经过了时间的考验、实践的检验、随着社会的发展不断增添时代新内容而传承下来的最精华的民族思想，代表着整个中华民族相对统一的文化思维方式、基本价值取向和基本伦理道德标准，是为中华民族实践生活提供自觉道德约束和伦理判断标准的文化成分。中华优秀传统文化是能够为民族发展提供内在支撑力的文化，中华传统文化中的积极成分能够为中华民族的生存与发展提供源源不断的心灵支撑和强大的内在动力支持，能够在中华民族面对危机或是机遇的时刻发挥重要的历史作用。因而，与民族精神有着直接联系的传统文化自然就是优秀的传统文化。

## 五 应与时代、实践和科学发展相顺应

中华传统文化提供的并不仅是关于人类社会生活的真知识，而且是一种态度或行为。因此，关键问题不在于它是否能够给我们一个合理化的标准，而在于它在社会生活中是否合理，即它是否能够促进社会生活协调发展，这意味着中华传统文化必须以社会生活整体的需要为标准。近年来，我国的经济一直保持着快速稳步的发展，然而在国民的精神世界和文化生活层面却始终存在着与经济社会发展不同步的问题。随着科学技术理性泛滥，消费主义盛行，不少人在这样的社会发展变化中逐渐丧失了享受精神生活富足带来幸福感的能力，日益陷入一种空洞麻木的状态。市场经济带来的利益至上主义以及物质金钱崇拜观念的冲击与近代以来西方工业文明带来的文化冲突、文化质疑对人们的文化价值观和社会道德观念造成了许多消极的影响。从"摔倒老人扶不扶"的全民大讨论到食品安全问题此起彼伏引发的消费不安感，从"感动中国"人物评选背后体现

## 第二章 中华优秀传统文化与国家文化软实力的辩证关系

出的社会整体义利观的失衡到青年一代面对新的时代格局因集体主义、个人主义观之间的矛盾而产生的人生困扰，这些无一不指向当代中国文化发展的问题——社会道德滑坡、伦理价值观争议……除此之外，就社会发展自身而言，文化的发展有着单一经济发展所无法取代的存在价值，所以更值得引起我们的注意。经济发展，物质生活水平的提高毋庸置疑有着其重要性，但是它与文化的发展绝非是处于根本对立位置的，二者之间有着相辅相成的必然联系。缺乏经济实力的支持，大力发展文化只是一纸空谈；没有正确思想文化指导和精神信仰支撑的经济发展则难免会出现这样或是那样的弊端与局限。

在这样的时代大背景之下，弘扬中华优秀传统文化成了顺应时代发展的需要。而传统思想文化能否顺应时代发展的需要理所当然也就成了判断其内容优秀与否的重要衡量尺度之一。换言之，对于中华优秀传统文化的判断标准要与先进文化的判断标准相统一。要将先进文化包含的面向现代化、面向世界、面向未来，能够促进社会主义社会生产力发展，有助于体现最广大人民群众的根本利益，有利于反映实事求是的科学性探索精神的标准结合起来审视中华优秀传统文化的各组成部分是否是真正体现着民族性、科学性以及进步性的文化。唯有这样，才能够做到最大限度地避免在对文化性质和优劣进行判断的过程中可能出现的主观性或盲目性。

"离开火热的社会实践，历史不过是一堆不会说话的资料"，王经西在《以实践为标准鉴别中华传统文化的精华和糟粕》一文中这样强调。不设置时代背景，单独节选出一段历史资料或者文化现象，我们谁也不能评价其好坏。唯有将它带入社会历史的实践中，我们才能客观地去分析它的优劣和所发挥的作用。马克思主义哲学认为，实践是检验认识真理性的唯一标准。传统文化也是一种认识，想要证明它是否优秀，只能将其投入到人民群众的实践中去。例如在对"女性美"的评判中，我们能理解为什么不同朝代对美的理解如此千差万别——因为不同朝代当时的社会实践情况不同。新石器时代是母系氏族社会,注重劳作,所以对女性美的标准是粗壮;隋唐时期,经济繁荣思想开放,所以对女性美的标准是体态偏胖,穿着暴露;宋朝以后,传统社会走向灭亡,审美观念也迅速变化,所以崇尚淡雅,甚至出现缠足。然而每一次新审美标准的出现都不免把以往一些审美标准完全颠覆。到了现代,我国经济发展水平提高,开放程度提高,对于女性美的评判也出现多样性。传统文化中的审美标准有的被传承下来,有的被定为文化糟粕而摒弃。然而这一切,都是根源于实践情况的变化,实践情况改变意味着时代需求的改变。与其说时代审美的标准变了,不如说时代对美的需要变了。当然,我们应当以更加积极的态度去面对传统文化,取其精华,去其糟粕,立足于时代需要、立足于实践需要,科学、理性地对待中华传统文化。

优秀的传统文化要适应新时代社会现实,有利于当代社会平稳健康发展。中华传统文化孕育在封建专制制度的摇篮中,必然沾染了封建社会的不平等观念。君臣的严格等级观念在当代社会已经不再适用,然而由君臣关系衍生出的忠诚爱国等思想在今天依然是优秀的品质。因此在这一方面,优秀的传统文化必须依托现有的社会关系而存在。君臣关系消亡了因此君臣之间的等级文化不再适应,而个体与国家的依附关系依然存在,因而爱国思想在当今依然适用。

优秀的传统文化要适应新时代的家庭关系。传统文化中的家庭文化存在极大的缺陷,这是男权制统治下的必然结果。旧时女性地位低下,未嫁从父出嫁从夫,没有自由,各个方面都受到不平等的对待,享受不到应有的权利。这种极度不平等的两性地位导致了畸形的家庭形态。妻子依附丈夫而生存,在家庭生活中没有地位,女性被看作生育机器,一妻多妾制。这在封建社会都是司空见惯的。然而近些年随着人们思想文化水平的提高,计划生育政策及男女平等观念的宣传,女性地位有所提高,随着受教育与工作权利的重新获得，女性在家庭中的地位也同以往大不相同。旧有的传统婚姻观念已经不适合当代家庭，两性不平等、女性依附，听从男性的传统，这些糟粕应当摒弃。但是，中华传统文化中也存在如相敬如宾一类的教导夫妇之间相互尊重的文化传统，具有一定的借鉴意义。尽管如此，传统文化植根于群众的观念中，改造剔除并非易事。要改变群众的思想，彻底消除文化糟粕，还需要一个漫长的过程。

## 第四节　中华优秀传统文化是国家文化软实力的根基

在国际局势风云变幻的今天，国家实力的对比已不仅仅依靠各国军事力量的强弱来界定。各大国间的力量对比，除了在经济、军事、科技方面的角逐外，还需要依靠一种无形的影响力，这种无形的影响力就是软实力。习近平总书记在"8·19"重要讲话中指出，中华优秀传统文化是中华民族的突出优势，是我们最深厚的文化软实力。2013年11月，习近平总书记在山东考察时强调，要继承和弘扬中华优秀传统文化，弘扬中华传统美德，弘扬时代新风，振奋中华民族精神。在中央政治局第十八次集体学习时，习近平总书记提出："怎样对待本国历史？怎样对待本国传统文化？"这是任何一个进行现代化建设的国家都不能回避的问题。在当代国际大背景下，文化在国际竞争中的作用日益突出，传统文化特别是优秀的传统文化是一个国家特有的与其他国家相区别的标志，对于提升国家文化软实力有着不可替代的作用。

对于中国来说，传承了五千多年的优秀的传统文化可以作为文化软实力建设的基点，两者的关系是相互促进，相互影响的。一方面，中华优秀传统文化是国家文化软实力建构的资源支撑与独特优势，是助力中国特色社会主义文化建设和哲学社会科学三大体系建设的重要环节和必要内容。从实践层面看，弘扬中华优秀传统文化是弘扬社会主义核心价值观、增强民众爱国主义知识和思想道德品质的重要方式。在建构国家文化软实力的视域中，重新审视优秀传统文化的基本价值，探寻发挥传统文化对于国家软实力建构的作用的有效途径，具有重要的理论意义与现实意义。另一方面，国家文化软实力的建构也有助于促进中华优秀传统文化进一步发展，为中华传统文化注入全新的血液，提供精神指引、物质基础和发展动力，使其更加契合当今时代的变化与发展，成为新时代社会文化道德大厦的强有力支撑。以下着重从内部要素和外部环境两个方面论证中华优秀传统文化是构建国家文化软实力的基础。

## 一 中华优秀传统文化是构建国家文化软实力的优势基础

（一）从内部要素论证中华优秀传统文化是构建国家文化软实力的基础

优秀传统文化是提升文化软实力的思想文化根基，要建设以人为本、公平正义的中国特色社会主义文化强国，加快政治体制改革，加强思想道德建设，就要大力弘扬优秀传统文化，从延续数千年仍生生不息的优秀文化中汲取营养。

第一，建设社会主义和谐社会可以从优秀传统文化中找基础。中华民族历经几千年的生产生活实践，形成了众多优秀的文化思想，例如爱国主义思想、集体主义思想、天下为公思想……而"和"作为中华传统文化的核心概念，与和谐社会的理念相契合。和谐社会指的是社会的各种要素相互协调、社会运行有序、社会结构合理、社会中的各种事物具有良好的生长和发展环境，人各得其所、地各得其用、物各得其流，物质丰富同时精神也十分丰富。这些思想早在几千年前就能找到出处，例如《中庸》中有句话是"致中和，天地位焉，万物育焉"，这勾勒出了一幅万物自然生长、各安其位的画面。孔子的学生子曾说过"礼之用，和为贵"，推崇用礼教引导人们的行为，从而建成一个充满仁爱的和谐社会。中华优秀传统文化中这类提倡和谐的思想不胜枚举，构建中国特色社会主义文化强国可

## 第二章　中华优秀传统文化与国家文化软实力的辩证关系

以从传统文化中获得理论支持。

第二，政治体制改革可以从优秀传统文化中寻找力量。中国文化作为世界上延续时间最长的文化，有着极其深厚的政治文化。历史上出现过许多优秀的政治家、思想家，他们的思想历久弥新，直到今天依旧对政治改革有着指导意义。例如儒家学者荀子说"民水君舟，水则载舟，水则覆舟"，孟子珍贵又朴素的"民本""民主""仁政"思想直到今天还闪闪发光；法家管仲的变法开启了政治改革的先河，而法家依法治国的主张也是我们当代人所倡导的。如果充分发挥优秀传统文化的优势，则会大大增强社会主义民主制度的效用。

第三，加强思想道德建设可以以优秀传统文化为指引。作为民族精神的一种积淀，中华传统文化的存在和深厚影响，成为当代社会自觉接受的精神食粮，成为文化的"集体无意识"，给当代人们以价值导向。中国文人阐述了"修身、齐家、治国、平天下"的一整套理论，而其以德为精髓、以善为追求、以和为精神的修身要求更是广为传习。《周易》提出"天行健，君子以自强不息"的奋斗精神，而后的儒士们，也一直践行着"我善养吾浩然之气"的精神。优秀传统文化还提出了具体的"修身"方法，如守信："人而无信，不知其可也"，"诚者天之道也，诚之者人之道也"；如自省："见贤思齐焉，见不贤而内自省也"；如"慎独"："莫见乎隐，莫显乎微，故君子慎其独也"。而流传天下的名句"先天下之忧而忧，后天下之乐而乐"，则从侧面反映了优秀传统文化中弘扬的爱国精神和忧患意识。

（二）从外部环境方面论证中华优秀传统文化是构建国家文化软实力的基础

约瑟夫·奈分析了国家软实力的主要来源——国家的软力量主要来自三种资源：一是文化，它能够在对他国产生吸引力的地方起作用；二是政治价值观，它能够在海内外都能真正实践这些价值时发挥作用；三是外交政策，它能够在政策被视为具有合法性及道德威信时发挥作用。当前中国国家文化软实力面临意识形态"冷战"屏障、文化霸权主义和文化帝国主义、硬实力相对薄弱及文化结构层次脱节等挑战，[1]这就给我们提出了现实的文化发展要求。

第一，中华优秀传统文化为人类共同利益追求的文化发展指明方向。中国是一个多民族国家，在多民族共同生活的经验中总结出了各民族文化和谐共处的原则，这也是中华文化得以薪火相传数千年的重要原因。对待不同民族的文化，我们一直保持着"求同存异"的心态，既要"天下大同，美美与共"，又能"存大同而求小异"。这种态度在当代具有极大的价值，可以极大地促进各民族文化的和谐相处、积极交流。

第二，中华优秀传统文化是构筑国家文化安全防御体系的基础。中华文化，尤其是中华优秀传统文化无疑是世界文化大花园中一颗璀璨的明珠。中华优秀传统文化不仅是国际交流的使者，更是中国在世界上的名片。习近平主席及夫人彭丽媛女士访美时的着装就蕴藏着中华优秀传统文化的精粹，素雅的青花瓷、别具风韵的旗袍、庄重雅致的中山装，他们举手投足之间的气韵把中华优秀传统文化的精粹传递给了全世界的人们。中华优秀传统文化是人类智慧的结晶，是中华民族的宝贵财富。任何一个国家文化安全的防御体系都必然要建立在该国的特色文化上，如果不大力保护和发展本民族的优秀文化，那么本民族文化将极有可能面临被外民族文化侵略以致同化的风险。面对欧美国家近年利用影视、网络等文化产业，大力对我国实行文化输出的情况，弘扬本国优秀传统文化、大力发展本国文化产业刻不容缓。

我国的特色文化，即是中国优秀传统文化，它经过数千年的积淀、发展，又经过取精去糟，成为我们取之不尽、用之不竭的精神

---

[1] 宁德业、尚久：《当前我国文化软实力发展面临的挑战及其应对》，《江西社会科学》2011年第4期。

力量来源。弘扬中华优秀传统文化也有利于强化与巩固社会主义核心价值观的核心地位，全面提升中国文化软实力。

## 二 国家文化软实力的提升有助于促进中华优秀传统文化的转化

国家文化软实力蕴含的促进中华优秀传统文化的现代化发展的巨大力量是通过中华优秀传统文化系统中的每个子要素来释放的，国家文化软实力的提升也是通过各个子要素转变为社会主义核心价值观的基本内容来实施和实现的。

国家文化软实力对中华优秀传统文化具有促进作用。中华优秀传统文化作为国家文化软实力建设的基点，对文化软实力的提升起着不可替代的作用。同时，文化软实力的提升在某种程度上对优秀传统文化也起到了弘扬的作用。文化软实力的提升，意味着中国文化走向世界又迈进了一步。中华优秀传统文化的核心——"中庸""和谐"等思想更易于被其他国家所接受。因此，在文化软实力提升的情况下，作为文化软实力本源或者说文化之"根"的优秀传统文化必然也会向世界迈进一步，在更大程度上得到弘扬。

增强国家文化软实力是提升中华民族凝聚力和创造力、提高中华文化国际影响力的必由之路，能够有力促进中华优秀传统文化的现代化发展。中华优秀传统文化作为中华民族凝聚力和创造力的基础，塑造着整个中华民族的民族精神、价值观念、思维方式、审美标准和科学素养等。随着历史发展与现实实践，中华优秀传统文化逐渐凝结成为时代精神，反映着社会进步，推动着文化创新。儒学主张的"贵和""仁爱""诚信""民本""忠孝""礼义"，法家的"明赏罚"，传统文化中的爱国主义等思想信念与品格情操等，都给予当代中国社会发展以宝贵的启迪。罗素在《中国问题》中曾经说过，"中国至高无上的伦理品质中的一些东西，现代世界极为需要"，"若能够被全世界采纳，地球上肯定比现在有更多的欢乐祥和"。中华优秀传统文化体现了和平、和谐、包容、和而不同、天人合一等人类共同的理想,深深扎根于中华民族传统之中,具有强大的吸引力和影响力。中华优秀传统文化是世界文化的重要组成部分,中华文化要走向世界,必须体现其民族性、世界性和时代性;中华优秀传统文化也体现着民族性、世界性和时代性,是中华文化走向世界的核心内容。我们完全相信,中国有能力、有条件推动中华文化走向世界,在促进不同文明、不同制度的国家和谐共存、共同发展中发挥重要作用。

增强国家文化软实力有助于促进中华优秀传统文化滋养社会主义核心价值观、维护国家文化安全、建设社会主义文化强国的战略举措。对于社会主义核心价值观的塑造而言,最重要的就是需要突出时代感、大众化和独创性。所谓时代感,即是说社会主义核心价值观体现与反映时代主题、时代精神和时代潮流,这样它才能发挥引领社会进步的作用。例如,"以人为本""科学发展""公平正义""和谐和睦"等理念都具有很强的时代感,因此能够在全球产生共鸣。所谓大众化,即是说社会主义核心价值观需要关注大众生活,具有广泛的亲和力,能够引起强烈的社会认同。例如,中华优秀传统文化中的"仁、义、礼、智、信"就能够反映出世人处世、行世、立世的基本准则与规范,更加容易走进大众的心灵深处。所谓独创性,即是说社会主义核心价值观需要反映出其特色、原创性与普遍意义。在各种各样的价值观的不断碰撞中,只有那些具有独创性的价值理念与思想文化,才能经得起历史筛选与实践的锤炼,这就是历史长河中大浪淘沙的过程。文化越是民族的,越是世界的。增强国家文化软实力一方面是总结中国人民在自己的历史与实践中形成的精神内核;另一方面也致力于面向世界,关注整个人类文明进步的趋势;在此基础上,阐明具有中国特色的核心观念与价值主张。在新形势下,我们始终坚持中国特色社会主义文化发展道路,全面提升国家文化软实力,努力建设社会主义文化强国,以此有力维护国家文化安全。

## 第五节　中华传统文化对国家文化软实力建构的双重效应

### 一　中华传统文化对国家文化软实力建构的积极效应

软实力思想与中国传统文化，特别是儒家传统美德相一致。由此可见，中国具备建构文化软实力的土壤和条件，国家文化软实力建构这一举措更容易生根发芽并茁壮成长，迅速地与国际接轨。

中华优秀传统文化中蕴含着丰富的人性、道德、人与自然关系等重要思想内容，它为中华民族的文化认同提供坚实基础；为优化人际关系、重建道德秩序提供重要支撑；为调适人与自我的关系、提高人生境界提供重要来源；为人与自然和谐发展、促进可持续发展提供重要基础理念。而国家文化软实力的建构也需要个人的发展、社会道德的进步、经济的稳定、人与自然关系的和谐，中华传统文化中恰恰包含这些方面的内容。中国儒家思想的传统美德：仁、义、礼、智、信，"和为贵""天人合一""因民之利而利之"，这些都是有关人与社会发展的基本要求，当个人的道德品质提高、社会道德也会有较大提高，发展中华优秀传统文化，提高民族认同感、归属感，这些对提高国家文化软实力有重要推动作用。中华传统文化倡导"以人为本、以和为贵"，主张人道顺应天道，寻求人与大自然的和谐相处，这有利于在科学技术发展的今天达成人与自然的双赢：一方面让大自然为人类的福利与未来服务，另一方面维系自然界的均衡持续发展，使之能够为人类永续利用。人与自然和谐共生，为国家的未来发展打下重要基础，使国家在未来发展竞争中占据有利地位，为国家经济发展提供资源支撑，从而促进文化的长足发展。

其次，大多数西方国家学者对于中华优秀传统文化极为推崇。英国著名科技史家李约瑟博士早在1957年就指出："问题是人类将如何对付科学与技术的潘多拉魔盒？我再次要说：按东方的见解行事。"美国在战后开始研究汉学，却后来居上，成为研究重镇。在英美两国,《道德经》译本无论在数量上还是在质量上均占巨大优势。汉学家安乐哲认为中华传统文化中的儒家思想强调文明互鉴、取长补短,有助于构建全人类价值观的和谐共生系统,改变基于"零和博弈"的西方强制性价值观的固定模式,将政治经济发展指向"双赢",以应对复杂多变的世界局势。中国哲学蕴含丰富的"己欲立而立人""礼"等精神境界对世界政治哲学、社会哲学和伦理学都极具借鉴价值。可以看出中华优秀传统文化越来越得到了国际社会的关注和认可。西方学者对于中华优秀思想的借鉴研究也使得中国优秀传统文化在全球大文化环境中有了一席之地,且影响逐渐广泛。

  随着国家间的交流沟通不断加强,各国文化相互融合,如何提升国家文化软实力也是当今各国研究的重要问题,而中华优秀传统文化则蕴含了重要内容。中华优秀传统文化倡导"美美与共、天下大同""己所不欲,勿施于人"等,是指我们主张发展自身,与其他国家文化和谐相处,同时借鉴其他文化的优秀成果,促进本民族文化的发展。这些思想不仅涉及个人发展,也有对社会发展的积极思想,对我们当今国家文化软实力的建构尤其是外交方面提供了理论支撑。当今,中华优秀传统文化越来越受到国家、政府等的重视,各界都提出了一系列政策、措施促进中华传统文化的传承与发展。习近平总书记指出,中华优秀传统文化中蕴藏着解决当代人类面临的难题的重要启示,并提出"要结合时代条件加以继承和发扬"的重要论断,使其具有了政治保障。大力提升文化软实力是我国综合国力建设的重要方面,发展中华优秀传统文化是构建和保障我国社会主义意识形态的重要举措,从而提高我国文化软实力在国际社会的吸引力、影响力,而和谐的外交政策、国家政策也有助于国家良好形象的塑造。

  中华优秀传统文化的发展促进国家软实力的提升,同样国家软实力提升、综合国力、国际竞争力的不断提高也会促进国家对优秀传统文化的重视,不断创新发展,这样相互促进的良性循环,使国家文化软实力得到不断提升。

## 二 中华传统文化对国家文化软实力建构的消极效应

随着时代的发展、社会的进步,中华传统文化中的一些因素有助于国家发展,是中华文化的瑰宝,但是也越来越显现出与时代的不相适应性,这些因素对国家软实力建构发挥着消极效应。

第一,中华传统文化的经济、政治、社会、文化等立足点与今天有着很大差别。从经济形态上看,中华传统文化主要是农业文化。"尚农""重农抑商""重农固本"几乎是中国传统社会历世不易的基本国策。"霸王有不先耕而成霸王者,古今未有,此贤者不肖之所以殊也。"(《吕氏春秋·上农》)农业文化与当代工业社会的精神不相符合。而从社会形态上看,中华传统文化主要是封建文化,即"封土建国"。《说文》云"封,爵诸侯之土也";"建,立朝律也"。中国的封建宗法专制结构,政治上的高度集权强调对人身的严酷控制、经济上重本抑末导致小农经济的顽固性与保守性、礼教思想观念对人的身心形成桎梏,这些弊端阻碍了中国的经济发展、政治文明和社会进步。在当代国家软实力建构过程中,必须消除这些传统文化因素的消极影响。

在中华传统文化中主要是高度统一的集权文化,以农业文化为主流。封建、统一、农业文化本身无可厚非,是在我国发展过程中的必要阶段,但是在当代我们倡导建设社会主义制度、发展社会主义市场经济,传统的思想必然束缚经济政治的进步。同时,国家如今重视优秀传统文化的作用,并提出一系列政策,但是仍缺乏法律的保障,仍需要从法律上给予确定。

第二,中华传统文化中的一些思想与当今时代文化主流方向存在较大差异,阻碍我国文化的交流与国家文化软实力的建构。中华传统文化过于强调群体,限制了个人自由,不利于个人发挥自己的才能,从而影响整个国家文化软实力的建构。而且,儒家文化非常强调求同性，在处理问题的时候，尽管承认对立与差异，但始终将其看作是第二位的。对于不同意见与建议，中华传统文化十分追求"求同存异"，即"求大同""存小异"，非常重视思想的"守一"和"齐一"。这种大一统的思想控制会抑制人们的思维活跃性与理论创造力。

在对外交流的方面，中华传统文化受地域、经济、政治等因素的制约仍过于保守，虽有对外交流活动如"郑和下西洋""鉴真东渡"等，但是仍保持着"天朝上国"的观念，这不利于我国对外交流。同样在我国的外交政策中也包含"中庸"思想，这些使我国在对外方针上具有保守因素，不利于对外影响力的提高。中华传统文化中的对国家文化软实力建构的消极效应需要我们对当下问题深入了解，对传统文化细致分析，不断改进。

### 三 发挥中华优秀传统文化对国家文化软实力建构的积极效应

面对双重效应，我们要扬长避短，立足于当今的国内、国际形势，做出最有利的发展选择。在增强国家文化软实力的过程中，我们不仅应继承并发展中华优秀传统文化，同时也应该与时俱进，放眼世界，中西结合，面向中国问题与国际需求，推进二者的研究。

第一，我们要发挥中华优秀传统文化在提高民族凝聚力方面的重要作用。习近平总书记指出，"中华优秀传统文化是我们在世界文化激荡中站稳脚跟的根基"，"积淀着中华民族最深层的精神追求，代表着中华民族独特的精神标志"。[1] 一是作为一个现代文明社会文化层面的内在驱动力量，能够为民族发展提供精神支撑。优秀传统文化是漫长历史实践中积淀而成的稳定社会因素中最积极、最稳定、最具历史继承性的成分[2]，因此是一个现代化的文明社会的精神内核、是其在文化层面的内在的驱动力量，这股根基性的力量也因此成为全民族人民的精神力量。二是作为民族凝聚力的历史资源和思

---

[1] 《习近平谈治国理政》第1卷，外文出版社2018年版，第164页。
[2] 李宗桂：《优秀文化传统与民族凝聚力》，《哲学研究》1992年第3期。

## 第二章 中华优秀传统文化与国家文化软实力的辩证关系

想文化来源，能够为其发展提供坚实依靠和源泉养料。中华优秀传统文化囊括中华民族从古至今的思想文化的精髓，是民族文化底蕴最全面的整合，提高民族凝聚力需要从过去汲取养料，而中华优秀传统正是这样一本最权威最丰富的参考典籍，为全民族价值取向、情感导向和道德指向提供历史依据、精准素材和方向选择。三是作为一个国家和民族根深蒂固的文化认同的基本内容，能够为民族凝聚力的进一步提高和跃升提供实际指导。中华民族和各民族人民的认同感和归属感，源于共同的传统文化土壤和积淀，因此中华优秀传统文化具有体认民族自我认知、唤醒民族文化认同、厚植民族文化自信的重要地位和作用[1]，能够为民族凝聚力的进一步提高和跃升提供实践方法、实践路径、实践内容上的实际指导。

第二，要立足国情，走向世界，弘扬中华优秀传统文化中的独特性文化。习近平总书记指出，中华优秀传统文化中的"讲仁爱、重民本、守诚信、崇正义、尚和合、求大同"等思想都是与时俱进的文化瑰宝，对世界问题的解决具有有益启发和重要意义。就国内国际两个大局而言，国内面临现代化社会转型升级期诸多矛盾和复杂变数，如何平衡治国理政、现代化建设、意识形态话语权等重要发展领域有为和无为的关系，需要从儒家"和合"思想和道家"自然"思想中学习借鉴；国际面临全球性的大国争端、资源竞争、环境问题等危机，传统文化中"和而不同"的思想是立足人类命运共同体理念所给出的中国方案。

第三，要与时俱进地关注并化解中华优秀传统文化中的非积极因素。传统文化中既包括爱国主义、集体意识、民本思想等有利于时代发展的积极内容，也包括诸多过时的消极内容，如何评判和区分二者，加以批判继承并创造性转化、创新性发展其中的优秀部分至关重要。尽管在现代化水平极尽发展的21世纪，仍有很多打着继

---

[1] 吴祖鲲、王慧姝：《强化优秀传统文化认同 提升中华民族凝聚力》，《红旗文稿》2015年第9期。

承历史传统、发扬经典文明的旗号却宣扬鼓吹糟粕文化和废黜陋习的行为和组织。如何准确判断传统文化中何为积极的、尚未过时的因素，何为消极的、必然过时的因素，需要从时代性的发展诉求出发去发问：一问这一传统文化内容是否于社会整体的发展和人类文明的进步而言利大于弊，二问其是否符合马克思主义指导思想和中国特色社会主义理论体系，三问其是否与现代社会所认可的主流的价值观念相吻合、相一致。

此外，在发挥中华优秀传统文化对国家文化软实力建构的积极效应时，我们要注意加强文化交流与传播，提高中华文化的影响力、吸引力与辐射力，借此扩大中华文化在世界的影响力，提高中国文化软实力。同样，我们要借鉴西方国家对其传统文化在对国家文化软实力建构中的方法，中西结合，使中华优秀传统文化对国家文化软实力的建构兼具世界性与民族性。

# 第三章　中华优秀传统文化的历史进程及其蕴含的文化软实力

中华优秀传统文化积淀着中华民族最深沉的精神追求，是中华民族生生不息、成长壮大的精神滋养。中国特色社会主义植根于中华文化沃土。中华优秀传统文化是中华民族的突出优势，是我们最深厚的文化软实力，这种优势的激发，关键在于发挥中华优秀传统文化的有效性和文化软实力功能。

## 第一节　中华优秀传统文化的历史渊源、发展脉络、基本走向

阿诺尔德·约瑟·汤因比（1889—1975年）在其著作《历史研究》[1]中提出，人类社会历史发展持续了近六千年，出现过二十多个文明形态。古巴比伦文明、古埃及文明、玛雅文明等近二十个文明或者已经消失，或者停止发展，奄奄一息；现存最强势的文明之一就有中国文明。中华传统文化具有历史的连贯性，尽管其间不断涌入陈寅恪所言的"种族的新血"，但中华优秀传统文化核心价值观的传递是一脉相承的。第一阶段，中华古典文化是由先秦至明清前期的文化集成，奠定了中华文化博大精深的基础，为中华文化开拓了

---

[1] 阿诺尔德·约瑟·汤因比：《历史研究》，上海人民出版社1966年版。

广阔的发展空间和前进道路。第二阶段，从1840年鸦片战争开始至新中国成立，西方文化渐次传入，中西文化相互激荡、相互融合，中华传统文化进入近代文化转型时期，终形成半殖民地半封建社会的近代文化形态。民族主义激情和爱国主义精神成为促进此时期中华文化由传统向现代转变的主要动力。第三阶段，新中国成立后，由于当时严峻的国际国内形势，加之自身缺乏现代发展经验，中华文化处于民族文化的自我反省时期。直至20世纪80年代，改革开放初见成效，文化问题再次成为全社会关注的焦点，文化研究进入到具有现实性、广泛性、世界性的"文化热"时期，这股热潮不断推动社会主义新文化建设。21世纪以来，全社会对中华传统文化展开了热烈的辩论，各种思潮不断涌现，多种观点争鸣，其中具有代表性的观点有全盘西化论、彻底重建论、复兴儒学论，其间还夹杂着西体中用论、新启蒙论等，情况复杂，不能简单评价，必须从中华传统文化的起源开始，对这些观点进行全面的系统的具体的历史的分析与评判。

## 一 理论根基与古典形态

中华民族及其孕育的中华文化生生不息，得以传承数千年之久，这在世界史上也是极为罕见的。半封闭的大陆性地理环境、稳定的农业经济格局、宗法与专制形成的强力国家，地域因素、物质生产方式和社会组织结构三种因素相互影响、相互联系、相互制约是一方面原因。与此相补充的，还有渗透于其中的被人们普遍信奉的道德核心，斯宾格勒称为"道德灵魂"，也有人称为"德性文化"。[①]基辛格在《论中国》中也持有类似看法："千余年来中国得以延续至今，主要靠的是中国平民百姓和士大夫信奉的一整套价值观，而不是靠历代皇帝的镇压。"[②]

---

[①] 冯天瑜等：《中华文化史》，上海人民出版社1990年版，第232页。
[②] 基辛格：《论中国》，中信出版社2012年版，第6页。

第三章　中华优秀传统文化的历史进程及其蕴含的文化软实力

（一）天人合一

天人合一是中华优秀传统文化关于天人关系的观点，它既是一个哲学问题，又具有普遍的文化意义。这种观点认为，人的存在和自然存在是统一的，即相互依存，相互包含，相互融合；而不是两个独立存在、截然分离的对立事物。中华优秀传统文化以追求"天人合一"为至高境界，突破人与自然的关系问题，把天人作为一个有机整体来思考，成为贯通宇宙本体、社会人事、人生价值等问题的古典系统思想。主要有"天人感应论"，以董仲舒为代表；"天道自然论"，为孔子、荀子至刘禹锡所倡导；"心性论"，由孟子至宋儒开创与传承。

天人合一的哲学内涵包括四层含义：一是自然界法则与内在善是人的价值本源；二是自然界的生命意义和内在价值需由人来推进和实现；三是万物一体的生命情怀展现了对生物多样性的尊重；四是老子阐发的"生而不有"的自然德性观。① 这四个层面包括人与自然和谐统一的理论实质，又不局限于此，从生态和谐观又向外发散形成以生态和谐观为中心，以学习自然、实践自然、尊重自然、内化自然四方向向外阐发的辐射结构。

尽管天人合一思想的论述始现于夏商周的"敬天"原则，扬于儒家和道家，但真正提出"天人合一"概念的是宋代的张载，他言"因明致诚，因诚致明，故天人合一"。根据张载的气本论，"天人合一"乃天人一气、天人同性，因此自然与主宰之天与人同质料、同秉性，所谓"民胞物与"即指天人本性合一而可达一体，在自然观、生态观上表现为和谐统一，在政治观、家庭观上则表现为顺应天意人道之规矩、不怨天不由人不逾矩，之后方能修得大道、天人合一。

天人合一的理论实质是人与自然、精神和自然界的统一问题。

---

① 李振纲：《解读"天人合一"哲学的四重内涵》，《中山大学学报》2006年第5期。

中华优秀传统文化中天人合一思想的基本含义，就是充分肯定自然界和精神的统一，人类行为与自然界的协调。恩格斯说："我们一天天地学会更加正确地理解自然规律……人们就越是不仅再次地感觉到，而且认识到自身和自然界的一体性。"[①] "思维规律和自然规律，只要它们被正确地认识，必然是互相一致的。"[②] 这些论述深刻地表明了自然界之间、自然界和精神、自然规律和思维规律是辩证统一的。由此可以看出，中华优秀传统文化中天人合一思想具有深刻的合理性。当然，中华优秀传统文化中天人合一思想在自身发展过程中，既丰富又芜杂，应当从文化发展、延续方面入手，具体问题具体分析。总而言之，中华优秀传统文化中天人合一思想把整个世界看作一个有机整体，把自然当作人的存在的前提，主张人与自然的协调关系。时至今日，这种观点依然具有相当的合理性，对于认识和处理环境危机、能源危机等问题具有重要指导意义。

（二）爱国主义

中国古代社会的发展脉络是以血缘为纽带、家族维系国家制度的"家国一体"格局。相对于古代印度和欧洲中世纪森严的等级制度，中国古代的社会组织主要是在父子、君臣、夫妇之间的宗法原则指导下建立起来的。由家族与邻里乡党两大村社网络构成中国社会的细胞群，由家庭走向家族，再集合为宗族，组成社会，进而构成国家。这种父是家君、君是国父、家国一体的社会结构为宗法制度及其迁延与流播提供了丰厚的土壤，使宗法关系渗透到社会生活的最深层。

在这种社会体系下，家族与国家的命运唇齿相依，荣辱与共。家和国彼此不能独立存在，国破则家亡。因此，齐家与治国在根本上是一致的。对个人、家族、国家的价值认同能够产生巨大的社会整合力，这也是传统爱国主义情感产生的社会心理基础。传统儒家

---

[①] 恩格斯：《自然辩证法》，人民出版社2018年版，第314页。
[②] 《马克思恩格斯选集》第3卷，人民出版社2012年版，第927页。

## 第三章　中华优秀传统文化的历史进程及其蕴含的文化软实力

思想最充分地体现了家族精神、宗法精神、政治精神三位一体的伦理政治。这种伦理与政治直接统一的意识形态，是将建立在家族血缘关系基础上的宗法原则上升为国家政治秩序而形成的。如是，伦理便蒙上了政治的强制性色彩，政治便具有了伦理的情理性特征。此所谓伦理政治化与政治伦理化的统一，构成了完整的伦理政治。子曰："为政以德，譬如北辰，居其所而众星拱之。"（《论语·为政》）"上好礼，则民莫敢不敬；上好义，则民莫敢不服；上好信，则民莫敢不用情。夫如是，则四方之民襁负其子而至矣。"（《论语·子路》）基于中国传统社会由家族伦理到国家伦理的特点、封建统治阶级中央集权的需要，以及社会有序和谐发展的要求，伦理政治化是一种必然趋势。另外，政治伦理化要求统治阶级的权利在一定程度上应受到政治道德法则和社会伦理规范的双重制约，但这在现实社会中很难实践。从这个角度来说，这种伦理政治具有一定的理想性和空想性，在客观效果上具有一定欺骗性。这是儒家伦理社会本位主义实现的一般模式。总之，家国一体的格局，孕育出伦理政治化与政治伦理化相统一的伦理政治，产生家国互动的结构与特质，这是传统爱国主义精神的一个重要的致思趋向。

中国古代爱国主义精神还进一步体现在其"礼仁一体"的人道观和社会观中。如果人们都能按礼的要求去做，坚持"己欲立而立人，己欲达而达人""己所不欲，勿施于人""非礼勿视，非礼勿听，非礼勿言，非礼勿动"，则规范与修养、权利与义务、外在控制与内在自觉将自然而然地结合在一起，也就能够在整体上实现"仁"的理想。坚持社会秩序的礼治精神构成中华优秀传统文化中爱国主义精神的一个重要方面。

"内圣外王"思想也在一定程度上体现了爱国主义精神。"内圣外王"思想最早出自《庄子·天下篇》，"是故内圣外王之道，暗而不明，郁而不发"。也即是说，通过主体性修养，达到仁、圣境界；通过社会政治教化，实现王道、仁政。这体现了个体修养和国家责任的统一关系。并且,作为主体的自我,不是个体的存在,而是群体的一员,承担着相应的社会责任,因此不能"独善其身",而应"兼善天下"。在这种社会责任与群体意识的孕育下,逐渐形成了"先天下之忧而忧,后天下之乐而乐"这样具有鲜明爱国主义色彩的价值传统,对于强化民族凝聚力具有十分重要的意义。

(三)以人为本

"以人为本"是一种以人为对象和中心的文化精神,主张人为万物之灵,天地之间人为贵,将人作为考虑一切问题的出发点和根本,这是中华优秀传统文化的基调。"以人为本"与西方古典文化中的"人文主义"和"人本主义"具有严格的区别。人文主义产生于欧洲文艺复兴时期,是同维护封建统治的宗教神学相对立的人性论和人道主义。人本主义是德国哲学家路德维希·安德列斯·费尔巴哈(1804—1872年)于19世纪提出的,他将脱离具体的历史条件和社会关系的生物学意义上的抽象的人作为哲学研究的基本对象,属于旧唯物主义哲学观点。而中华优秀传统文化中的以人为本是一个历史范畴的概念,具体包括与神本主义相对立的人本主义、生命为上的道德原则、批判君权的民本主义。

中华优秀传统文化的核心价值体系与主体内容始终致力于揭示人的价值规律,以实现人的自我价值为目的。在中华优秀传统文化中,人是宇宙万物的中心,是衡定万物的尺度。考察事物,明辨物理,既要"上揆之天""下察之地",还要"中考之人"。"天命""天道"是"人事"归依的外在理论构架;"人事"伦常和情感又灌注于"天道"之中,使其成为主体意识的对象和道德理性的化身,充分体现了以人为本的文化精神。子曰:"务民之义,敬鬼神而远之,可谓知矣。"(《论语·雍也》)可见孔子虽承认天命,但对鬼神存疑,主张将现实的人事、社会的人放在第一位,并将解决问题的希望寄托于人。

在中国传统儒家思想中,以人为本的核心是生命为上的生命原则。

## 第三章 中华优秀传统文化的历史进程及其蕴含的文化软实力

从行为和制度规范角度而言，它要求以保障生命安全和提供生命基本供养为第一正义原则；从价值角度而言，生命、生存为最宝贵的价值，生命之宝贵，不是作为工具和手段的宝贵，而是生命本身就是目的的宝贵。孔子主张"仁者爱人"，认为统治者须实行仁政。孟子主张要以"不忍人之心"实行"不忍人之政"。荀子指出，"君者，何也？曰：能群也。能群也者，何也？曰：善生养人者也……省工贾，众农夫，禁盗贼，除奸邪，是所以生养之也。"（《荀子·君道》）后儒的主张也大抵如是。这一生命为上的道德原则贯穿于中国古代传统社会始终，如此派生出"仁政""王道"学说。

以人为本除了与神本主义的对立和生命为上的道德意义之外，对绝对君权的批判也是富有价值的。伴随着中国古代历史的不断演进，君主权力呈扩大之势，君尊臣卑的趋势越来越明显。黄宗羲（1610—1695年）对"君为臣纲"的反省，重新强调了民本的核心地位。他认为万民才是天下或社会真正的主人，不断更换的君主只是客人。而且天下之大也不是君主一人能治理的，还需要官员，官员也是"为天下，非为君也；为万民，非为一姓也"。此外，他还指出"君为臣纲"与"父为子纲"的区别，认为儿女服从父母，具有一种天生的情感和天性，父母慈爱子女，其中的纽带就是亲情；但是，君主不可能与众臣发生和保持亲密和慈爱关系。移"孝"为"忠"可能引致将私人领域与政治领域过分联系在一起的危险。

（四）知行合一

辩证唯物主义认识论强调认识与实践的统一。就认识的来源和基础而言，实践决定认识；就认识的功能和作用而言，正确的认识和理论指导实践；就实践和认识的辩证关系而言，二者紧密结合、相互促进。认识与实践的关系在中华优秀传统文化中通过知与行这对范畴表现出来。中国古典知行观的哲学理性是道德化的实践理性。因此，在中华优秀传统文化体系中，知行关系比较侧重伦理道德的意义，包括道德意识和道德行为的关系问题；后来才逐渐赋予其比较纯粹的认识论意义,以揭示知识的来源、认识方法、验知标准等。

中国古典知行观系统包括三种理论观点。第一种是伦理学范畴的重行传统。在《论语》中,"知"有两层含义,一通"智",即智德与智慧,智者是有智慧的人,更是有德之人;二即"了解",即对人与事物的认识。对于行而言,孔子提出"行有余力,则以学文",已经意识到"行"比"知"重要。

第二种是与重行传统根本对立的轻视或否认行对知具有某种意义的知先行后说。例如,老子认为"不出户,知天下",并将"涤除玄览"的直观体验作为求"道"的根本方法。

第三种是认识论范畴的知行统一说。荀子把"行"引入认识论,继承和发展了孔子"学而知之"的经验论,明确强调行比知重要。荀子说:"不闻不若闻之,闻之不若见之,见之不若知之,知之不若行之。"(《荀子·儒效》)即是强调系统的知识来源于感觉器官对外界事物的接触,人的知识来源于学习和经验积累。墨子提出行为在认识过程中检验知识的功用,他说"上本之于古者圣王之事","下原察百姓耳目之实","发以为刑政,观其中国家百姓之利",即以"三表"作为衡量知识价值的标准。王守仁(1472—1529年)心学的核心思想之一便是"知行合一"。他认为"知"即知善知恶知万物,"行"是"知"基础上的存善去恶,知与行相互依存,不能相互独立而存在。其在著作《传习录》中说:"一念发动处,便即是行了",便是指出知在行里,行中有知,知行一体两面。

明清之际,在反省宋明理学、反思伦理传统的基础上,王夫之(1619—1692年)建立了比较完备的知行统一学说。他明确提出行先知后,由行致知,"知非先,行非后,行有余力而求知","行可兼知,而知不可兼行"。由此可知,王夫之的认识论肯定了"行"的急与重。他还赋予"行"以人性论意义,提出道德良知的实现依赖于道德践履。因此,人禽的区别在于人的道德良知,更在于人的道德践履。王夫之对知行合一认识论的贡献在于,肯定了知和行的

第三章　中华优秀传统文化的历史进程及其蕴含的文化软实力

"先后之序"和"互相为成"的相互作用,并把知和行描述为一个"由知而知所行,由行而行则知之"的循环往复以至无穷的发展过程。王夫之通过对程朱、陆王的批判与扬弃,提出了"行可兼知"的认识论,肯定了"行"对于人类知识起源和人类行为目的具有第一性与终极目的意义,在历史上开辟了重视人的社会实践的新思想道路。

## 二　基于"冲突—反应"的近代化发展脉络

从广义文化的视角来看,中国近代的民族危机根本上就是一种文化危机,并进一步引发了中华传统文化核心价值观的危机。危机的出现,客观历史条件的变化,使中华传统文化不可能按照原来的轨道运行。这就迫使中华传统文化不断革新,以适应新的社会形势。因此,中华传统文化不能不向西方文化的方向转向,这符合文化交流的一般规律,即落后文化向先进文化学习。由此可见,鸦片战争引起的文化危机是中华优秀传统文化近代转向的重要契机。

（一）经世致用——中体西用

经世致用继承的是知行合一的传统。宋明理学在一定程度上偏离了这个传统。明清实学反对学术研究脱离社会现实,强调把学术研究与现实政治联系起来,高扬经世致用精神。经世致用在近代得到进一步确证和发扬,具体表现为"开眼看世界"和"师夷长技"。

在经世致用思想的支配下,魏源（1794—1857年）提出"师夷长技"、曾国藩（1811—1872年）提出"欲求自强之道,总以修政事、求贤才为急务,以学作炸炮、造轮舟等具为下手工夫"[1]。这些主张的自然逻辑就是把中国的实学研究扩展到对西方的实学研究。基于魏源"师夷长技"的主张,早期改良主义者冯桂芬在《校邠庐抗议》中比较系统地论述了学习西方的必要性、紧迫性和可行性,

---

[1] 《曾文正公手书日记》,同治六年五月初七日。

以及处理中西文化关系问题的基本原则。冯桂芬认为,"以中国之伦常名教为原本,辅以诸国富强之术"①,这个观点被概括成"中学为体,西学为用",并进一步提炼为"中体西用"的简明说法。"中体西用"论流行于19世纪60年代至90年代洋务运动时期。一方面主张以中国传统体制和核心价值作为治国根本,另一方面主张以西方近代科技与物质文化作为富国强国的手段。

"中体西用"承袭的是儒家"内圣外王"的思路,但二者也有重要的区别。儒家文化的固有体系是"修己安人""内圣外王",通过内省修身的工夫完善自我道德人格,把自我道德人格由内及外、由近及远地推及开来。明末清初学者李颙(1627—1705年)用"体""用"这对范畴来说明"内圣""外王"的关系。"明道存心以为体,经世宰物以为用,则体为真体,用为实用。"②通过学习和实践儒家经典来实现"内圣"修养和"外王"事功,即"通经致用";通过"成德成圣"获得"治国平天下"的"外王"功效,即"明体达用"。

(二)以人为本——从个性解放到大众观念

就中国近代的人本思想而言,其既继承和发展了古代民本思想,又具有一层近代启蒙思想的色彩。近代资产阶级政治家、思想家康有为(1858—1927年)在解释孟子"民贵君轻"的"微言大义"时,就继承和发展了黄宗羲的思想。黄宗羲在《明夷待访录·原君》中认为,"古者以天下为主,君为客,凡君之所毕世经营者,为天下也"。康有为根据新的历史条件进一步指出,"盖国之为国,聚民而成之,天生民而利乐之,民聚则谋公共安全之事,故一切礼乐政法皆以为民也。但民事众多,不能人人自为公共之事,必公举人任之,所谓君者,代众民任此公共保全安乐之事,为民众之所公举,即为民众之所公用。民者如店肆之东人;人君者,乃聘雇之司理人耳。

---

① 冯桂芬:《校邠庐抗议·采西学议》。
② 李颙:《答顾宁人先生·二曲全集》卷16。

## 第三章　中华优秀传统文化的历史进程及其蕴含的文化软实力

民为主而君为客，民为主而君为仆，故民贵而君贱，易明也"[1]。也就是说，君主是民众中的一员，君权是民众赋予的，是受民众的委托、聘雇而为民众服务的。

20世纪20年代，中国的文化变革进入观念层面近代化阶段。新文化运动的先驱者们提出新的价值观念和道德观念，以"个性主义、科学、民主"为口号，其根本点是"重人的价值"，树立"独立人格"。这是革除旧价值观念和道德观念，建立与共和制相适应的新价值观念和道德观念的探索和尝试。个性主义亦可称个人主义，始于19世纪末的启蒙运动。最初是对"天赋人权"的呼喊和"新民"的鼓吹，是受到西方近代启蒙思想中人性觉醒、个性解放、人格独立追求的外界刺激而形成的。但是这一时期中国的思想启蒙运动是在民族危机背景下爆发的救亡图存运动，并不十分关注个性解放。直到新文化运动时期，才将唤醒"国民之自觉"，使大多数国民"完成其自主自由之人格之谓也"[2]作为根本任务之一，对追求个性解放的呐喊日渐强烈并产生深刻影响。

中国马克思主义者在批判"全盘西化"论和"中国本位文化"论基础上，将建设"民族的科学的大众的文化"作为发展中国新文化的正确方向。这个论断是毛泽东（1893—1976年）在1940年提出来的。鲁迅（1881—1936年）则在1936年提出"民族革命战争的大众文学"口号，这一新文学口号同样具有一般的文化学意义。大众即民主的，表现在使人民群众享有文化权，使广大人民群众掌握文化。将民主意识和群众观点统一起来，并更加明确了新文化的性质和发展方向。但是，抗日战争的爆发和之后的解放战争严重地影响了新民主主义文化建设的历史进程。中国文化从传统向近代的转型并未能很好地完成，从而给新中国的文化建设留下了一个严峻

---

[1] 康有为：《康有为学术著作选：孟子微・中庸注・礼运注》，中华书局1987年版，第20—21页。

[2] 陈独秀：《敬告青年・独秀文存》第1卷，外文出版社2013年版，第3页。

而又复杂的课题。

(三) 兼收并蓄——世界观念

由于东亚大陆得天独厚的地理环境及在此基础上产生的以农耕经济为主题的经济生产形态和生活方式，中国的历史发展呈单元化格局，强化了以自我为中心的"天下国家"的观念，极大地阻碍了中国对外部先进文化的学习和借鉴。从世界史的意义上看，近代社会是由传统农业社会向工业社会的过渡。中西文化的交流和冲突贯穿于中国社会转型和文化转型之始终。而且，此次中西文化交流是伴随着外来侵略和民族压迫同时出现的。因而，它的性质、规模是全面的，影响是巨大的。立足中华优秀传统文化，面对西方文化的侵略和挑战，既要确立民族文化的自尊心和自信心，激发民族文化的心理认同，维护民族生存与独立；又要迎接新时代的挑战，反省和批判传统文化，这是一个二律背反的典型。基于此，康有为提出"泯中西之界限，化新旧之门户"[1]。严复（1854—1921年）进而指出"必将阔视远想，统新故而视其通，苞中外而计其全，而后得之"[2]。孙中山（1866—1925年）提出"发扬吾固有之文化，且吸收世界之文化而光大之，以期与诸民族并驱于世界"[3]。毛泽东更进一步说明"中国应该大量吸收外国的进步文化，作为自己文化食粮的原料"，"凡属我们今天用得着的东西，都应该吸收"[4]。这些思想体现了融汇中西，兼收并蓄，综合创新，与时俱进等对待中华优秀传统文化的基本价值观念。

五四运动以后，对于中西文化问题的论争愈趋激烈且深化。西方战争的创痛引发了世界范围内反省西方文化的思潮；与此同时，中国人开始重新审视中华优秀传统文化的发展与复兴。面临西方文

---

[1] 汤志钧编：《康有为政论集》上册，中华书局1981年版，第295页。
[2] 王栻编：《严复集》第3册，中华书局1986年版，第560页。
[3] 《孙中山全集》第7卷，中华书局2006年版，第60页。
[4] 《毛泽东选集》第2卷，人民出版社1991年版，第706—707页。

化广泛而又深刻的冲击，中华优秀传统文化的近代化变革体现在许多方面。一方面，表现在传统的考据学逐渐衰退，经世学风兴起。鸦片战争的爆发引爆了社会危机和民族危机，受到西方资产阶级天赋人权理论、民主政治制度、马克思主义理论的影响，仁人志士从挽救民族危亡的基本立场出发，开始更加关注国计民生的重大事项。另一方面，表现在中华优秀传统文化中唯我独尊的自我文化中心主义传统思想体系被打破。中国的思想意识逐渐受到现代意义上的国家民族平等观念的影响，思想观念与思维方式发生了重大变化，摒弃了"重义理轻艺事"的偏见，代之以在一定程度上对工艺技巧的重视，提出学习西方长技和科学知识的新思想。从而把科学观念引入中国思想文化，为中华优秀传统文化近代化转型注入了强大的活力。

### 三　蕴含世界理念的现代基本走向

新中国成立后，中国文化发展跌宕起伏，大致经历了三个不同阶段。一是由新民主主义文化向社会主义文化转变的阶段，群众性文化事业有了很大发展和进步。党的十一届三中全会以后，思想文化领域进入第二阶段，具体表现为20世纪80年代的"文化热"。21世纪以来，文化研究进入到第三阶段，主张用理性的头脑、客观冷静的眼光来审视中国的文化建设问题，也是文化研究的科学理性阶段。基于科学理性的文化反思，全球化已成为世界历史发展的必然趋势，中华优秀传统文化现代化的主题不仅涉及中华优秀传统文化的变革问题，也涉及与世界文化及其变革的接轨问题。

（一）整体观念与和谐精神

中华优秀传统文化中蕴含着整体价值观念，这对于推动当今全球化的健康发展具有积极意义。中华优秀传统文化的整体观念主要体现在"天下为公""世界大同"思想。其中蕴含的与全球化核心内涵相适应的全人类之间不分贫富贵贱，充满真正自由、平等的理念和精神，是最值得继承和弘扬的。

中华优秀传统文化的整体观念还体现在"以和为贵""亲仁善邻""协和万邦"的对内对外政策理念。这些理念是中国人民处理人际关系和民族关系的基本价值取向，也是处理国家关系的基本原则。其核心内涵之一就是反对侵略战争。

此外，中华优秀传统文化中由整体观念所孕育的集体主义意识，与社会群体发展的需要相适应，对于维护社会秩序和公共利益具有重要作用。其不但有利于培养人们形成全局利益高于局部利益、集体利益高于个人利益的整体观念，而且能形成强大的民族凝聚力，为文化现代化服务。

在解决人类面临的社会冲突时，中华优秀传统文化整体观念的和谐精神展示出积极价值。张立文在其著作《和合学概论——21世纪文化战略的构想》中提出了解决人类共同面临的冲突问题的具有和生、和处、和立、和达、和爱五大核心价值的"和合学"，为人类文明的发展做出重要贡献。何怀宏将爱国主义分为两种：一种是合乎道义的爱国主义，一种是不合乎道义的爱国主义。合乎道义的爱国主义不仅是捍卫祖国，也是捍卫道义，即捍卫和平和信义。而以狭隘的民族利益为基本出发点的爱国主义最易激起冲突和矛盾，从而造成生灵涂炭，这是不合乎道义的爱国主义。尽管如此，即使是战争中正义的一方所进行的反侵略战争，他们所采取的战争手段也还须受到道义的约束。这也不失为和谐精神的具体体现。

（二）天人合一

随着人类文明的不断进步，科学技术得到了极大的发展，使人改造自然的能力获得了空前的提高。人类利用科技手段向自然获取所需物质财富与生态平衡之间成为具有矛盾与冲突关系的问题。美国生态学家奥尔多·利奥波德（1887—1948年）提出了"大地共同体"的概念。强调"共同体"既包括人，也包括土地、水、植物和动物；并建立了一种新的伦理学——大地伦理学。其主张伦理学的研究范围必须从对人的生命的关心扩展到对自然界的尊重。要求现代人必须改变对自然界持有所有者和统治者的态度和基于此种逻辑关系形成的生活方式，从而与大地亲密地融为一个命运共同体。这里的基本道德准则就是，正当的行为趋向于维护共同体本身及每个成员的完整、美丽和稳定；反之，就是不正当的行为。

英国文明史家阿诺德·约瑟夫·汤因比（1889—1975年）在《人类与大地母亲——一部叙事体世界历史》一书中写道"人类还具有思想，这样，他便在神秘的体验中同'精神实在'发生着交往，并且与非此世界具有'精神实在'是同一的"[①]。所以，与物质之"天"相对应的，还有一个精神之"天"。伊曼努尔·康德（1724—1804年）赞叹过浩渺的星空，阿尔伯特·爱因斯坦（1879—1955年）敬畏宇宙空间的神秘和谐，中国古人也有敬天祭天的传统。这种超越人的因素的精神之"天"在人的价值信仰体系中也居于至高的地位，常常具有统摄性意义。现代社会，人们的信仰形式和对象呈现出多元化趋势，天人合一也呈现出两种新特点。一是超越人类中心主义，意识到人类自身肉体上和精神上具有局限性，敬畏某种超越人或外在于人的存在。一是对人类自身悲悯意识的反省，既要悲悯弱势群体的不幸，也要悲悯强势群体的道德不幸，更要反省自身可能只是因为缺乏机会而没有变成行为的道德恶念。为此我们要寻求一些道德共同点，即在任何合情合理的信仰体系中都存在的基本规范和行为准则。西方天主教思想家汉斯·昆（1928—2021）等人发起和推动的"世界伦理"事业；中国学者何光沪（1950—  ）提出的"百川归海"的全球性宗教哲学等活动就是为了寻求这种道德共同点。

"天人合一"思想最常被定义和使用于生态伦理观，这使其在近现代的发展逐渐走向贫乏，事实上，从这一思想的源头出发可以发

---

[①] 阿诺尔德·约瑟·汤因比：《人类与大地母亲——一部叙事体世界历史》，徐波等译，上海人民出版社2001年版，第734页。

现，历代思想家的阐发大多从本体论出发向认识论和方法论辐射进行，尽管始于自然属性的天人关系，但最终落脚点和归宿却是社会属性的天人关系。因此，"天人合一"的思想价值首先体现在其蕴含深刻的道德观念和实践理性，其次体现在其所具有的中国政治文明的特质，第三是其对自然与人类的关系探讨和论证角度能够为我国建设生态文明提供借鉴和依据。

（三）和而不同与多元互补

在世界全球化的背景下，中国著名社会学家和人类学家费孝通（1910—2005年）提出"和而不同"的理念，主张以兼容代替排斥，以共处代替冲突，承认和维护世界文明的多样性。费孝通认为，"和而不同"是多元一体的中华文化形成的基本经验，"中华文化的包容性和中国古代先哲提倡'和而不同'的文化观有密切的关系"[①]。在此基础上，他提倡将中国的文化发展经验推而广之，创造一个"和而不同"的世界多元文化格局与全球社会。从中国多民族的背景以及长期的文化发展历史中，可以认识到文化形态是多种多样、丰富多彩的，不同的民族文化之间是可以相互沟通与和平共处的。如是，将这一模式推而广之，世界各国的文化也可以是相互尊重、兼收并蓄、求同存异的。这样不仅对各个国家的文化发展有利，同时也会促进世界文化的共同发展。这种容纳多元文化共存的文化观，不仅反映了文化发展的动力与规律，而且是提倡和鼓励不同文明交流对话、相互融合、化解冲突的最重要的指导原则，促进多种文化在求同存异、取长补短中共同发展、共同繁荣。

全球化进程体现的应是全球化的公正、富裕和幸福，而非少数集团或国家及其共同体内部的公正、富裕和幸福。即使各国之间的生产方式、经济体制与政治体制相近，但是各个国家的民族特性与文化传统却是多元的。"和而不同"即反对搞单一的同质化，也反对

---

[①]《费孝通文集》第14卷，群言出版社1999年版，第407—408页。

不同事物的冲突、对抗，主张尊重差异，多元互补，共同促进和维护世界文化多样性的可持续发展。不同民族、国家对自身历史、制度、宗教和文化都有自己独特的诠释，各国都应该正确认识和尊重这种差异，求同存异，共谋发展。"和而不同"思想的现代意蕴主要是用于处理经济全球化时代不同国家的文化之间关系的一条基本原则，各国应当既认同本国的文化，又要以博大宽容的精神对待其他国家的文化，在对话中构建共识和理解差异，共同推动人类文明逐渐走向多元一体的和谐境地。

**四 涵养平等原则的未来发展趋势**

当今中国社会已经进入一个不可逆转地向新社会转型的时期，这一新的现代社会的主要标志将是平等。这不仅是传统中国向现代中国转变的大势所趋，也是传统世界向当代世界转变的大势所趋。真正的平等不是仅仅局限在身份、地位、法律等方面，还必须扩展到经济生活、精神文化等方面，从而开启一个与传统社会迥然不同的全新社会形态。中华优秀传统文化的未来发展趋势是涵养平等的道德原则，也是一种"共和之德"。传统等级社会中，道德是两分的，君子履行真正的道德，为民众做出表率；而民众则受君子的影响，遵守良好的道德风尚。因此，传统道德在实质上是具有精英性质的。而当代平等社会中，新的道德原则必须面向所有社会成员，平等作为至高的价值和信仰追求成为一股强大的精神力量，并以此来促使人们对道德和政治义务的履行，同时也成为个人安身立命之本。因此，当代社会的统一共识必定是建立在社会制度和个人行为规范的基础之上的。

涵养平等原则的文化，应该与宗教信仰、人文价值信仰体系有所区别，应当具有自己的原则、规范和标准。它独立于政治，比政治更永久。平等文化固然包含政治伦理，但它并不以服务政治为目的；恰恰是强调任何政治必须有一种道德根基，这种道德根基不仅独立于政治，还对政治权力起引导和约束作用。

　　涵养平等原则的文化也不是特殊的人格规范，而应当普遍适用于所有社会成员，也即是应具有一般性质。以爱国主义精神为例，与传统的爱国主义相区分，现代的爱国主义应是一种理性的爱国主义。这种理性的爱国主义和传统的忠君思想不同，更多的是一种与生俱来的、带有浓厚感性色彩的爱国主义。因此，必须让人们实际地参与国家的事务和管理，实际地行使政治权力，使人们在真正地参与国家大事的过程中，感受到自己是国家的主人，这是"我们可以使人人都能关心自己祖国命运的最强有力手段，甚至可以说是唯一的手段"[①]。

　　涵养平等原则的文化的生机与活力源自民间社会。作为一种有机生长的道德文化，即便借助政治力量可以提高速率，却也必定是因为其在民间已经获得了一定的发展和支持。推动中华文化在发展中发挥更大的引领作用，不能陷于一种单纯的国家和政治意识，而必须要脱离这种狭隘的政治意识形态。总而言之，涵养平等原则的文化，不仅应该落实在基本的生存层次，还应该向更高层次开放，并通过伦理规范反映出来。

　　总而言之，从历史的视角来看，中华优秀传统文化核心价值观的传递是一脉相承的。中华优秀传统文化中的古典文化是由先秦至清代前中期的文化集成，核心价值观包括天人合一、爱国主义、以人为本与知行合一，奠定了中华文化博大精深的基础。自1840年鸦片战争开始至中华人民共和国成立，西方文化渐次传入，中西文化相互激荡、相互融合，中华优秀传统文化进入近代文化转型时期，终形成"冲突—反应"型的近代文化形态，核心价值观包括经世致用、以人为本与兼收并蓄。中华人民共和国成立后，形成了蕴含世界理念的现代中华文化基本走向，核心价值观为世界精神、天人合

---

[①] 托克维尔：《论美国的民主》下卷，董果良译，商务印书馆1988年版，第885页。

第三章　中华优秀传统文化的历史进程及其蕴含的文化软实力

一和多元互补。新时代社会的统一共识建立在社会制度和个人行为规范基础之上,据此,涵养平等原则的中华文化未来发展趋势,不仅落实在基本的生存层次,还向更高层次开放,并通过伦理规范反映出来(图4-1、表4-1)。

古代
- 天人合一
- 爱国主义
- 以人为本
- 知行合一

近代
- 经世致用
- 以人为本
- 兼收并蓄

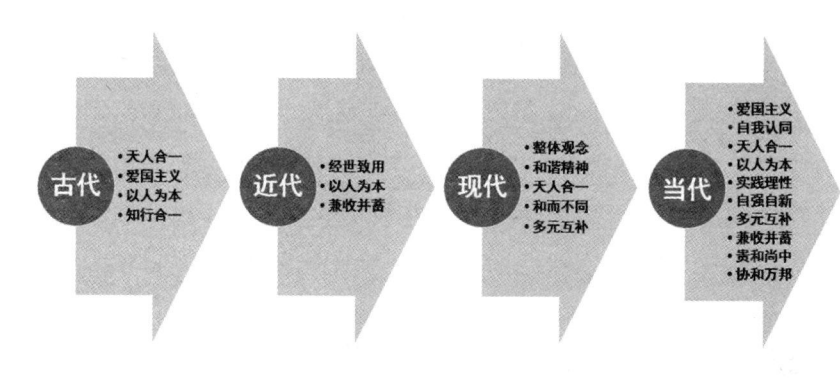

现代
- 整体观念
- 和谐精神
- 天人合一
- 和而不同
- 多元互补

当代
- 爱国主义
- 自我认同
- 天人合一
- 以人为本
- 实践理性
- 自强自新
- 多元互补
- 兼收并蓄
- 贵和尚中
- 协和万邦

图4-1　弘扬中华传统文化增强国家文化软实力总体进路

表4-1　中华传统文化基本精神内涵变迁

| 基本精神 | 传统形态 | 现代变迁 |
| --- | --- | --- |
| 爱国主义 | 忠君爱国、为国捐躯 | 政治参与 |
| 自我认同 | 自我与天下的关系 | 涵养整体观念的民族文化自我认同 |
| 天人合一 | 人与自然、精神和自然界的统一 | 生态伦理、全球伦理 |
| 以人为本 | 批判君权的民本主义 | 从个性解放到大众观念、人的主体性 |
| 实践理性 | 知行合一、经世致用 | 社会生活实践 |
| 自强自新 | 独立自主、奋发向上、不断进取的伦理道德观念 | 国家、民族之强的政治观念 |
| 兼收并蓄 | 形成多元一体民族文化格局 | 综合创新、世界观念 |
| 多元互补 | 自主地参与及发展自有传统文化 | 主动接受异质文明 |
| 贵和尚中 | 和谐中庸,中正平和的价值理想和行为规范 | 和谐的文化趋向 |
| 协和万邦 | "天下一家""天下大同"的理想 | 国际间的友好合作、平等互利 |

## 第二节　中华优秀传统文化中蕴含的文化软实力

中华优秀传统文化是国家文化软实力的独特优势，这种优势的激发，关键在于发挥中华优秀传统文化的有效性。即发挥中华优秀传统文化所具有的激励中华民族形成强大向心力的文化凝聚力功能，获得国外仿效的文化吸引力功能，推动发展、追求领先的文化创造力功能，将文化要素组织成效能最大的有机整体的文化整合力功能，向外界正确表达意图的文化辐射力功能。文化凝聚力功能与文化吸引力功能互为内外，文化整合力功能与文化辐射力功能互为表里，文化创造力功能是吸引子。提高国家文化软实力，必须做到五力功能互动。

### 一　民族认同价值观念与文化凝聚力

凝聚性是中华传统文化的首要因素。中华传统文化是历史地发展着的，它的精华集中表现为中华传统文化的基本精神。能够体现中华传统文化凝聚力的民族认同价值观念主要通过"爱国主义"和"自我认同"两个方面表现。

其一，以崇尚群体利益为表现的"爱国主义"。一方面，中华传统文化中蕴含着浓郁的整体主义精神，先秦时期的荀子就提出"人之生，不能无群"（《荀子·富国》）。"（人）力不若牛，走不若马，而牛马为用，何也？曰：人能群，彼不能群也。"（《荀子·王制》）这渗透出强烈的群体本位意识。另一方面，从个体与群体的关系而言，中华传统文化历来倾向于群体利益具有优先性。例如，个人与国家的关系中，个人应"苟利国家，不求富贵"（《礼记·儒行》）、"苟利社稷，则不顾其身"（《忠经·百工章》），这说明，个人的命运或局部的利益是第二位的。从本质上说，中华传统文化精神本身就具有这种整体观念，这不仅是中华民族在世界历史中历经艰辛磨难而依然巍然屹立的根本原因之一，也在长期的社会历史发展中逐步演变为中华儿女价值取向的思想支援。这种民族基本精神能够有效鼓舞全族成员为民族利益而奉献、奋斗，使得全族民众在抵御外来侵略、维系民族团结、维护祖国统一的民族历史进程中产生向心力，由此构筑起强大的民族文化凝聚力。

其二，以独立身份标志为内容的"自我认同"。与国家意识一样，民族认同也是任何一个国家和民族得以生存和发展的思想根源与基础。民族认同渊源于特定民族和国家的历史和文化，并且与民族和国家的历史紧密相关。从中国的近代历史事实可以看出，如果缺乏独立身份标志的自我认同观念，就难免会陷入分裂割据、任人宰割的历史困境；从中国改革开放以后的社会现实同样可以分析出，面临社会转型和经济转轨的历史现实，中国的"社会经济成分、组织形式、就业方式、利益关系和分配方式日益多样化，如果我们思想上不清醒，工作中不注意，是很容易搞散的"[①]。中华传统文化经过悠久的历史积淀，形成具有独立身份标志内容的深层民族意识和民族心理。这种强烈的民族自尊心和文化自豪感促使全族民众相互团结，相互帮助，维持族群文化稳定发展壮大。

## 二 民族伦理道德观与文化吸引力

文化吸引力是中华民族竞争力的一项重要内容。中华传统文化精神作为中华传统文化的精华，一方面，蕴含着不易被人所感知的深层结构，包括思维方式、价值观念、理想人格、伦理规范、审美情趣等；另一方面，它也经由社会政治制度、经济生活、具体的个人行为等层面得以运作和展现，这就反映出其规范所在。这些基本精神，演变为人生理想和价值准则，增强中华文化的生命力和吸引力。文化吸引力包括对内和对外双重维度：对内文化吸引力指的是

---

[①] 中央保持共产党员先进性教育活动领导小组办公室编：《保持共产党员先进性教育读本》，党建读物出版社2004年版，第179页。

中华民族基本精神能够吸引民众对自己民族产生民族向心力、家园认同感和文化自豪感；对外文化吸引力指的是中华民族基本精神可以促使其他民族民众对本民族产生亲切感和文化吸引力。一个具有良好文化吸引力的民族，能够给予大批教育家、工程师、金融业者、专业技术人员、作家、画家、艺术家、戏剧家、编剧、文化活动策划人、文化经纪人、音乐家、演员、工匠等优秀人才以稳固保障；还要根据民族发展定位，吸纳大批主导产业所需的熟练工匠和服务性人员，构成完整的梯次人才。古代中华民族虽然没有形成现代的"文化建设"，但中华传统文化基本精神中的"以人为本""天人合一"等民族伦理道德观对于提升文化吸引力具有极高的研究价值。

其一，以民为邦本、本固邦宁为表现的"以人为本"。《尚书》中的"天视自我民视，天听自我民听"，《管子》中的"以人为本。本理则国固"，孔子提出的"仁者爱人""泛爱众""修己以安百姓"，孟子提出的"民贵君轻"等思想，都体现出中国古代民本思想的源远流长。古代的以人为本精神，在社会历史发展中限制皇权、抑制过度剥削与压迫、促进生产力发展等方面具有一定的历史进步性。

其二，以人与自然关系为旨趣的"天人合一"。中华传统文化向来重视人与自然的关系，在对待自然的态度上将"天人合一"看作理想的人生境界，主张"以遏恶扬善，顺天休命"（《周易·大有卦》），"辅相天地之宜"（《周易·泰卦》）。同时还要充分发挥人的主观能动性，以"穷神知化"（《周易·系辞下》）。这种"天人合一"思想充分显示了中华传统文化对于主客体关系、主观意识与客观规律关系的辩证思考。但是这种价值关系的实现是受客观规律制约的，如果人类追求功利目标和物质享受毫无节制，就会造成自然界固有生态链条的断裂，导致江河泛滥、土壤沙化、气候反常和环境污染等灾难现象。

## 三 民族创新基本价值观与文化创造力

文化创造力可以划分为两个层次,一方面是指本民族自身的社会历史文化的更新能力;另一方面是指对外来文化元素进行二次加工并施展影响的能力。毋庸置疑,吸纳并消化异质文化元素的能力是国家最重要的文化创造能力的体现,是其文化创造力的核心所在。文化创造过程中,充分体现出中华民族对所吸纳和消化的外来文化元素进行保存复制、二次加工、再造丰富的能力,以及开拓市场、推介行销文化产品的能力。中华传统文化创造力主要通过"实践理性""自强自新"等民族创新基本价值观得以体现。

其一,以主客统一、行先知后为价值取向的"实践理性"。在人的全部活动中,最突出最基本的就是人的实践活动。马克思在《关于费尔巴哈的提纲》中提出"全部社会生活在本质上是实践的"。合理的实践应该既是一种合规律性的活动,也是一种合目的性的活动。其要义就在于,既承认事物的客观规律性,又强调客观规律的可认知性和可掌控性,即承认人和人的智慧可以认识、掌握和运用事物的客观规律。因此,充分发挥人的主观能动性和创造性,同样具有十分重要的意义。

其二,以博采众长、积极创新为体现的"自强自新"。中华民族在长期的发展过程中,创造出独特的生存方式和文化类型。经过多次劫难的洗礼后,中华民族仍能保持民族的文化特征,也是由于其承认各种文化模式之间的差异性,以宽容的态度对待外来文化,积极学习借鉴各民族先进文化,纳他人优良之处为己用。这种以博采众长、积极创新为体现的自强自新文化观在中华民族文化的发展史上占据主导地位。中华传统文化中自强自新精神还表现为锐意吸融域外民族有益文化成分,这种文化吸融涉及经济、政治、科学、技术、宗教、认知观念等各个领域,具有历时长久、地域广阔、内容繁多等特点。例如,引进西方的数学和其他科学知识,促进中华民族的科技进步等。这也佐证了中华民族极其善于把这种文化吸融与主体创新相结合并应用到本民族的生产、生活中,最终将它们融入本土文化之中。这种经过吸收和融合创新而成的新文化,在中华民族变动时期、稳定发展时期都呈现出其规模和质量,以及向上发展的特质。

### 四 和谐共生民族理念与文化整合力

文化整合力包括对民族自身文化实力的准确认知能力和对本民族整体文化形象的全面把握能力。如果说一个民族具有文化整合力,这就是说这个民族能够通过行之有效的组织、协调、运作等方式,将本民族的正面文化元素完整地向外部世界进行展示、传播、推介。在早期民族文化实践中,传播民族文化的方式多是通过人文作品或口口相传;在当今数字化时代,借助于多样和迅捷的传播工具,传播与推介民族文化的机会和空间都得到了极大的拓展。民族文化整合力与民族竞争力有着直接和密切的关联性,只有当一个民族能够有效地将自己的文化精神和劳动成果,以及自己特有的民族文化特色,成功地传播推介出去,能够让世人对自己民族有全面深入的了解,才能够形成整体系统的民族形象。营造和培育民族文化整合力,既是政府的责任,也是社会组织和这个民族中所有民众的责任。"构成现代文化整合力的形式可以多种多样,可以是政府组织实施的大型文化活动,包括大型运动会、大型展览会、文化庆典和颁奖活动等,也可以是民间性质的商务活动、文化交流活动,还可以是普通百姓的自娱自乐文化展示、文化成果展示等。"[①] 只有能够有效地将中华民族的文化特色和文化成果传输、展示和扩散出去,对中华民族的正面、健康形象的形成有所襄助,才是有意义有价值的文化整合活动,才会对民族竞争力提升产生正面效应。而中华民族主要是

---

① 洪晓楠、邱金英、林丹:《国家文化软实力的构成要素与提升战略》,《江海学刊》2013年第1期。

## 第三章 中华优秀传统文化的历史进程及其蕴含的文化软实力

通过"多元互补"和"兼收并蓄"等民族基本精神体现出人与自然、人与人和谐共生的整合能力的。

其一,以相互融合、相互渗透为典型特征的"多元互补"。"多元"指的是不同民族、种族、宗教或社会群体在社会共同体或文明共同体中,自主发展自身传统文化。"互补",指的是补足或补充。"多元互补"即随着社会的发展与时代的进步,各民族为了多民族国家及社会整体的进步,通过族际利益调试,多元文化间的相互融合与相互渗透并成功地融合在一起,以确保各民族的共同繁荣与相互团结。这一文化现象从动态的角度,即从中华传统文化的历史发展趋势来看,具有多元化与一体化的特点。从静态的角度即从中华传统文化现实状况来看,具有多样性与同一性的特征。中华传统文化在本质上是具有多元互补内涵的观念系统。例如,在先秦诸子文献《庄子·天下篇》中,将春秋战国时期的思想文化较为明确地区分为儒、道、名、墨等学派,并提出了所谓的"百家之学"概念。这一文献将中华文化的多元结构作了十分形象的比喻,"譬如耳目鼻口,皆有所用,不能相通,犹百家众技也,皆有所长,时有所用"[1]。在《吕氏春秋·不二篇》中,将中国古代的思想文化根据其基本特征及主要代表人物划分为十派,"老聃贵柔,孔子贵仁,墨翟贵廉,关尹贵清,列子贵虚,陈骈贵齐,阳生贵己,孙膑贵势,王廖贵先,儿良贵后"[2]。到了汉代,司马谈在其《论六家之要指》中,将自春秋战国至汉初的思想文化明确概括成阴阳家、墨家、法家、儒家、名家、道家六家。班固又在此基础上增加了纵横、杂、农、小说四家,号称诸子十家。汉魏以后,中华文化更是演变成了儒、道、佛三家融通的典型代表。所以,无论从地域分布、发生源头,还是从内部结构方面考察,中华传统文化的演变与发展始终表现出多元互补精神。

---

[1] 参见张丰乾《〈庄子·天下篇〉注疏四种》,华夏出版社2009年版。
[2] 参见吕不韦《吕氏春秋》,张双棣等译,中华书局2007年版。

其二，以海纳百川、多样统一为表现的"兼收并蓄"。中华民族的"兼收并蓄"表现在承认不同民族具有不同的文化背景、历史传统、文化内涵和文化价值取向，理解文化多元的合理性；同时，又能使本族文化与异质文化相互融合，促进民族文化形成一种和而不同的良性发展。无论是对于民族文化自身的发展，还是适应现代全球化进程，在保持自身主体精神的基础上吸取异质文化的优质要素，这不仅是多元文化间一种有效的文化整合，更是历史演变中的必然发展。中华传统文化是在多元一体的格局下发展起来的，在共同理想、共同精神的催化与交融下，多元发展的地域文化逐步走向融合，一部分文化基因仍然存在，一部分文化基因被发掘、提炼、转化成为中华民族整体文化的重要组成部分和共同精神财富。在文化价值观方面，中华传统文化一贯主张"天下同归而殊途，一致而百虑"（《易·系辞下》）。提倡在主导思想的规范下，不同派别、不同类型、不同民族的思想文化的交相渗透，兼容并包，多样统一。儒道互补，儒法结合，儒佛相融，佛道相通，都是兼收并蓄思想的具体体现。此外，汉代司马相如受武帝之命"通西南夷"，招抚少数民族，也是以"兼容并包"为指导思想。这种在坚守主权的前提下兼顾异质文化，反映了当时中华民族兼收并蓄的视野、态度和胸怀。正是这种兼收并蓄精神，推动着中华传统文化的整体发展和中国社会的稳步前进。

## 五 践行开放民族精神与文化辐射力

文化辐射力指的是由一个民族整体的、综合的、全面的基本精神、文化成果、民族形象综合而成的文化力量。与文化凝聚力、文化吸引力、文化创造力、文化整合力相比，文化辐射力更倾向于一种无形的力量。文化辐射力体现出民族历史文化元素的延续效应，使深远而持续、丰富和发展着的民族文化实力得以呈现；同时，也能够反映出当代民族人民群众的劳动生活和创造成就；此外，它还

## 第三章　中华优秀传统文化的历史进程及其蕴含的文化软实力

可以展示出一个民族不断地向外部世界宣示其自身的文化价值理念。民族文化辐射力的功能通过多层面体现出来。一方面，以民族文化的创造性劳动和优秀文化成果拓展民族的影响度和知名度，在无形中有效延伸、拓展和深化民族文化，促进与外部世界的广泛连接，提升民族整体形象。另一方面，民族文化辐射力体现了民族在社会发展、经济增长等方面具有强大的内在驱动力和强大的活力，具有很强的提升空间与增长能力。此外，民族文化辐射力还体现了一个民族具有很强的对外联通能力，例如多样、自如、畅通和高效的交往方式方法。在中华传统文化精神中"贵和尚中""协和万邦"等民族基本精神都体现出了其文化辐射力。

其一，以不同之和为特定内涵的"贵和尚中"。贵和谐，尚中道，是中华传统文化的基本精神之一，而"和谐"亦是中华民族长期以来所憧憬的一种社会景象。《中庸》中曾说过："致中和，天地位焉，万物育焉。""和"的思想已深深植根于中华人民的心中。"和"作为人际行为的价值尺度，又是人际交往的目标所在。自古以来，中华民族一直秉持"和为贵"的思想，可以说，"和"在中华民族和中国文化发展过程中，起过十分重要的作用。中华传统文化倡导贵"和"尚"中"（《中庸·第一章》）的理念：倡导"亲仁善邻，国之宝也"（《左传》隐公六年），肯定了"人和为贵"的价值意蕴；推崇"吾不欲人之加诸吾也，吾亦无欲加诸人"（《论语·公冶长》），道出"和"之"不同之和"的特定内涵；以"礼仪三百，威仪三千"（《中庸·第三十一章》）表达尊人自谦、以礼待人的社会交往原则。这些传统文化精神，给予我们深刻的启示。在社会历史发展中，尽管人际关系的内容有所变化，但人与人、人与社会的基本关系是相对稳定的。今天，我国现代文化建设中仍需树立以"和"为核心要旨的人际观和社会观。

其二，促进民族相互了解、相互接近乃至自然融合的"协和万邦"。协和万邦，顾名思义，就是同万邦（世界各国）协同合作,而这种精神在我国自古就有,从唐鉴真东渡传播唐文化到明郑和七下西洋交流沟通,无不体现着中国人民的"协和万邦"精神,积极走出国门,走向世界,寻求合作。中华民族是一个爱好和平的民族,倡导协和万邦、表正万邦、尊重小国、卫弱禁暴、救助邻国等光辉思想,主张不得已而用兵,用兵也要以正义为本,反对以兵强天下。中华民族至今仍然坚持以"协和万邦"作为对外关系的文化准则,并在对外政策中继承和发扬。英国著名的史学大师汤因比把这称为"世界主义"文化,我国的文化大师梁漱溟把这称为"天下主义"文化。我国另一位文化大师冯友兰指出:"人们或许说中国人缺乏民族主义,但是我认为这正是要害。中国人缺乏民族主义是因为他们惯于从天下即世界的范围看问题。"[①]可见,中华民族是一个爱好和平的民族,因为其扎根在中华民族每个人的文化性格之中,流淌在中华民族每个人的血液之中。从古代社会直至今日,中国人民都把和平作为社会理想的基本原则,并在人们的心灵中孕育成熟了一种向往和平、追求和平、维护和平,甚至为了和平不惜做出巨大牺牲的精神境界。总之,中华民族的跨地区、跨民族、跨时代的文化交融,不仅促进时代进步、社会发展,拓展中华民族文化软实力的范围,更将中华民族精神推到文化软实力的新高度。

以上对中华传统文化精神系统五个文化分支系统基础项目的"软实力功能"的分析,清楚地表明了这是一个因规模庞大和内涵充盈而令其软实力功能极强的系统;并且从五个方面粗略地展示中华传统文化精神中具有代表性的文化创造精神、文化创新成就及文化软实力功能。深入系统地研究中华传统文化的发展过程及内涵,不仅有益于认识中华传统文化的历史发展规律,汲取其历史经验,也有益于深刻认识中华多元一体文化形成过程中民族文化对中华文明

---

[①] 冯友兰:《中国文化简史》,北京大学出版社1985年版,第222页。

做出的巨大贡献，还有益于复兴、传承、吸收中华民族的优秀传统文化，为当代中国建设中国特色社会主义文化和社会主义和谐社会、推动中华文明走向世界服务。

# 第四章  弘扬中华优秀传统文化与增强
国家文化软实力的核心内容

从结构功能分析的角度看,中华优秀传统文化与国家文化软实力在结构上具有同构性。中华民族优秀的自觉的文化理念和价值原则等能够呈现与增强国家文化软实力。

## 第一节  基于中华传统美德的转化培育和
弘扬社会主义核心价值观

中华传统美德中爱国主义和自我认同是中华文化精髓,蕴含着丰富的思想道德资源,可以提升价值观自信,增强文化凝聚力。

### 一  中华传统美德与社会主义核心价值观

社会主义核心价值观是我国社会主义意识形态的本质体现,是社会主义文化强国建设的核心和关键,是国家文化软实力建设的灵魂和精髓,在文化软实力建设中居于统摄和支配地位。"在每个民族国家,统治本身和外交政策的制定都是在一种文化背景下发生的。"[①]一个国家要想把全社会的意志和力量凝聚起来,就必须有一套与其经济基础和政治制度相适应的核心价值体系。社会主义核心

---

① John P. Lovell, "The United States as Ally and Adversary in East Asia: Reflections on Culture and Foreign Policy", in Jongsuk Chay, ed. *Culture and Internations*, New York, 1990, p. 89.

第四章　弘扬中华优秀传统文化与增强国家文化软实力的核心内容

价值观是社会主义核心价值体系的集中体现，它所倡导的基本内容，对意识形态和社会共同理想目标、民族精神和时代精神、个人行为规范和社会心理等都给出了明确的价值原则与价值判断，具有不可替代的高度的凝聚力。"任何民族、任何国家最长久的发展动力最终源自社会的核心价值观。国家文化软实力对内突出体现在民族凝聚力上，而凝聚力的强弱取决于核心价值观在国民中的认可度。"[1] 能否自觉培育和践行充满正能量的核心价值观是判断国家文化软实力强弱的根本标准。因此，提高中国文化软实力的第一要务，就是培育和践行社会主义核心价值观。习近平总书记审时度势，反复强调，"核心价值观是文化软实力的灵魂、文化软实力建设的重点。这是决定文化性质和方向的最深层次要素。一个国家的文化软实力，从根本上说，取决于其核心价值观的生命力、凝聚力、感召力"[2]。历史和现实都表明，将构建具有强大向心力的社会主义核心价值观作为凝魂聚气、强基固本的基础工程，关系到国家文化软实力思想道德基础的塑造与不断夯实。

社会主义核心价值观体现了古圣先贤的思想，推进中华民族不断前行，必须紧跟时代步伐，继承和弘扬中华民族精神与优秀文化，尤其是其中的传统美德。中华传统美德中爱国主义和自我认同是中华文化精髓，蕴含着丰富的思想道德资源，可以提升价值观自信，增强文化凝聚力。

## 二　爱国主义

爱国主义对中华民族价值观念产生统摄作用，对民族文化心理产生激发、认同作用，增强中华民族凝聚力和国家文化软实力，推动中国社会进步和中国文化发展。自古以来，爱国主义所具有的整体观念、社会责任感与历史担当意识的本质永恒不变。爱国主义也

---

[1] 张国祚：《中国文化软实力研究论纲》，社会科学文献出版社2015年版，第54页。
[2] 《习近平谈治国理政》第1卷，外文出版社2018年版，第163页。

是一个历史范畴,其具体历史使命和任务各有不同。爱国主义的发展变迁与调适经历了若干阶段:古代文化格局中以心怀天下、促进统一为使命;近代以来以实现中华民族伟大复兴为使命,其具体实践途径包括近代中体西用论和民族主义、全球化背景下的改革开放以及新时代的中国梦。

(一) 爱国主义的本质

爱国主义是国家赖以生存与发展的基本精神,是维护祖国统一、民族团结和推动社会历史发展的强大力量。就内涵而言,爱国主义包括对乡土家园的依恋,对文化传统与伦理习俗的热爱,对政治共同体的认同。爱国主义深深地将人们凝聚在"国家"的层面之中。自古以来,爱国主义的本质永恒不变。爱国主义自始至终饱含着人们对自己祖国和家乡故土的浓烈的归属与认同情感,蕴含着浓郁的整体主义精神,渗透出强烈的群体本位意识。从个体与群体的关系而言,爱国主义倾向于群体利益具有优先性,维护国家的整体利益是最高利益。例如,在处理个人和国家之间的关系时,提倡个人的命运与群体的未来发展息息相关,个人或局部的利益同集体或国家利益相比,是第二位的。从本质上说,爱国主义本身具有的这种对政治共同体认同的整体观念,不仅是中华民族在世界历史中历经艰辛磨难而依然巍然屹立的根本原因之一,也在长期的社会历史发展中逐步演变为中华儿女价值取向的思想支援。

爱国主义与民族凝聚力密不可分,是民族精神的核心。随着爱国主义内涵的丰富与发展,逐渐延伸为关注国家和民族利益、以天下为己任的社会责任感与历史担当意识,这也是爱国主义一以贯之的本质。"空谈误国,实干兴邦。"数千年来,正是这种建立在民族认同价值观念基础之上的爱国情感和民族精神成功打造了和正在打造着华夏儿女的道德情怀和文化身份。这种民族基本精神能够有效鼓舞全族成员为民族利益而奉献、奋斗,使得全族民众在抵御外来侵略、维系民族团结、维护祖国统一的民族历史进程中产生向心力,

## 第四章 弘扬中华优秀传统文化与增强国家文化软实力的核心内容

由此构筑起强大的民族文化凝聚力。

在中华民族的发展历史进程中，爱国主义始终以整体主义精神、社会责任感与历史担当意识贯穿始终，成为爱国主义发挥凝聚民族精神功能的核心要素。同时，它也是一个历史范畴，有具体的对象、内容、形式。作为一种历史文化传统，爱国主义发挥了巨大的民族凝聚力作用。随着时代的变迁，爱国主义的使命和任务不断变换。在新时代，爱国主义更具开放性，不仅体现在政治、经济、文化中，还更多地体现在现实的工作、生活、社会等领域。

（二）古代文化格局中以心怀天下、促进统一为使命的爱国主义

在厚重的历史积淀而成的传统文化中，爱国主义也是其重要的组成部分。从"苟利国家生死以，岂因祸福避趋之"到"先天下之忧而忧，后天下之乐而乐"，无不体现了古人为国家而舍小我的爱国主义情怀。中华传统文化博大精深，形成了以儒家为代表，儒释道三足鼎立的局面，其中儒家因其满足了新兴地主阶级的利益，而被统治阶级所青睐。到了汉代，更有了"罢黜百家，独尊儒术"的大一统局面。各家思想虽不尽相同，但其实质都是为了促进国家的统一和富强，从而体现了中华传统文化中深厚的爱国主义传统。

先秦时期是爱国主义的形成时期。先秦时期是我国文明和文化发展的大繁荣时期，也是爱国主义思想初步形成时期。在思想文化上，"百家争鸣"的出现，各学派思想相互激荡和融合，促进了思想的发展。同时由于当时的社会背景，诸侯国林立，人民经常饱受战争的苦难，这也造就了当时思想家心怀天下、济世报国的思想。因此，在这一时期，爱国主义成为其思想发展的主线。究其爱国主义思想的精髓，大致体现在以下三方面，即心忧天下的忧患意识、天下为公的爱民情怀以及舍生取义的义利观。

首先是忧患意识。忧患意识来自对"时艰"的反思。春秋战国时期，小国林立，为争夺土地和劳力，国家之间战事频繁，百姓也饱尝战争之苦；再加上当时生产力落后，致使民众生活艰辛。这就

使得社会矛盾进一步加剧，社会危机也日渐加深，让人担心、思虑的人和事层出不穷，于是忧患意识也更加炽盛，推升出"君子有终身之忧"的基调，成为孔孟思想的特征。儒家的理想是心系天下，兼济入世，强调普遍利益高于个人利益。孔子一生克己复礼、弘扬与践履仁学、重建礼治社会，充分反映出他敢于承担历史使命的勇气和毅力，具有强烈的历史责任感和时代使命感，即历史担当精神。这种历史担当精神的感召，鞭策着近代以来无数志士仁人为民族独立、国家富强而甘洒热血写春秋。孟子提出知识分子的人格理想，不是成为"忠诚的仆人"，而是成为具有独立自主的道德意志和具有审美意识的感性品格的行为主体。孟子提出仁、义、礼、智、信等道德品格不是外在服从"命"，而是内在的"性"。它表现出由神意天命的他律道德向自律道德的转化，突出了个体的人格价值及其所担负的道德责任和历史使命。这也表现在生死关头临界上的主体自我选择，具有矛盾性质的两方面要素交融在一起，使"修身""正心诚意""内圣"与"治平""齐家治国""外王"，彰显出具有对立特征的差异关系。

其次，儒家宣扬先公后私和先国后家，这是天下为公的爱民情怀的体现。公与私的划分标准是利益主体、对象是普遍、群体还是特殊、个体，前者为"公"，后者为"私"，二者具有鲜明的界限和显著的差异性，其所涉及的是两种完全各异的领域。如孟子的"方里而井，井九百亩，其中为公田，八家皆私百亩，同养公田"就展示了公与私的显著分歧。古代思想家，尤以儒家先哲们为代表，大都表现出明显的重公轻私的倾向。大多数思想家均认为"大公无私，天之道也"，即大公无私思想品格是符合自然法则与宇宙规律的；此外，受"天下为公"情怀的启迪，先哲们将"天下为公"作为理想社会的一种崇高境界。

最后，舍生取义的义利观。对"义"与"利"的讨论与阐述，先秦儒家的贡献尤为突出。义利之辩，乃儒者第一义。孔子说："富

## 第四章　弘扬中华优秀传统文化与增强国家文化软实力的核心内容

与贵人之所欲也，不以其道得之，不处也。不义而富且贵，于我如浮云。"（《论语·述而》）孟子曰："鱼我所欲也，熊掌亦我所欲也，舍鱼而取熊掌者也。生亦我所欲也，义亦我所欲也，二者不可兼得，舍生取义也。"（《孟子·告子上》）在义利之辩中，先秦儒家论述颇多的是道义高于生命，群体利益高于个体生命，这是先秦儒家对整个人类社会历史思想文化的重要贡献之一。作为历史上爱国主义英雄的座右铭，"舍生取义"这一核心价值观念像一条红线一样贯穿于中国社会历史之中。苏武牧羊，不辱使命，不失气节；岳飞抗金，精忠报国；文天祥浩然正气，宁死不屈；林则徐虎门销烟，护国御强。这些受到世人们千古敬仰的民族英雄人物，无不具备舍生取义的爱国主义精神和价值观。

秦汉至近代是爱国主义的发展时期。秦汉建立起统一的中央集权国家，逐渐形成家庭本位的封建君主专制社会与严格的等级秩序，爱国主义驶入一个新的历史发展阶段。西汉，董仲舒提倡"罢黜百家，独尊儒术"，奠定了儒学独尊的历史地位，虽然西汉初年黄老之学得到推广，魏晋年间，佛学盛行，但是这些都没有动摇儒学的主流地位。不仅如此，儒学在吸收和借鉴了道家和佛教的观点之后，自身也在不断地创新和发展。中华文明传承不息，如果把中国历史的延续归因于中华传统文化的强大凝聚力，那么其中的爱国主义精神在捍卫统一不受外来干扰方面功不可没。

由于封建集权的高度统一，这一时期的爱国主义实际上与血缘、家族相统一，等同于亲缘认同与地域认同。基于此，"忠"与"孝"得以密切地相互联系，构筑"家国一体"的社会历史模式。就"忠"来说，事君以忠。"忠"，敬也，尽心曰忠。这里的忠可以理解为地理空间概念，如此，"心"置于"中"为"忠"。顾文思意，"忠"即是心怀端正，不偏不倚的适当与中正之意，由于"忠"表征尽己与无私的品格，得到中国古代社会统治阶级的赞赏，将其作为规范君臣关系的行为准则。而所"忠"之"君"既指作为个体存在的统治者,亦指作为整体存在的国家,因此,君与国家呈一体化趋势,"一人定国,一言偾事","忠君"不仅烘托了社会与国家的利益,同时也极大地强化了君主专制。就"孝"来说,尊老事亲为孝。在中国古代社会,孝以调节家族、家庭乃至社会关系的道德准则的形式出现,大体有三层含义。第一是要求赡养父母,尊敬父母。"己敬"是孝的起点,"他敬"是孝的影响。孝的第二个要求是不能违背父母意志。正所谓"身体发肤,受之父母,不敢损伤"。第三是要祭亲,这是孝的持续。"祭者,所以追养继孝也。"(《礼记·祭统》)祭亲应该由亲生子女执行,因此古代特别重视香火的传递,以保证父母常享祭礼。忠与孝之间有着不可分离的内在联系。君位世袭的封建社会,父子关系兼着君臣关系,忠孝是一体的。事亲如事君,忠君与爱国一体,显现出忠君报国的思想内涵与特征,成为这一时期爱国主义的主要内容,促进了中国封建社会保持一个长久的稳定和繁荣。

(三)近代以来以实现中华民族伟大复兴为使命的爱国主义

传统根植于社会生活历史发展的积淀,不免带有时代的局限性,古代爱国主义精神是在封建专制体制的基础上构建起来的。时至今日,爱国主义仍然是中华民族精神的精髓,但其内涵随着时代和体制的改变而发生了翻天覆地的变化。爱国主义的历史使命就是"实现中华民族的伟大复兴",但是其现实的实践途径不尽相同,具体可划分为三个阶段。自1840年以来,鸦片战争打开中国的大门,爱国主义主要通过以"中体西用"为核心的体用论与民族主义体现出来。

在"中体西用"中,"体"是内在而根本的,主要以儒家的伦理名教为核心;"用"是"体"的外在表现,泛指西方的科学、技术、制度及民主思想等文明。但是由于当时所受的军事威胁迫在眉睫,这里的西学被狭隘地理解为道统之外的先进科学技术及其科学理论。它"在中学和西学兼蓄并融的文化结构中,以突出中学的主导地位为条件，确认西学的辅助之作用"①。当然，强调中学为"体"只是形式上的重点，究其实质而言，重点却在于强调西学为"用"。"洋务运动"是"中体西用"的第一次尝试，前期以"自强"为口号，学习西方，兴办了一系列的军事工业；到了后期则以"富国"为口号，提倡和大力发展工矿、贸易、交通、电讯、金融等实业。但是由于清政府长期的守旧和腐败，这一运动最终以失败告终，北洋舰队全军覆没，也宣告了其破产。值得注意的是，后期这种重商主义的形成，彰显出学习西方发达国家先进思想文化的趋势取得了实质性的进展。维新变法运动旨在通过学习西方资本主义的议会制度，从政治制度层面上改变当时的中国状况，但是随着"戊戌六君子"的牺牲，最终也宣告失败。虽然两次尝试都以失败告终，我们还是应当承认"中体西用"带来了社会价值观的巨大变化以及技术观上的根本转型。这主要表现在以下三点。首先，就中西技术差异而言，突破了"天朝上国"和"蛮夷之地"的思维模式，并且迈出了"师夷长技以制夷"的步伐。其次，就道器的本末关系上，开始重视器具的重要性，突破了"重道轻器""惟文为尚"的传统。最后，国家的权力与财富获得了前所未有的重视，"目的论"思想开始在中国占据一席之地。这样就使得中国重视传统而拒斥变革的思想发生了松动，从而大大促进了中国变革的张力，也成为中国现代化的萌芽。

晚清民国之交，中华民族遭遇了一场绝无仅有的国家危难，这是一次包含了经济的、政治的、外交的总体性危机。这场民族危机激发出当时中国人的强烈的民族救亡意识，人民普遍地有意识地将国学的探讨与中华民族的国家命运相关联，国学逐渐地成为抒发民族情怀的重要途径之一。黄节阐释了国与学的关系问题，他说"立乎地圜而名一国，则必有其立国之精神焉，虽震撼掺杂，而不可以

---

① 邱若宏：《从"师夷长技"到提倡"格致之学"——论近代前期的科学思潮》，《中南大学学报》2005年第4期。

灭之也。灭之则必灭其种族而后可。灭其种族，则必灭其国学而后可。……学亡则亡国，国亡则亡族"[1]。邓实也主张"国以有学而存，学以有国而昌"。"是则学亡之国，其国必亡，欲谋保国，必先保学。"[2] 在深重的民族危机之下，这些观点均指出国家与国学是相互统一、相互促进的关系，国学促进国家不断发展，国家推进国学繁荣昌盛。梁启超也认为"今正当过渡时代苍黄不接之余，诸君如爱国也，欲唤起同胞者爱国心也，于此事必非可等闲视之矣"[3]。《国粹学报》的志向就是"保种、爱国、存学"。可以看出，国学的根本就是伸张国家大义之学。

辛亥革命以后，存在于中国两年多年的封建君主专制政体得以瓦解，建立起议会民主政体，不断推进中国的现代化进程。袁世凯的帝制复辟使得革命果实被窃取，在一定程度上改变了人们的思想。在接下来的社会历史进程中，人民一致反对想做皇帝或复辟帝制这种开历史倒车的行为，打破了中国传统的"忠君即爱国"的爱国主义模式。不仅如此，当时的中国迫切需要注入新的思想和活力，以促进人民的觉醒。传统的"华夷之辨"的狭隘民族主义思想也进一步转变为中华民国的"五族共和""五族平等"的民族原则，构成了中国近代民族主义思想。近代民族主义包括由浅至深的三个层次，依次体现为排外、拥护本国固有文化、建立民族国家。第三个层次是最高等的也是最艰难的，因此一般的民族主义运动常常先达到前两个层次。中国近代的民族主义融入爱国主义，各族人民团结起来共同反帝反封建，振兴中华成为爱国主义的历史使命。

俄国十月革命的胜利给中国人民指出了另外一条救国救民的道路，推动了中国反帝反封建追求民族解放的历史进程，而外交上，

---

[1] 黄节：《国粹学报叙》，载桑兵等《国学的历史》，国家图书馆出版社2010年版，第17页。

[2] 邓实：《拟设国粹学堂启》，载桑兵等《国学的历史》，国家图书馆出版社2010年版，第81、89页。

[3] 梁启超：《论中国学术思想变迁之大势》，《饮冰室合集·文集之七》，中华书局1989年版，第3页。

## 第四章　弘扬中华优秀传统文化与增强国家文化软实力的核心内容

巴黎和会的失败也使得中国认清了被侵略这一屈辱的现实，在这样的背景下，1919年，五四爱国运动应运爆发，这是一场中华民族的自觉运动，也是时代发展的必然。五四以后，绝大多数知识分子或者走共产党领导下工农结合的道路，接受马克思主义参加救亡革命；或者从事反动政权下"工业救国""抗日救国""教育救国""卫生救国"的工作，[①] 这成为中国由近代向现代转变的转折点。目前理论界普遍认为，"赤诚的爱国主义精神是五四运动精神的核心"，五四运动将民主、科学、自由、人权等思想融入中华民族的爱国主义精神之中，突破了以往的忠君即爱国的传统思想，从而架构起一种新型的爱国主义，同时这场精神革命也为中国特色社会主义的发展提供了深厚的思想理论基础。

张熙若先生在《国民人格之修养》中提出，个人主义将个人良心作为判断政治是非的最终标准，可以养成忠诚勇敢的人格，在任何政制下都具有最大优点和最高价值。伟大的事业需要有伟大人格者才能胜任，如果能多多培养这种人才，国事不怕没有人担负。他认为五四运动的重要现实意义是通过思想解放推动个人解放，从而产生个人主义的政治哲学，它的精髓是承认个人的思想自由和言论自由。按照杜威先生的观点，个人主义分为为我主义（Egoism）和个性主义（Individuality）两种，前者的性质是认为自己的利益高于群众的利益，即假的个人主义；后者的特性是独立思想，不怕权威，对自己思想信仰及其结果负完全的责任，即真的个人主义或"健全的个人主义"。这种个人主义产生的根源，从逻辑上说是冲破封建主义网罗之后，社会未形成新的人际关系结构、新的社会意识和未意识到社会历史使命之前，所以是一个"个人"。所以这种个人主义实际上是一种无阶级意识的现象，是五四新文化运动反封建斗争的胜利成果，但它对于马克思主义关于无产阶级的社会历史使命观点来

---

① 黎澍：《关于五四运动的几个问题》，《纪念五四运动六十周年学术讨论论文选》，中国社会科学出版社1979年版，第282页。

说，显然是落后的。毛泽东在1929年所批判的个人主义，其含义主要是"完全从个人观点出发，不知有阶级的利益和整个党的利益"。马克思主义要求无产阶级必须具有阶级意识，个人必须首先服从阶级斗争的利益，才会获得个人的利益，脱离阶级利益的个人利益，在阶级社会中是不存在的。当然，毛泽东认为对个人主义的文化意义不可作庸俗的理解，即不反对个体自由和个体存在，亦尊重作为个体自由和个体存在的前提的生存权利和生存条件。

总而言之，中国的现代化并不是在社会内部成熟条件下产生的，而是对外来刺激和挑战的应激。"中体西用论"的产生和发展，在一定程度上根源于对现代化的表面认识。而在当代中国，现代化的推动，应从本国家和民族自身实际情况出发，依托本土文化，将其作为内在的驱动力，并借鉴欧美技术、制度和思想体系中合理的成分，创造出新的"体"和"用"，才能促进中国现代化的健康发展。

在全球化进程的冲击下，以改革开放为实践途径。至1949年新中国成立，现代爱国主义则是在社会主义制度的基础上发展起来的，其主要表现为爱祖国的大好河山，爱自己的骨肉同胞，爱祖国的灿烂文化以及爱自己的国家。新中国成立初期，由于战争的影响，国家的经济遭到了严重的打击，当时的主要任务是尽快地发展经济，使中国发展步入正轨。因此，这一时期爱国主义主要体现在广大人民群众对经济复苏和建设的努力上。1953年，中国执行了第一个五年计划；1956年社会主义三大改造基本完成。此后，党领导全国人民全面投入社会主义现代化建设中来，并努力探索社会主义现代化建设的道路，不断积累经验和总结教训，这些经验和教训成为我们之后道路选择的重要依据。

中国的爱国知识分子在丰富的文化传统与深受帝国主义殖民主义压迫的大环境中造就了他们坚定而强烈的特性。"中国的马克思主义是爱国志士向西方寻求救国救民的真理，救亡图存的爱国主义，

## 第四章　弘扬中华优秀传统文化与增强国家文化软实力的核心内容

由此而引发为促进中国现代化。"① 始于1978年的改革开放，使得中国由一个尚有2亿人生活在贫困线下的国家，变成了一个经济繁荣，有着活跃市场的强大经济体。中国在迈向工业化的道路上飞速前进，成为世界工厂，但正如邓小平同志指出的，发展起来以后的问题不比发展时少。欧风美雨的侵袭，使我们越来越意识到爱国主义的重要性和紧迫性。近年来，人民群众的爱国热忱也高度上涨，钓鱼岛问题上的决不让步，汶川地震中的携手相助，以及汉字听写大会的热播等，都从不同的方面体现了爱国主义。冯友兰先生提出哲学理论体系的研究与探索应当关照国家的文化建设与民族的振兴繁荣，"择其善者而从之，其不善者而改之。……从之改之结合起来，这个民族的特色就表现出来了。……'阐旧邦以维新命'，余平生志事盖在斯矣"②。冯友兰先生把学术探索与国家命运联系在一起，指出中国知识分子应当继承和发扬积极参与国家发展振兴的传统意识。冯先生的爱国主义精神贯穿于他的一生，成为他促进中国文化发展的动力。

20世纪90年代以来，全球化的影响不断加大，深入各个国家的经济、政治、文化、教育、科学等领域。随着全球化这一趋势，爱国主义的内涵也逐渐扩展，如何在此趋势中维护民族国家独立性、维护民族文化独特性被提升为主要内容。在全球化的背景下，国家主权、国家利益和国家意识都受到了一定的影响，爱国主义也必然会受到相关影响。例如，人口资源的全球流动扩大了爱国主义的外延；人的异化在一定程度上削弱了爱国主义的情感基础；国家间利益的博弈左右了爱国主义行为。但毋庸置疑的是，在这一历史条件中，抵御全球化的离心力，爱国主义与民族认同相契合是时代发展的必然趋势，提升民族的凝聚力和国家的认同感依旧是爱国主义的重要思想内核。

---

① 任继愈：《冯友兰先生对中国哲学的继承和发展》，《齐鲁学刊》1996年版，第4—7页。
② 《冯友兰学术论著自选集》，北京师范学院出版社1992年版，第9、10页。

第三阶段，新时代以中国梦为鲜明主题的爱国主义。新时代的爱国主义与传统一脉相承，又具有新的特色，是中华传统爱国主义的创造性转化、创新性发展。习近平总书记强调"实现中华民族伟大复兴的中国梦，是当代中国爱国主义的鲜明主题"[1]。实现中华民族伟大复兴的中国梦是近代以来全体中华儿女的共同梦想，也是爱国主义的核心内容，这一目标仍然是新时代爱国主义的主题。中华民族的伟大复兴既是伟大梦想，又是伟大运动，也是新时代爱国主义的主旋律。习近平总书记指出"爱国主义始终是把中华民族坚强团结在一起的精神力量，改革创新始终是鞭策我们在改革开放中与时俱进的精神力量"[2]。将爱国主义与"两个一百年"奋斗目标相联结，使爱国主义在新时代焕发出新的生机与活力。中国梦是强国梦，复兴梦，同时也是幸福梦。"行百里者半九十"，我们距离实现中华民族伟大复兴的目标越来越接近，此时需要更多的信心和加倍的努力。同时，在一个国家里，民众所希望的不仅仅是物质上的富裕，还有人的价值在国家生活中的体认，这是中国梦最具有生命力的成分，也是爱国主义最真实的体现。中国梦的本质是"国家富强、民族振兴、人民幸福"。习近平总书记提出深化中国特色社会主义和中国梦的宣传，就要"高扬爱国主义旋律"，加强爱国主义、集体主义、社会主义教育，"引导人们树立正确的历史观、民族观、国家观、文化观"[3]。民族复兴中国梦不仅为爱国主义提供了理性目标、价值导向，也更加凸显了爱国主义的伦理实践意义。

新时代的爱国主义的主题发生了超越性创新，以人为本的主体性原则成为爱国主义的应有之义。在任何一个历史阶段，人不仅是社会发展的主体，同时也是爱国主义的主体，今天我们要建设中国特色社会主义，仍然需要以人为主体。进一步而言，这里所讲的人

---

[1] 《习近平关于社会主义文化建设论述摘编》，人民出版社2017年版，第137页。
[2] 《习近平谈治国理政》第1卷，外文出版社2018年版，第40页。
[3] 《习近平谈治国理政》第2卷，外文出版社2017年版，第351页。

## 第四章 弘扬中华优秀传统文化与增强国家文化软实力的核心内容

的内涵发生了变迁,既包括个人,也包括人民的含义,体现的是个人利益与人民利益、国家利益在根本上相统一的价值观念。此外,新时代爱国主义的"国"指的是人民当家做主,在本质上与传统"忠君"的狭隘民族主义思想具有差异性。基于此,"多民族统一"的基本国情没有发生变化,但"忠"的含义在延伸,从国家延伸至社会和人际关系范畴。与忠相反,随着中国家庭的逐渐缩小,"孝"涵盖的范围由大逐渐地变小,其在传统社会所具有的"天之经,地之义,民之行"的社会职责消失了,这也是适应我国的国情。古代的"孝道"在新时代的社会生活中缺少可操作性,或者会自然消失,或者需要用新的规范予以取代。

新时代爱国主义还体现在文化建设方面,通过培育与践行社会主义核心价值观,彰显文化自信。社会主义核心价值观是我国社会主义意识形态的本质体现,是和谐文化建设的根本,也是国家文化软实力建设的灵魂和精髓,在文化软实力建设中居于统摄和支配地位。"在每个民族国家,统治本身和外交政策的制定都是在一种文化背景下发生的。"[1] 一个国家要想把全社会的意志和力量凝聚起来,就必须有一套与其经济基础和政治制度相适应的核心价值体系。社会主义核心价值观是社会主义核心价值体系的集中体现,它所倡导的基本内容,对意识形态和社会共同理想目标、民族精神和时代精神、个人行为规范和社会心理等都给出了明确的价值原则与价值判断,具有不可替代的高度的凝聚力。习近平总书记强调要"深入挖掘和阐发中华优秀传统文化讲仁爱、重民本、守诚信、崇正义、尚和合、求大同的时代价值,使中华优秀传统文化成为涵养社会主义核心价值观的重要源泉"[2]。社会主义核心价值观体现了古圣先贤的道德思想和中华文化精髓,蕴含着丰富的爱国主义资源,可以提升

---

[1] John P. Lovell, "The United States as Ally and Adversary in East Asia: Reflections on Culture and Foreign Policy", in Jongsuk Chay, ed, *Culture and Internations*, New York, 1990, p.89.

[2] 《习近平谈治国理政》第1卷,外文出版社2018年版,第164页。

价值观自信，增强文化凝聚力。

新时代爱国主义精神还通过"创新、协调、绿色、开放、共享"的新发展理念得以体现，落实到具体行动上，转化为爱国报国之举。当代爱国主义的集中体现是广大人民为祖国繁荣富强所做的不断努力以及强烈的民族自尊心和自豪感。进入21世纪以来，中国的GDP不断上升，并超过日本，跃居世界第二位；"嫦娥三号"的成功发射，标志着中国的航天技术发展到了一个新高度；莫言和屠呦呦分别问鼎诺贝尔文学奖以及诺贝尔生理学奖，体现了国人的文学素养和科学成就。所有这些，都使得当代的爱国主义更加具体和丰满。

总而言之，伴随着时代的发展，爱国主义的主题和客体都发生了历史变迁。就爱国主义的主题而言，古代中国的爱国主义主要表现在忠君爱国上；近代以来中国的爱国主义的主题转变为中华民族的伟大复兴。具体通过救亡图存、抵御外侮、改革开放、中国梦等路径得以实现，其特质是对民族文化的认同与对政治共同体的国家的认同的有机统一。就爱国主义的客体而言，"爱"的对象是"国"，先秦时期的"国"包括"国家""诸侯国""天下"等诸多相似的概念，其中"天下"概念超越了君主政权和宗法集团，蕴含更广泛的公共性质和社会意义，是传统思想资源创造性转化、创新性发展的核心。自近代开始，民族独立的现实实践将爱国主义同中国共产党的领导相统一；民族复兴的伟大理想将爱国主义同社会主义道路相联系。在新时代的中国，国家就是与中国共产党的领导、与社会主义制度紧密联结的有机统一体，爱国主义就是坚持中国共产党的领导，拥护中国特色社会主义制度和道路。新时代爱国主义的"国"继续定位于"以天下为己任"的社会责任感，习近平主席提出的"人类命运共同体"思想将国家与世界相结合、将爱国意志同人类责任担当相结合，呈现出新时代的新型国际关系、新型义利观和新型文化认同。新时代中国特色爱国主义超越了传统爱国主义的自然情感，成为新时代中国凝心聚气、改革创新的思想精神动力。

## 三 自我认同

自信的前提是自我认同。关于自我认同问题,国外从20世纪50年代即"二战"以后开始探讨;20世纪90年代末,经济全球化与信息网络化的步伐进一步加快,我国学者开始关注全球化语境中的自我认同问题。大多涉及多元文化共存语境中的文化整体观念与结构、世界格局中西方文化的历史中心观念、中国的文化现实与文化心理,寻找民族文化自我认同的宝贵资源。从当代意义看,民族复兴中国梦需要以中华文化发展繁荣为根基,文化强国建设需要以独特的文化理念做支撑。越是民族的就越是世界的,文化复兴呼唤全民族的文化创新活力。这需要从弘扬民族精神、凸显中华性的角度,提出解决当前中国面临的自我认同危机,需要建构有中国特色、中国风格、中国气派和中国魄力的自我认同。

(一)涵养整体观念的民族文化自我认同

在英语世界中,认同与身份是一个词,即 identity,这个词起源于拉丁文 idem,是"相同"(the same)的意思。自我认同即自我身份,即主体对自我文化身份、角色、地位、关系的一种认识、定位和把握。吉登斯在《现代性与自我认同》一书中指出"自我认同是指个体依据个人的经历所反思性地理解到的自我"[1]。由此可见,自我认同是主体在反思性理解中寻求过去、现在、未来的连续,不仅是在时间上体现自我精神品质和内在精神秩序的延续性,还表现在自我存在的身份感和归属感的持续性。自我认同的主题是自我身份及其正当性问题,具体包括"自我的扩大"和"自我的界定"两个方面:一是将"自我"由"我"扩大为"我们",并确认"我们"的共同身份;二是通过自我的界定,划清"我们"与"他们"之间的界限,这两个方面不可分割。吉登斯自我认同理论的致思方式,

---

[1] 吉登斯:《现代性与自我认同:现代晚期的自我与社会》,赵旭东等译,生活·读书·新知三联书店1998年版,第275页。

超越了基于孤立个体寻找自我认同的路径,实现了自我认同从个体性向关系性的转变。从中华传统文化的主流看,与道家从自我认同走向个体逍遥不同,儒家主张由成己而兼善天下,墨家提出兼爱,其所突出的群体原则显然更加强调群体认同与民族国家认同。二者具有相通性。

"民族国家自我认同"与"民族国家"不完全重合,因为在大多数国家内部,常常存在不同的民族或族群,他们往往拥有各自的文化认同,例如个人的、群体的或社区的文化认同,在本质上是多元的。汤姆森提出:"政治意义上的归属于一个国家、拥有一本护照,远不足以厘清认同的问题。"①"如果无视民族国家内部文化认同多元的事实,而强行把他们统一于单一的民族国家认同,就可能造成民族国家内部的文化压迫。"② 可见,在谈及自我认同时,理所应当考虑两个层面的问题,一是尊重民族国家内部不同的文化、捍卫不同的文化选择,尊重各民族、群体或阶级的不同文化认同;二是在全球化时代、跨文化交往过程中,要将民族、国家作为文化交往的载体,强势文化不能依仗自身的文化优势对弱势文化进行歧视和压迫。本研究在关于自我认同的各种论述中,侧重于强调以民族国家为基本的论述框架,进而在一个开放、动态的过程中辨析自我认同的实质和内涵,以求为跨文化交往中的自我认同提供可能的道路。

文化认同是自我认同的核心。美国学者亨廷顿以美国为例,指出美国的核心文化或主流文化是盎格鲁—新教文化,如果这种文化遭到解构,美国将会有衰落与分化的危险。③ 这一论述恰恰说明,若这种文化是构成美国的最根本最核心的"自我",当濒临失去此种

---

① 汤姆森:《文化帝国主义》,冯键三译,时报文化出版公司1994年版,第140页。
② 陶东风:《全球化,文化认同与后殖民批评》,载王宁《全球化与文化:中国与西方》,北京大学出版社2002年版,第344页。
③ 亨廷顿:《谁是美国人?——美国国民特性面临的挑战》,程克雄译,新华出版社2010年版。

"文化认同"之时，美国便不再是美国。在精神分析学家弗洛姆看来，对人的心理发展具有十分重要意义的诸如语言、信仰、传统、观念及族群等要素均应纳入"自我"的范畴，若对此类事物进行攻击，在心理层面上看，实际上即是对具有这类文化属性的人的"自我"攻击。"自我认同"是一个国家、一个民族乃至一个生命个体对于自身文化的一种自信、自觉、热爱并饱含情感的心理体验。这种心理体验是一个民族或国家在发展过程中不可或缺的重要因素，同时也是文化复兴的内在根基。

文化是一个民族的灵魂，文化自我认同是民族复兴的重要维度。西学东渐以来，中华传统文化遭受了前所未有的冲击和挑战，在很长一段时间内，中国社会缺乏一种得到全民族认同的价值观体系。随着新中国的成立，尤其是改革开放以来取得的巨大成就，表明中华传统文化依然具有魅力，是中华文化伟大复兴的起点。但是我们也不能妄自菲薄与尊大，当代中华文化复兴之路应当是一条文化创新之路。

（二）中国古代以儒学为主导的文化格局与自我认同

对于自我认同的探讨，吉登斯的自我认同理论为我们增强自我反思与自我批判能力，通过对内在参照系统的内向用力形成连续性自我反思性，形成自我认同，提供了一个必要前提和理论铺垫。吉登斯借助米德的社会符号学观点提出自我认同是"主我"和"宾我"的分化，是作为反思性理解的自我；这样，对"我"的理解肯定会依据文化的改变而改变。自我认同不是在行为和他人反应中虚构的，而是在持续的历史进程中与他人保持有规则的互动中被开拓出来的，因此要维持自我认同感，必须要清醒地确认我们来自于何处。在中国古代，传统文化形成以儒学为主导的文化格局，春秋战国时期，百家争鸣，儒家为诸家之一；秦汉时期，儒生遵循守旧思想以古非今，儒家思想因其不能为封建统治者服务而遭到压制；直到西汉时期政治统一后，儒家思想才确立正统地位，成为主导的核心价值观。

从实践层面看，人们对文化的自我认同根源于人们从事共同的物质生产活动，遵循共同的社会制度和行为规范，形成共同的利益追求和价值取向，这成为人们能够形成共同的自我认同的根源。就"以道德代宗教"的中华传统文化而言，以孔子为代表的儒家是作为其"道德中心"而存在的。因此可以在一定意义上讲，以"仁"为最高道德意识的儒家思想是中国古代自我认同的最充分体现。在儒家思想中，对于自我与他者的关系问题上，可以从两个方面进行考虑。一是从个体身份认同方面考查，讲的是个体对自我身份的追寻和界定。孔子说："德之不修，学之不讲，闻义而不能徙，知不善而不能改，是吾忧也。"（《论语·述而》）这里提出的"修德，讲学，向善，改过"便是儒家所倡导的做人的基本准则，也是实现自我身心和谐与自我身份建构的根本途径。通过人们自觉和自律的行为方式，最终实现社会普泛和谐的生活方式；而这种自觉和自律则是通过道德教化的作用和约束才能完成。在伦理本位的社会中，适时地通过强调个体内在人格的和谐与平静，来获得社会的稳定与和谐，并进而形成一种稳定的社会秩序与行为模式。在这样一种规范化社会行为模式下，个体的自我身份认同就不得不依赖于一种强大的社会秩序，从而推出自我认同的另一个方面。"儒家一向推崇社群化的伦理标准，尊奉权威，敬顺长上，把责任和义务看得比权利更重要，其社会图式也易于从象征权位、血统的宗法人伦关系中吸取有关秩序的思想，并将这些观念伸展到家庭、社团、教育、礼仪、亲情等大众伦理的范畴，以维持既定的秩序。"[①] 从群体方面而言，儒家讲求孝顺的家庭伦理观为代际关系提供了基础。推及人人关系，则提倡以"仁"为本。儒家主张通过忠恕之道来实现"仁"，进而建立和谐的人我关系。"恕"从他者的立场出发，倡导"己所不欲，勿

---

① 李建华、周萍：《官德：身份伦理的视野》，《湖南大学学报》1999年第2期。

## 第四章　弘扬中华优秀传统文化与增强国家文化软实力的核心内容

施于人";"忠"从自我的立场出发推及他者,倡导"己欲立而立人,己欲达而达人",从自我与他者的互动实现和谐的人我关系。

在中国古代社会中,自我与他者的关系主要表现为自我与天下的关系。要论及中国古代天下与自我的关系问题,自然也离不开对"仁"的道德追求的探究。主要原因在于,中国人最早将道德价值和人间秩序归于"天"或"帝",但随着历史的进步与发展,"人"的分量逐渐增大,正所谓"天道远,人道迩"。但孔子及其之后的思想家们并未斩断作为人间价值超越性源头的"天"。孔子将"仁"作为最高的道德意识,但这个内在于人性的意识的源头仍是"天",这一思想在"知我者其天乎""天生德于予"等词句中均有所体现。孟子认为,修成"仁"的方法首先应是心的滋养与醇化。也就是说,在孟子看来"知其性者则知天",倘若人们能够充分扩充自己的心,便能够彻底地实现其人性,倘若人们能够彻底地实现其人性,便能够知天。孟子提出此观点的主要原因在于其认为,礼、智、仁、义这四大善端均内在于人性,而此性正是"天所以与我者"。既然人性来源于天,便也就此分享了构成万物基础的现实。因此,可以在某种程度上说,自我与家、国及天下建立关系的过程正是个人通过道德的自我修养进而实现人性的过程。这一过程是由人的感受性连续扩展和人的主体性不断深化的双重过程。

自我与天下的关系的重心进一步转化为国家与天下的关系。根据"尊贤使能,俊杰在位……无敌于天下""人有恒言皆曰天下国家"等相关叙述,可以看出,"天下"的概念并非仅属于心理学("得民心者得天下")或地理学(天下的土地),从儒家的道德立场和自我认同来看,"天下"是作为最高的政治文化单位而存在的,它代表着比"国"更为显赫和重要的价值准则。孔子对"礼崩乐坏"的痛心疾首,不仅因其是乱世,更为重要的是当时对"天下"的破坏。在一定意义上也可以说,古代中国的自我认同正是在深刻的痛心疾首中建立与"天下"的联系的。

## (三) 文化危机与近代自我认同

反观当今社会，五四以后，西方社会思潮大量涌入，动摇了以孔子为代表的儒家传统道德的统治地位，废除了儒学的正统地位。尤其在市场经济引入后，传统道德观崩塌，如何重建文化认同成为一个重要课题。基于此，对照中国古代礼崩乐坏后形成的以儒学为主导的文化格局，对于关照当代中华文化的伟大复兴具有重大启示意义。

中国自古就与世界各地开展频繁的思想文化交流，这对于中国文化的发展以及中国社会的自我认同具有巨大影响。例如，佛教文化传入后与中国文化产生碰撞，逐渐融合，并产生一种具有中国特色的宗教文化形态——禅宗，得到广大民众的认同。为了应对佛教文化对传统儒家文化主导地位和儒家文化信仰的动摇与挑战，宋明理学家创造性地发明了儒家的理气论、心性论、圣贤论、工夫论等，通过创新性地发展儒家思想，成功地回应了禅宗文化对传统文化的冲击，重新构建了当时社会文化的自我认同。佛教传入中国后，中华文化并没有丧失自我，而是通过兼收并蓄来丰富自己，这同满文化与中华文化的交融具有本质上的差别。后者是在否定自身基础上的融入，前者是在肯定自我主体地位基础上的融汇，表现出中华文化的同化力和融合力。

鸦片战争以后，中国与西方文化交流的性质发生了根本性转变。由双向的平等的思想文化交流转变为单向的不平等的思想文化输入，包括器物层面、制度层面乃至思想文化层面。究其原因，是因为鸦片战争中，中国的孱弱惨败、西方的坚船利炮给中国人带来了极大的文化震撼，促使他们主动向西方文化学习，追求中国文化的变革。长此以往，层层深入，中国的文化变革逐渐激进，导致自我认同危机。最为典型的是新文化运动中，胡适、陈独秀、李大钊等人提出以"反传统、反孔教、反文言"为中心的思想文化革新运动，导致以儒家文化为核心的中华传统文化陷入认同危机，同时建构起以民

## 第四章 弘扬中华优秀传统文化与增强国家文化软实力的核心内容

主和科学为核心的新的西方文化认同,并逐渐成为中国思想文化发展的新方向。尽管如此,中华文化历来都具有连续性,表现出文化自信。甚至可以说,"中体西用"和"西体中用"都在不同程度上体现出对中华传统文化的肯定。历史上中华文化遭受的挫折只是一个暂时的过程,是矫枉过正的结果,必将随着新一轮的文化反思与文化创新实现文化复兴。

基于由专家系统(expert system)和符号标志(symbolic tokens)构成的抽象系统(abstract systems)的规划、动员、监控,成为自我认同的结构化核心特征。在中、西方文化的相互抗衡、冲撞、对话与融会的过程中,一部分拥有先进思想的民族成员不仅形成了对自身所属族群的民族身份与政治身份的归属感,而且也开始了自身对于民族传统文化的文化自觉与文化认同,他们充分地认识到民族传统文化对于现阶段民族国家的重大意义。以严复为例,他认为国性乃一国得以成立之基础,国性成于文教与教化,故而他主张应体认与尊重以儒家为代表的中华传统文化,这将是更好地建设与发展中华民族的重要前提。对此他提出:"我辈生为中国人民,不可荒经蔑古,固不待深言而可知。……乃至世变大异,革故鼎新之秋,似可以尽反古昔矣;然其宗旨大义,亦必求之于经而有所合,而后返之人心而安,始有以号召天下。"[1] 持相似观点的还有章太炎,提出"孔子之春秋,要在于述行事以存国性……夫国无论文野,要能守其国性,则可以不殆"[2]。

近代以来,诸如此类的对中华民族传统文化的认同,在一定程度上反映出国人对全球化背景下的中华传统文化价值,尤其是对其优秀与精华部分的尊重与体认。作为民族文化自我认同的产物,作为中西交流后与"外来文明""西方文化"的比照,近代还相继地出现了一些与现代国家、现代民族相联系的诸如国学、国粹、国故

---

[1] 王栻主编:《严复集》,中华书局1981年版,第307页。
[2] 《救学弊论·章太炎全集》第五卷,上海人民出版社1985年版,第101页。

及中华文明等词汇。这些词汇及国学讲习会的出现也可以看作是国人强烈的民族文化意识与民族文化认同精神的体现。

这些思想理论对于文化问题的充分认识以及对于中国文化建设任务的明确要求,为建构当代中国社会文化的自我认同提供了理论和实践指引。同时,这些思想理论也反映出中国文化自我认同不仅涉及中国文化的自我建构,还涉及对西方他者的建构,从而形成了新一代国人的自我认同意义的复杂性。这种复杂性也揭示了全球化语境下自我认同研究从整体化、同质化的诠释方式向对象化、动态的诠释方式转变的必要性。

(四)基于自我认同实现文化复兴的路径

现代社会生活的特征是,时空重组与抽离化机制导致固有制度特质变得极端化、全球化,日常社会生活的内容和本质发生转型,自我反思必然在多样性的选择和令人困惑的可能性中才能够完成。在充满不确定性的情形下,信任和风险概念的价值得以凸显。信任可以把潜在偶发事件"搁置"起来,促进自我与抽象系统之间的互动,进而升华为日常实践所渴求的信念。现代性降低了某些领域的风险性,但同时也导入了过去知之甚少或全然无知的新风险,并对自我的亲密关系产生越来越普遍的影响。"传统的控制愈丧失,依据于地方性与全球性的交互辩证影响的日常生活愈被重构,个体也就愈会被迫在多样性的选择中对生活方式的选择进行讨价还价。"[①] 在这方面,新型媒体扮演着核心的角色,这一背景下,自我认同成为一种反思性地组织起来的活动。上述全球化、信息化和数字化风险构成西方高级现代性或晚期现代性的风险文化。

中国的现代性更加复杂,随着对西方主流社会价值观念、文化理念的模仿、学习与趋同,与中国文化传统的离异不断增强。尽管在历史发展中,这种离异体现历史的进步潮流,但由于现实生活中

---

① 吉登斯:《现代性与自我认同:现代晚期的自我与社会》,赵旭东等译,生活·读书·新知三联书店1998年版,第5页。

## 第四章 弘扬中华优秀传统文化与增强国家文化软实力的核心内容

东西方的贫富差距与力量强弱悬殊,国人往往产生对本民族历史文化不认同的民族虚无主义,长此以往将会危及中华民族自身的存在。究其原因,是传统的生活方式发生了颠覆性的解组,人们的人生观和价值观呈现出前所未有的混沌状态,导致无意义感、焦虑感日益增强。一方面,现代性通过解构个体的日常生活经验、权威系统与思想文化,造成个体"自我认同"困境;另一方面,我们的生活进入到一个"复杂联结"的全球化时代,"相互联系和互相依存构成了现代社会生活的特征"①。美国社会学家罗兰·罗伯森指出:"作为一个概念,全球化既指世界的压缩(compression),又指认为世界是一个整体的意识的增强。"② 这将使经济和政治权力集中在小部分人手中,呈现出更普遍的全球身份危机,也使我们今后不得不在全球化语境下来构建策略和采取行动。

"处理好文化的延续性问题,是成功的文化创新的应有之义。"③ 在探索中国文化的出路问题上,要重视中华优秀传统文化与文化遗产,建构国人的民族自我认同,增强民族凝聚力。自我认同强调寻根意识,弘扬具有丰富内涵的中华民族文化,将正在失落的民族历史和文化遗产看作民族精神和民族魂魄,只有立足于本民族的历史文化才是寻求民族生存与民族发展的途径。在复杂的变幻莫测的国际国内环境中,一个国家总是依托自身的文化棱镜,有意识或无意识地将其文化观念作为他们独特的道德伦理和价值取向的选择坐标。在表现中华传统文化和中国元素方面,已经不再仅仅是以东方奇观来获取西方民众的猎奇心理,而是用一种具有东方情调的人类共同的情感渗透到西方人的心灵深处,开启相互隔膜的东西方文化的真正交流。为了解决当前中国面临的自我认同危机,需要建构有中国

---

① 约翰·汤姆林森:《全球化与文化》,郭英剑译,南京大学出版社2002年版,第2页。
② 罗兰·罗伯森:《全球化——社会理论和全球文化》,梁光严译,上海人民出版社2000年版,第11页。
③ 马妮:《当代中国的文化自觉与文化创新之路——从费孝通的文化自觉观谈起》,《社会科学辑刊》2013年第3期。

特色、中国风格、中国气派和中国魄力的自我认同。

所有人类经验都具有传递性，通过社会化尤其是语言而获得实现。自我认同包括展示完整的连续的自我形象、与他人沟通交流、表达自我内在情感三个方面。"自我认同"不是给定的，它还涉及拥有合理稳定的自我认同感的主体。因此，需要一个完整的和连续性的自我表现；与他人交流和公众表达等沟通交流是表现自我、实现自我认同不可或缺的部分；自我内在情感的表达是自我认同的重要部分。自我认同的塑造包括四个维度：一是发展自我意识。在现实中，自我在与他者的互动中才得以产生，所以说自我是社会的产物。换句话说，个体的自我形象与公众形象，即"我"如何看待自我与"他者"如何看待"我"或"我"在他者心中的形象是互动的。如果缺乏"善意的自我关注的热情"，而在道德上感到"空虚"，那么个体就不能在自我完整（self-integrity）中发展或维持信任。① 著名心理学家查尔斯·库利（Charles Cooley）运用"镜中我"概念表述行为者不断地从他人那里了解自我，并根据他人的反应来调整自我形象的情境；米德也持相同观点，认为"自我"是在"主我"与"他人"对"我"的看法的互动中形成的，从本质上说是社会的产物；埃里克森（Erikson）提出自我认同是跨越不同交往环境自我与他人定义的集合。因此，在与他人的互动过程中发展自我意识，达到自我反思，可以有助于建立起自我认同。二是建立亲密关系，从中获得、建构自我是自我发展的重要源泉。库利首次使用"初级群体"这个概念，并将其作为建立亲密关系最重要的场所，对人格的形成具有极其关键的作用；如今，这个词已经被扩大到其他类似的具有亲密关系的群体当中，例如朋友圈、俱乐部等复杂组织中的非正式群体。尼尔·奇克与威廉·伯奇（Neil Cheek & William Burch）认为，休闲是发展、表达与增强初级关系的社会空间，在价值与优先

---

① R. D. Laing, *The Divided Self*, Pengiun, 1965, p. 112.

第四章　弘扬中华优秀传统文化与增强国家文化软实力的核心内容

选择权上占有重要的地位。三是保持自我同一性，通过对自己的日常生活进行反思，从而获得自我感受，实现自我的价值。四是实现自我创造。个体自我的反思意识使自我不再成为完全空洞的东西，不再像现在的样子，而是对自我加以塑造，并为自我重组提供参数。因此，个体在了解自身的过程中，亦是依从他者参与重构的过程，还是服从于更广泛而进步的目标，重构连贯认同感的过程。由此可见，自我认同的建构也是自我创造的过程。

通过建立全球化语境中对话文化学，重新塑造和建构自我认同。作为应有的回应，学界提出"中国文化应该坚持与西方文化进行对话，在与西方文化的对话中发展自身是中国文化发展的正确途径"[1]。西方最早提出对话思想的是布伯，他的"对话主义"主张用主体间"关系论"取代主客间"实在论"，提出用我你取向取代我他取向、用交互原则取代主从原则、用直接关系取代间接关系。文化对话诉诸在自我与他我的共同存在中平等地认同双方，是一种异中求和的文化方略，旨在消减文化冲突导致的恶劣后果，这从价值方面赋予其可能性。哈贝马斯提出的"公共领域"正是这种对话理想借以实现的社会空间。他在《公共领域的结构转型》中指出公共领域是个历史范畴，"17世纪后期的英国和18世纪的法国才真正有'公共舆论'可言。因此，我们把'公共领域'当作一个历史范畴加以探讨"[2]。这一范畴至今仍具有维护"私人生活"、批判权力话语的特征和启示。真正的文化对话致力于建构在诸种异质文化中平等地沟通的文化新格局，在文化实践和社会实践中，开拓出某种与"公共领域"具有类似意义的文化公共空间。

自我认同是传承、传播、弘扬民族文化中的精华和优秀部分的根基，同时，还须具备高度的责任感和辨别分析能力，即批判性的

---

[1] 张再林、王冬敏：《全球化语境中的对话文化学的建立》，《西安交通大学学报》2006年第5期。

[2] 哈贝马斯：《公共领域的结构转型》，曹卫东译，学林出版社1999年版，第1—2页。

思维能力,这种能力是文化自我认同意识的延伸与深化。但这种批判性思维是国人的短板和弱项,究其缘由,"以国君为最高权威的宗法制的政治体制,以及与此相联的以家长为核心、以血缘关系为纽带的宗亲制在中国延续了数千年,直至当代仍可见其明显的痕迹,其影响渗透入社会生活和政治生活的方方面面"[①]。毋庸置疑,批判性思维或理性思维在当今时代必不可少。这种批判思维并非完全否定,而是理解、分析、辨别和取舍,即辨别与舍弃该批判的糟粕,极力保留与弘扬精华。在当代中国,自我认同的核心是对中华传统文化中精华的、优秀的部分的认同与弘扬;反之,这又能够极大地提升人们对中华优秀文化的自信与自觉,增强自我认同。

当今时代,世界各民族国家文化传播与交流愈趋频繁和密切,同时面对共同的危机。从吉登斯自我认同理论中的根源、结构性特征、内容建构、发展历程等谈起,考察民族国家自我认同与文化认同等方面的关联,有助于我们致力于民族文化自我认同与民族国家间自我认同的对话,讨论搭建世界价值系统。中华传统文化历来重视家庭、家族、群体、国家,关注自我存在的关联性和彼此认同,侧重社会、群体中的自我提升和自我超越,与吉登斯的自我认同理论殊途同归。一方面,强调文化的自我反思与自我批判能力的提升;另一方面,致力于中西自我认同理论的对话,这对于探索如何建立世界共同价值系统也提供了前所未有的契机。

## 第二节 基于传统伦理价值观的转变树立生态文明理念

树立生态文明理念必须立足中华优秀传统文化。中华传统伦理价值观中天人合一和以人为本为生态文明思想提供了思想资源,有助于当代中国价值观念的传播,增强文化吸引力。

---

① 李申申主编:《人性:存在与超越的省视——中西方道德教育思想与实践比较研究》,新华出版社1999年版,第142页。

第四章　弘扬中华优秀传统文化与增强国家文化软实力的核心内容

## 一　伦理价值观与生态文明理念

走向生态文明新时代，建设美丽中国，是实现中华民族伟大复兴的中国梦的重要内容。生态文明思想是文化软实力的重大创新和突出表现。习近平总书记指出："生态文明建设已经纳入中国国家发展总体布局，建设美丽中国已经成为中国人民心向往之的奋斗目标。中国生态文明建设进入了快车道，天更蓝、山更绿、水更清将不断展现在世人面前。"[①] 由此可见，树立生态文明理念，既关系到人民福祉，又关乎民族未来，也涉及中国特色社会主义事业"五位一体"总体布局与中华民族永续发展。树立尊重自然、顺应自然、保护自然的生态文明思想，清醒认识加强生态文明建设的重要性和必要性，为人民创造良好生产生活环境，努力走向社会主义生态文明新时代，必须立足中华优秀传统文化中的伦理价值观。

中华传统伦理价值观中天人合一和以人为本为生态文明思想提供了思想资源，有助于当代中国价值观念的传播，增强文化吸引力。可以用道法自然、尊重规律来概括"天人合一"的哲理智慧。这一观念最早由惠施提出，庄子加以附和，经过禅宗宣扬，进入宋明理学，可以说是中国各派的共同观念。"天人合一"诚然不是现代的，然而却可能具有超现代的新启示。其中以道家哲学思想与生态文明最具密切关系。道家哲学思想中关于人与天地万物相统一的整体观念，"知常曰明"的认识规律遵循规律意识，以及"知止不殆""知足不辱"的适度观念等，都深刻地启发着我们要树立全面、协调、可持续的科学发展观，把环境保护、可持续发展作为发展的重要内容。"天人合一"思想渗透于现代农业发展的社会实践中，产生了"生态农业""环保农业""绿色食品"的观念。国际上针对当代科学农法的缺陷和弊病，依据中国传统"道法自然"思想，提出了

---

[①] 习近平：《习近平谈治国理政》第3卷，外文出版社2020年版，第374页。

"自然农法"构想,给农业发展的思路与方向以深刻的醒思。从一定意义上可以将这种构想看作中国古代"天人合一"思想在现代农业实践中的运用和转化。① 在此基础上,形成新型的生态工业、生态农业、生态服务业等一系列生态产业,形成理性平等合作的社会关系,形成适度消费的生活方式,促进人的全面发展。同时,想要获得或实现人的自由,还应该充分发挥人的主观能动性,以"穷神知化"(《周易·系辞下》),在不违背客观规律的前提下,促进自然界的有序进化和实现人类自身的福祉。如果人类追求功利目标和物质享受毫无节制,就会造成自然界固有生态链条的断裂,导致江河泛滥、土壤沙化、气候反常和环境污染等灾难现象。如果"我们一天天地学会更正确地理解自然规律,学会认识我们对自然界习常过程的干预所造成的较近或较远的后果。……那种关于精神和物质、人类和自然、灵魂和肉体之间的对立的荒谬的、反自然的观点,也就越不可能成立了"②。

"以人为本"理念作为中国传统思想文化的基本精神之一,尤其是生态文明思想的核心内容之一,具有悠久的历史和重要的价值,突出了中国文化人本主义特色。儒家民本思想的核心是"仁爱"思想,"仁爱"思想中包含着丰富的生态和环境保护理念。早在两千多年前的战国时代,孟子提出的"亲亲而仁民,仁民而爱物"思想,就是强调在爱人的同时要爱万物,珍惜每一个生命的存在;而爱惜的具体表现就是对山林草木禽兽要取之有时、用之有节,用现代生态学的语言表达,就是人类既要利用生态资源为人类服务,又要保持生态资源的循环更新,达到持续发展。这种"泛爱万物"的思想是在人伦道德基础上,由人类向自然界的扩展,已经包含今天所说的爱护生态环境、珍惜自然资源的思想。它作为儒家的生态意识与环保意识,相当于我们今天所说的生态伦理学。

---

① 杨翰清:《中国哲学文化继承与创新研究》,中国社会科学出版社2012年版,第235页。
② 恩格斯:《自然辩证法》,人民出版社2018年版,第314页。

第四章　弘扬中华优秀传统文化与增强国家文化软实力的核心内容

在生态环境日益遭到破坏，自然资源被无节制消耗浪费的今天，为了人类自身的发展，我们应当大力借鉴中国古代这种"泛爱万物"的思想，怀着爱惜之心对待我们的环境和自然资源，实现人与自然的和谐发展。

## 二　以人为本

人本思想是中华传统文化的基本精神。在中国几千年的思想文化发展过程中，以人为本思想一直贯穿始终，并经过历代思想家、政治家结合社会实际情况而不断充实，日趋完善。中国共产党以马克思主义思想为指导，坚持科学唯物主义、坚持人民群众的历史主体地位、坚持立党为公、执政为民的宗旨。从"三个代表"重要思想到党的十六届三中全会，以"以人为本"的科学发展观到习近平总书记在党的十八大以来的系列讲话，无不显示着新时期"以人为本"的精神。当代中国以人为本思想是对中华传统人本思想的扬弃和超越，是吸收了其合理内核后的批判传承与创新。张岱年在谈及中国文化的基本精神时曾说过，以人为本的思想是中国几千年来优秀传统文化的四项基本精神之一。[1]

（一）以人为本的生态内涵

"以人为本"是在党的十六届三中全会中提出的指导思想，为确立我们党坚持"以人为本"的执政目标提出了要求。党的十八大报告中也提到要加强社会治理并不断贯彻"以人为本"理念。将保障广大人民群众的切实需求作为切入点，是党和国家的工作重心。[2] 党的十八大以来，新时代号召不断增加人民的幸福感和归属感。不忘初心，牢记使命，[3] 在十九大报告中，"人民"二字同样字字重千钧。不断使人民日益增长的美好生活需要得到满足是我们民生工作

---

[1] 张岱年：《中国文化的基本精神》，《华夏文化》1994年第Z1期。
[2] 吴潜涛：《党的十八大报告理论亮点解析》，《思想政治工作研究》2013年第2期。
[3] 詹伟：《不忘初心 牢记使命 做全面从严治党的坚定践行者》，《先锋队》2018年第1期。

中要达到的目标。执政为民是十九大报告的重要内容，党的十九大提出要坚持以人民为中心、重视民生的发展。习近平总书记在十九大报告中提出要保障人民的利益，坚持人的全面发展，为我们描绘出"以人为本"的社会前景和蓝图。

以人为本思想是探寻人的基本特质、人性和人类一般发展规律的科学。它探究的实质现象是人与人的客观存在，即可以主观感知的人与人之间、人与环境之间如何发展的问题。它的目标是促进人的个性的解放以及谋求全面发展人与社会的构建。它的基本内容可以总结为追求人类的彻底解放、谋求人的发展、实现个人的价值，促进人与社会以及人与自然的和谐发展等方面。因此，树立生态文明理念的核心要义是坚持以人为本。

一方面，发挥人在生态文明建设中的主体作用。以人为本思想始终贯穿重视人和肯定人、挖掘人的潜力、解放人的思想进而实现主体独立自觉的价值。中国是世界上最大的发展中国家，实现人的主体性全面发展是建设生态文明的应有之义。贯彻落实党的十九大精神，坚持以人为本、执政为民，使人民能够切实地感受到幸福，从而走出中国面临的当代人本困境。人人生而平等，我党在不断协调人民群众的关系和需求下积极探寻解决问题的方法。根据中国目前发展状况研究以人为本的实质，就是从中国的客观实际情况为落脚点处理问题使人民群众的利益和需求得到满足，使每个人都能够依据自身的特点得到自由且全面的发展。

另一方面，满足人对生态环境的需要与追求。以人为本思想包括民生问题。想要建立生态文明社会不能忽视民生问题，只有合理地解决好民生问题，才有利于更快更好地构建"以人为本"的生态文明社会。同样，如何让现实中的个人生活得更好，也是以人为本思想探寻的基本问题。民生问题不仅关乎人民群众的现实生活的质量，也关乎人民群众未来美好生活的导向。实施"以人为本"生态文明发展理念需要做到政策具体明确且切实可行，需要做到具体问题具体分析；需要调节生产关系大力发展生产力、明确人民群众的切实需要，促进社会的统筹发展。

（二）中国古代人本思想

中华文化博大精深、源远流长，其中人本思想是中华传统文化中独具特色的代表思想之一。据记载，"以人为本"最早出现在《管子·霸言》中："夫霸王之所始也，以人为本。本理则国固，本乱则国危"。管仲"以人为本"的本质是指"以民为本"，执政必须"以人为本"而非以官为本。有学者认为："这是中国古代士大夫阶层解决官民矛盾的政治主张，它是中国古代社会具有一定代表性的传统'民本'思想的一部分，体现了古代先贤们对人的作用与价值的肯定与重视。"① 中华传统文化中以民为本的思想观念十分悠久，最早可溯源到殷商至西周时期。《尚书·五子之歌》中："皇祖（夏禹）有训：民可近，不可下。民惟邦本，本固邦宁。"（《史记·夏本纪》）这其中体现早期明君在治理国家时总结出的人本思想，而这一思想成为后来世代统治者治国的基本思想。增强人的主体性作用，破除人在自然界中的被动状态，有助于解放劳动能力，创造良好的生存环境。

第一，春秋战国时期的人本思想。我国社会历史的第一次大变革发生在春秋战国时期，这一时期奴隶制土地所有制瓦解，封建土地私有制逐步确立。随着铁质农器的使用和牛耕的推广，社会生产力显著提高。经济基础的变化导致上层建筑的变革。各诸侯国为了扩大统治范围开始了长期的争霸和兼并战争。而社会的动荡客观上为各种思想文化的活跃和繁荣提供了发展空间，百家思想纷纷登上了历史舞台。而这个时期的文化思想，奠定了整个中国封建传统文化的基础，对整个中华传统文化有着非常深刻的影响。② 这一时期，

---

① 郭秀丽：《论"以人为本"的历史渊源》，《河南科技学院学报》2012 年第 3 期。
② 谭琪红、钟圆：《传统民本思想的历史流变及当代价值论略》，《九江学院学报》2010 年第 1 期。

各个思想文化领域流派纷呈、百家争鸣,其中为适应当时政治情况的"以人为本"思想在诸子百家中得到广泛认同。

儒家学派创始人孔子的核心思想是"仁",即"仁者爱人"。达到仁的方法是忠恕之道,即"己所不欲,勿施于人",而对于统治者来说,就是"为政以德"。孔子提倡统治者重民、富民,体贴亲情、爱惜民力,治理好一个国家必须在满足百姓生活富足的基础上,重教化,轻刑罚。统治者不要过度剥削压迫人民,反对苛政和任意刑杀。孔子的"仁政"和"仁爱"思想初步形成了人本思想理论,用德治和礼治的方法打破传统礼不下庶人的信条,为中国后来民本思想的发展奠定了基础。

儒家作为中华传统文化中积极入世的学派,一直尊重和推崇弘扬人的生命存在的意义和主体独立自觉的价值。从这点看,儒家的思想是具有人本精神的。孔子说"为仁由己",需要靠自己的努力而达到仁的境界;"己欲立而立人,己欲达而达人"则是肯定了个人的能动性。

在人神关系上,孔子承认天命但怀疑鬼神,孔子对鬼神的态度是敬而远之。他的学生称:"子不语怪、力、乱、神。"他认为智慧应该是做有益于人民的事,而非将希望寄托在祭祀鬼神上。正如张岱年先生所说的:"人生最重要的事是提高道德觉悟,而不必求助于鬼神。"[1] 而"未能事人,焉能事鬼!"和"未知生,焉知死?"的思想更是肯定了人作为主体的价值,把解决现实生活中的问题作为首要的任务。孔子作为儒家学派的开创者,奠定了儒学远离宗教而积极入世、关注人文理性的基础。

儒家思想中的以人为本,不是古希腊思想中"人是万物的尺度"那样的"宇宙之本",而是人是社会生活之本。儒家思想注重伦理,立足于人的家庭血缘关系,从人性的普遍性出发,把人看成是社会

---

[1] 张岱年:《中国文化的基本精神》,《党的文献》2006年第1期。

## 第四章 弘扬中华优秀传统文化与增强国家文化软实力的核心内容

性的存在,以人伦社会作为人生存发展的寄托,肯定了人的社会价值,更体现了儒家思想中人作为类的价值高于作为个体的价值。正是这样所谓"人贵物贱"的思想,表达出人作为类的存在在自然中具有特殊的位置和其他事物无法比拟的价值的思想。

春秋末期的兵家学派代表人孙武在《孙子兵法》中体现了其人本主义的战争思想。《孙子兵法》中的军事思想以《老子》哲学为基础,它是《老子》哲学思想方法论在军事领域的具体应用和卓越发挥。[①]《孙子兵法》中"以道为先"。"尚谋"是《孙子兵法》中的重要观点之一,这种思想在一定程度上体现了人对于规律的把握,避免了战场上盲目厮杀而造成的人员和财产的损失,具有人本主义思想。

第二,汉代的人本思想。首先是汉初的"无为之治"。秦汉之交的时期是社会和思想发生剧烈动荡与变革的时代。奉行法家"有为"思想的秦朝扫平六合、一统天下,却被农民战争所埋葬。汉高祖刘邦总结了秦代灭亡的原因,他认为秦朝"举措暴众而用刑太极",于是采用了道家"清静无为,因循而治"的治国思想,一方面要求官员以节俭为尚,并实行了"与民休息"的治国方针。他推行减轻田赋、鼓励垦荒、压抑商贾、保护农业、罢兵归田等各项措施以休养生息、医治战争创伤和恢复统治秩序。[②] 以民为本的政策使汉代的社会逐渐稳定,经济迅速地恢复,经过几十年的休养生息,出现"文景之治"。东汉开国皇帝刘秀也奉行黄老之学的"无为而治"的思想:"吾理天下,亦欲以柔道行之。"他实施了包括减轻赋税、解放奴婢、安置流民、复员军队、开垦荒地、精简机构、裁省官吏数万人等一系列从宽从简的安民和恤民政策。此后几十年中,东汉社会

---

[①] 金梦:《从〈孙子兵法〉看中国传统文化中的人本思想》,《科学文汇》2007年第12期。
[②] 田兆阳:《中国传统政治中的民本思想》,《中共浙江省委党校学报》2000年第4期。

安定，人民安居乐业，出现了"光武中兴"的局面。①

其次是仲长统的"唯物主义"思想。后汉思想家仲长统在人神关系上有更加鲜明的人本思想和历史唯物主义倾向。他的思想是"天人无关"，即人们的行为与举措是关系到社会稳定的因素，而非灾异祥瑞的所谓天道，这在天人感应大行其道的汉代是十分具有批判精神的。他主张："人事为本，天道为末，不其然欤？"（《论天道》）他用汉代的史实说明，那些建功立业、流名百世的人，"唯人事之尽耳，无天道之学焉"（《论天道》）。仲长统强调人事、人略的重要，表现出对天人感应神学目的论的否定态度，在当时具有鲜明的战斗性和积极的意义。仲长统以农业为例，说明遵从"天之道"即星辰运行、四时代序等自然界变化的法则的重要性。"天为之时，而我不农，谷亦不可得而取之。青春至焉，时而降焉，始之耕田，终之簠簋，惰者釜之，勤者钟之。"②他强调自然的变化有一定规律，人们根据其变化规律决定自己的行为，而非迷信天人感应。只有充分发挥人的主观能动性，把握自然规律以从事农业生产，才能取得成功。

第三，唐宋时期对人本主义的探究。经过南北朝佛、道二教的兴盛而儒学的式微，在隋唐时期，中央政权均实行三教并重的政策，但由于佛、道二教更偏向于个人修为而少有在公共事务上的建树的特点，唐朝政府在治理国家层面上更偏向于儒家。由此，儒家学派重新恢复为正统思想的地位。而吸收佛、道二教思想的儒家学派开始了对本体论的研究。

韩愈的"道统思想"。韩愈认为在中唐时期社会危机日趋加重、藩镇割据、权臣倾轧严峻的情况之下，必须重新振兴儒学，强化儒学在封建社会中的正统地位，才有可能重振李唐王朝。而方法就是"道统"，其内涵就是孔孟的仁义之道。他在《原道》中说："博爱

---

① 刘韦华：《论我国古代应用文的形象》，长春理工大学 2004 年。
② 范晔：《后汉书》，中华书局 2010 年版，第 315 页。

## 第四章　弘扬中华优秀传统文化与增强国家文化软实力的核心内容

之谓仁，行而宜之之谓义，由是而之焉之谓道，足乎己无待于外之谓德。"其中的"仁"便是"爱人"，"德"即使仁义本来居于人的本性之中，在这里，仁、义被赋予了形而上学的意义，儒家开始转向仁义为道德的本体论，体现了儒学关注伦理社会的倾向。在佛教的法统论影响下，韩愈创造了以"仁、义"为核心的儒家系统，并将汉唐时期儒家多与宗教信仰相联系的宇宙论转向以仁义为道德的本体论。这种转向同时也体现了"由宗教信仰向道德理性的过渡"，体现出人本主义思想。韩愈紧扣日常认识和人伦道德的思想，也为后来宋明儒学中"体用关系"奠定了基础。

　　柳宗元"势"的观念与唯物倾向的历史观。柳宗元的思想肯定了人在认知上的主体价值，他认为天是自然之存在，在《答刘禹锡天论中》指出："生植与灾荒，皆天也；法制与悖乱，皆人也。二之而已，其事各行不相预。"这正是强调天人相分的思想，肯定了人的努力。除此之外，柳宗元还试图"通过对自然世界的客观原因进行讨论的理论思路入手来解释人类历史"，他在《封建论》中提出了"封建非圣人之意也，势也"的思想，就是说封建制不是某位圣人的主观意愿产生的，也不会因主观原因而消除。肯定了历史进程是受内在的一般规律支配的，否认了英雄创造历史的"英雄史观"。柳宗元更是看到了个人的主观愿望与历史发展的客观之势存在着的不一致："秦之所以革者，其为制，公之大者也；其情私也，私一己之威也，私其尽臣畜于我也。然公天下之端自秦始。"秦始皇想要树立个人的威信、管制所有的臣民，建立了郡县制，但是相比于之前的世袭制，郡县制却是公多私少，这更是表明个人的主观意愿不能控制历史的发展。

　　刘禹锡的"天与人交相胜"思想。刘禹锡和柳宗元一样坚持"天人相分"，并创造性地提出了"天与人交相胜"的思想。在《天论》（上）中，刘禹锡说："天之所能，人固不能也；人之能天亦有所不能也。故余曰：天与人交相胜耳，还相用耳"。就是说天

· 171 ·

有胜于人的地方，人也有胜于天的地方，天人之间可以相互利用。而"人不宰则归乎天也。人诚务胜乎天者也"。说明了人胜天是更重要的。在刘禹锡看来，人在社会领域里的立法可以胜天，并且在明理的情况下，人不会把自己行事的成败归之于天，人只有在对外界事物认识不清楚的情况之下，才会把"天"神秘化。这更是体现出人对事物探索以明理的重要性和人的能动性对于社会发展的积极作用。

第四，明清之际的启蒙思潮。明清之际的思想家力求对宋明理学的追求"至理"的思想进行拨正，他们强调现实关怀，注重经世致用，政治上反对君主专制的政治制度，体现了民主思想；道德伦理上提出了新道德，提倡个性解放。这些对旧制度和旧思想的反思，虽然没能跳出原有的框架建立新的思想体系，但却包含着中国社会从传统走向现代的思想变革。这一时期的民主思想与个性解放新伦理道德，蕴含着在生态文明建设中关注最广大人民群众利益与主体自觉意识的人本萌芽。

对封建专制主义的批判。作为明朝灭亡的亲身经历者，黄宗羲总结了其中的经验教训，并对君主专制的政治制度进行了猛烈的批判。"为天下之大害者，君而已矣。向使无君，人各得自私也，人各得自利也。"（《明夷待访录》）他认为君主是"天下大害"，"天下为主君为客"，君主是为了适应天下人的需要而产生的，因此君主应该为天下人而服务。相应地，君臣之间应该是平等的关系，每个人应有自己的是非观："天子之所是未必是，天子之所非未必非，天子亦遂不敢自为非是，而公其是非于学校。"（《明夷待访录》）此外，黄宗羲还在君主专制下初步提出了民主和分权制衡的思想，他认为人民应该是国家的主人。在此基础上，他又提出了对君主进行分权制衡、设立学校进行议政以制约和监督君主的主张。黄宗羲大胆地揭露了封建专制制度的弊端，构想了分权的政治体系，这种思想带有现代民主的启蒙，体现出明清之际思想家对"家天下"的反思和

## 第四章　弘扬中华优秀传统文化与增强国家文化软实力的核心内容

对民主权利的追求。

个性解放的新道德。经过了宋明理学"存天理，灭人欲"和三纲五常对人性的束缚，明清之际的思想家提出了反对旧道德、提倡个性解放的新道德的思想。这其中以李贽为代表，他肯定"人欲"的合理性，"吃饭穿衣，即是人伦物理"，他主张冲破理学的禁欲主义，批判"天理"学说对人性发展的限制，批判道学家们的虚伪。李贽主张"自然之性乃自然真道学"，人应该在自由竞争中"各遂千万人之欲"。王夫之也肯定了人追求美食美色等"欲"的正当性，他强调"欲中见理"，"礼虽纯为天理之节文，而必寓于人欲以见"（《四书大全说》卷八）。这种肯定对欲望的追求和个性的解放正是代表了新兴市民阶层意识觉醒。总之，中国古代人本思想渗透出尊重人的主体地位的需要、发挥人的主观能动性的要求。在生态文明建设实践中，传统人本思想构成近现代以人为本生态文明理念的前提和基础。

（三）人本思想在近代中国的发展

1840年的鸦片战争打开了中国封闭已久的大门，打破了中国独立发展的道路，使中国沦为半殖民地半封建社会。文人志士们开始向西方寻求救亡图存的方法，中国思想界相继出现了维新派、改良派等不同的社会变革的思想，虽然这些早期的思想并未形成体系，也没有良好的环境去实践，但其中反映了各阶层救亡图存的精神、吸取西方文化改良传统文化和对中国未来社会的设想，特别是其中具有现代意义的人本主义思想，更是成为近代中国思想的先导。

第一，地主阶级的变革思想。鸦片战争之后，以龚自珍、林则徐、魏源等为代表的爱国志士形成了地主阶级改革派，以抗击西方资本主义国家的侵略。他们反省清政府面临的危机，批判封建制度的腐朽，号召人们进行政治改革。在推动改革的现实力量上，龚自珍看到了"众人"的力量。魏源的思想也肯定了人的能动作用，他说："人定胜天，既可转贵富寿为贫贱夭，则贫贱夭亦可转为富贵寿。"① 在认识论上，魏源倡导经世致用的实践观，在他看来，生而知之的圣人是不存在的，只有通过实践才能获得知识。

第二，农民阶级的变革思想。在天灾人祸、内忧外患的情况之下，农民阶级为反对帝国主义侵略和清政府的腐朽，在1851年爆发了太平天国起义。历时十三年的太平天国虽然打着宗教的名义进行反抗，最后被中外反动势力联合剿杀，并在南征北伐的过程中造成众多百姓流离失所、破坏了生产。但不可否认的是其给清政府造成了巨大的打击，并对中国近代思想的发展做出了杰出的贡献。洪秀全的变革思想以宗教神学的形式出现，但其中包含着人本主义的思想。《天朝田亩制度》中，有田同耕、有饭同食的平均主义思想在一定程度上表达了农民阶级对生产资料公有制和消灭剥削甚至消灭私有制的愿望。太平天国中的另一位代表人物是洪仁玕，他的《资政新篇》是近代最早的带有资本主义色彩的社会改良方案。洪仁玕倡改革传统观念，建设近代文明，废除庙宇转而建设医院，建立学校、鳏寡孤独院等一系列具有资本主义色彩的社会改良方案，突破性地关注了人作为公民应得的权利。

第三，资产阶级的变革思想。孙中山的三民主义是中国近代资产阶级变革思想的代表。在《〈民报〉发刊词》中，孙中山提出了以"民族主义""民权主义""民生主义"为内容的三民主义。其含义是推翻清王朝，反对民族压迫；推翻封建君主专制，建立民主宪政体；平均地权，防止垄断。孙中山的民生史观充满了近现代资产阶级的人本主义思想特点，在他看来，"民生"既包括了社会经济的发展又包括了人类的生存需求，只有人能够生存，发展经济，社会才会进化。因此，民生问题是历史的重心和社会进化的原动力。在经济政策上，他主张"平均地权"和"节制资本"，目的是实现稳

---

① 《魏源集》，中华书局1976年版，第21页。

第四章 弘扬中华优秀传统文化与增强国家文化软实力的核心内容

定农民的生计,保护国家的经济以抵抗帝国主义的经济侵略。民生主义的实质就是每个人能以平等的地位去生活,重视人民群众的基本物质利益,主张为人民谋幸福,建立现代化的中国。这种爱人民、反封建的思想为后来中国反封建、反侵略斗争提供了宝贵的精神财富。这一时期的人本思想以实践为原则,发展出从人的实践活动角度反思人的生存环境,将自然生态、经济社会看成是有机联系和动态发展的整体生存环境,通过人与自然、经济等生态环境之间的良性互动,推进社会物质生产系统的良性循环。

(四)中国特色社会主义理论体系中的人本思想

人民群众是历史的创造者,是中国特色社会主义事业的主体力量,只有全心全意为人民服务才能建设中国特色社会主义社会。这其中的理论来源既有马克思列宁主义的中国化,也有中华优秀传统文化中人本思想的传承与创新。

邓小平同志首次将人民的共同富裕作为社会主义的最终目标。此后,人的问题被提到了核心地位,人的生存问题和发展问题逐步拓展和深化。江泽民同志的"三个代表"重要思想进一步提出将人民的根本利益同先进生产力、先进文化统一起来。以胡锦涛同志为总书记的党中央提出了科学发展观,并强调科学发展观的本质和核心是"以人为本"。胡锦涛同志指出,坚持"以人为本"思想,就是要清楚地认识到,"全心全意为人民服务是党的根本宗旨,党的一切奋斗和工作都是为了造福人民。……尊重人民主体地位,发挥人民首创精神,保障人民各项权益,走共同富裕道路,促进人的全面发展,做到发展为了人民、发展依靠人民、发展成果由人民共享"[1]。随着人本思想内涵的不断转换,生态文明建设的问题域也不断丰富,从人的主体性、主观能动性、关注人的根本利益,扩展到发展成果由人民共享、人的自由全面发展等方面。

---

[1] 胡锦涛:《高举中国特色社会主义伟大旗帜 为夺取全面建设小康社会新胜利而奋斗——在中国共产党第十七次全国代表大会上的报告》,人民出版社2007年版,第15页。

党的十八大提出一切为了人民、实现共同富裕是中国特色社会主义建设的根本目的。习近平总书记在为"中国梦"指明实现路径时曾说过："实现中国梦必须走中国道路。这就是中国特色社会主义道路。"① 而以人为本是中国特色社会主义的出发点和落脚点，也是中国梦的根基所在。2017年的第十二届全国人民代表大会上，民生问题依然是重中之重。从党的十八届五中全会开始的脱贫攻坚计划，"小康路上，不让一个困难群众掉队"；改善民生，全体人民共享发展成果等一系列工作计划都体现了我国对人本主义思想的发展与创新。

习近平总书记指出，以人为本最为重要的就是不能在发展过程中摧残人自身生存的环境。习近平生态文明思想充分体现了以人为本、人与自然和谐为核心的生态理念和以绿色为导向的生态发展观。它以新时代中国社会历史发展为基点，是"五个统筹"总体布局和"四个全面"战略布局的重要指导方针。新时代我国社会的主要矛盾是人民日益增长的美好生活需要和不平衡不充分的发展之间的矛盾，习近平总书记强调经济发展不以牺牲生态文明为代价，必须坚持以人为本的生态发展思想，不断促进人的全面发展、全体人民共同富裕。践行以人民为中心的发展思想，必须坚持把实现人民幸福作为发展的目的和归宿，做到发展为了人民、发展依靠人民、发展成果由人民共享。习近平生态文明思想"关注全人类的生存环境，把生态文明作为全人类的幸福事业而不断奋斗，为全球生态文明做出应有的贡献"②。习近平生态文明思想把全人类对美好生态的向往作为理论出发点，为全世界的共同发展提供了"中国智慧"。

以人为本的生态文明思想不仅吸收并传承了传统民本思想的合

---

① 《习近平总书记系列重要讲话读本》，人民出版社2016年版，第26页。
② 马艺芮、舒永久：《新时代习近平生态文明建设思想中的人本意蕴》，《理论观察》2019年第11期。

理内核,还对传统民本思想进行了与时俱进的改造与升华,实现了从专制到民主的质的飞跃。一方面是从"庶民"到"人民"的超越。以人民为中心的思想在对"民"的概念界定上突破了传统民本思想的局限性。传统民本思想中统治者所推崇的"重民""爱民"的观念也"只是维护封建统治的工具之本,而不是价值之本",而人民民主专政的社会主义国家主张人民是国家的主人。习近平生态文明思想坚持人的主体地位,重视人的价值和人的尊严,把现实的人的需求与生态保护紧密联结,将人与生态的和谐共生作为中国特色社会主义发展的重要指标。

另一方面是从"为民做主"到"由民作主"的超越。超越了传统民本思想"为民作主"的局限,主张由民作主,发展社会主义民主。我国坚持人民代表大会制度的根本政治制度,普及基层民主选举制度,在改革开放以来又进一步健全制度,丰富形式,拓宽渠道,实现了"由民作主"的历史性飞跃。习近平总书记在党的十九大报告中指出,我国社会主义民主是维护人民根本利益的最广泛、最真实、最管用的民主。发展社会主义民主政治就是要体现人民意志、保障人民权益、激发人民创造活力,用制度体系保证人民当家作主。人民群众的历史地位和社会地位决定了新时代生态文明建设应围绕人来展开。习近平生态文明思想聚焦于人的需求的转变与生态文明建设的实效性,聚焦人的需求向更高层次的精神享受过渡,及其提出的对生态环境适宜性和可居性的高标准和新要求。把人民的幸福和人民的满意度作为生态文明建设效果的检测标准,强调生态文明建设的结果经得起人民群众的检验。

## 三 天人合一

当今生态问题已经成为全世界亟待解决的重要问题,人类曾经企图征服自然、奴役自然,贪婪地攫取着自然;然而自然有其自身的规律,人类不可能为自然立法;人类的愚昧无知、不知节制的践踏自然最终自食恶果,大自然开始向人类进行疯狂的报复。全球变暖、雾霾、土地荒漠化等自然灾害的频发给人类敲响了警钟。人类开始思索到底和自然应该是一种怎样的关系?关于这一问题的回答,中国传统"天人合一"思想认为人是自然的产物,自然是人类永续发展的前提,人和自然应当和谐共处。在建设中国特色社会主义的道路上,中国古代天人合一思想具有深远的意义。全面深刻理解"天人合一",对构建生态文明社会具有积极的意义。

(一)天人合一观念的内涵

一是自然界具有的内在价值。中国古代哲人对自然大都满怀着敬畏心,"天"不仅仅具有自然层面上的意义,而且具有生命和价值层面的意义。孔子说:"四时行焉,百物生焉",认为自然是一切生命的源头,人们对待自然要有发自内心的敬意,天具有生命层面的内涵。继孔子之后,孟子提出尽心者才能知性,知性者方可知天,自然之天是至善的价值本体,"天"具有价值层面的内涵。此外,"天"还具有伦理道德层面的内涵,"天命之谓性,率性之谓道",天道是人道的价值本源,只有遵循天道才可能成为圣人;"天人合一"就是"天人合德",人们践行道德德行就是在践行天道,将天道的德行转化为后天的德行就达到了圣人之境。"天之道损有余而补不足,人之道损不足以奉有余","不以人灭天"这是道家对"天道"的阐述,道家认为天道始终要高于人道,若把人道凌驾于天道之上对自然加以破坏,那便是对天道的破坏。可见,不论是儒家还是道家,都对"天"有着极高的敬意。

二是人与自然内在价值的合目的性。"天人合一"既包含人对自然的敬畏,又包含人对自然具有主观能动性。自然界的内在价值必须要以人为中介,借助人的主观能动性才能得以实现。人与自然的关系从本质来讲是合目的性的关系。程颢讲:"天地之常,以其心普万物而无心;圣人之常,以其情顺万物而无情。"(《定性书》)在"天"与"人"之间并无不可逾越的鸿沟,在一定意义上讲"人心"

## 第四章 弘扬中华优秀传统文化与增强国家文化软实力的核心内容

即人的精神是"天心"的载体,圣人无私情,圣人之情在天地万物间;天地没有私心,天地以万物的生命为人立心。这就是张载所说的"为天地立心",也就是说人对自然具有主体性。但这种主体性不是为了人类自身而主宰自然,而是对自然负有道德责任和义务。儒家仁学强调,人与万物是一个整体,不可随意割裂人与万物之间的联系,万物的生命价值要靠人的主观能动性来实现。要做一个仁者就不仅仅要做到爱自己爱人类,更要对万物有同样的无差别的爱。"唯天下至诚,为能尽其性;能尽其性,则能尽人之性;能尽人之性,则能尽物之性;能尽物之性,则可以赞天地之化育;可以赞天地之化育,则可以与天地参矣。"(《中庸》第二十二章)这里的"性"就是仁者的"仁性";想要成为仁者,仅仅尽了人之性是远远不够的,还要尽物之性,即"参赞化育",就是推动自然化育万物的进程。这种"参赞化育"不是被动地站在天地之外去配合,而是把自己与天地融为一体,为天地立心,为天地和自己的本心去成就万物的生长。也就是说,人与自然的内在价值是具有合目的性的,天人合一不是被动地回到自然状态,而是主动地参与到"参赞化育"的进程中,因为人是自然内在价值和生命价值的载体,承担着不可推卸的内在责任和义务。

"参赞化育"的思想到宋代得到进一步的深化。在《正蒙·乾称篇》中张载写道:"乾称父,坤称母;予兹藐焉,乃混然中处。故天地之塞,吾其体;天地之帅,吾其性。民,吾同胞;物,吾与也。大君者,吾父母宗子;其大臣,宗子之家相也。尊高年,所以长其长;慈孤弱,所以幼其幼。圣,其合德;贤,其秀也。凡天下疲癃、残疾、惸独、鳏寡,皆吾兄弟之颠连而无告者也。"(《正蒙·乾称篇》)张载认为世间的万事万物都是由气构成的,气的本性就是万事万物的本性。从这个角度来讲,人类和万物是情同手足的同胞,人类有共同的父母"乾坤"。那么人类对生养我们的"乾坤"要敬仰,对情同手足的同胞要爱惜。在这里,张载把人与自然的关系上升到了一个极高的道德境界。① 人对自然有敬仰，对万物饱含深情，那么自然就会善待万物，与人相和；倘若对"父母"不敬，对"手足"不爱，那么就是违反了天道。

三是生而不有，为而不恃的天然情怀。现代人类中心主义功利地认为人类是宇宙万物的价值主体，人是万物的尺度，任何事物的存在和发展都要以满足人类的价值和欲望为基础，否则其存在是毫无意义的。"天人合一"观念与其恰好相反，它强调对万物的"生而不有"。② 天人合一观念认为人类和万物是平等的，万物也具有生命，人类要用平等无差别的眼光去对待万物。这一思想在庄子齐物论中体现得更为明显，庄子说"因其所大而大之，则万物莫不大；因其所小而小之，则万物莫不小"；"天下莫大于秋毫之末，而泰山为小；莫寿于殇子，而彭祖为夭。"（《庄子·秋水》）关于事物大小、美丑的判断都是来自主观的价值判断，我们对万物的区别之心事实上是出于我们有限的眼光。倘若以道来观万物，那么万事万物是没有差别的、是平等的。倘若万物和人类是平等的，那么人类又有什么特权将自己的意志强加给万物呢？庄子的齐物思想虽然在某种程度上带有唯心主义和相对主义的色彩，但今天站在生态伦理的角度来看，齐物的思想事实上包含着一种万物生命皆平等的大生命情怀，具有重要的生态意义。

（二）天人合一观念的特征

一是整体性。从宏观的角度来看，与西方"天人相分"论相反，中国传统"天人合一"观念最重要的一个特点就是整体性。"天人合一"观念强调人与自然的根本关系是合目的性，人与万物平等且浑然一体，人是自然内在价值的主体和载体。"天人合一"观念把"人"和"自然"看作一个有机整体，"天道"和"人道"是相互融会贯通的，不存在所谓不可逾越的鸿沟，人在这个有机整体中扮演

---

① 刘天杰、夏宇尘：《张载的"和谐"思想及其当代价值》，《哲学研究》2013年第8期。
② 张鹏：《论董仲舒的大一统政治思想》，硕士学位论文，辽宁师范大学，2003年。

着重要的角色，人不单单要对自然有敬畏之心，认识到自然的内在价值，更要将自己真正放在主体位置上推动这个有机整体的发展。事实上，从"天人合一"观念可以看到现代生态观念的雏形。

二是和合性。从微观的角度来探究"天人合一"观念，其最主要的特征就是天人合一的"和合性"。"天"与"人"的关系首先是"和"，"和"指整体的功能优于部分的功能之和；"和"的过程是"天""人"矛盾统一的过程，即"天""人"之间相互调和的过程。"合"指"天"与"人"相互依存、平衡的状态。可见，"和"是一个动态的过程，"合"是一个静态的状态，"和合性"渗透着辩证法的思想，世界就是在对立面的相互统一、转化、平衡的过程中发展演进的。

三是互适性。"天人合一"观念另一个重要的特征就是彼此之间的相互适应性，这是实现"整体性"与"和合性"的重要保障。"人"与"天"之间的关系是具有整体性的，人是自然的产物，人类在适应自然的同时也在自然的躯体上打上了人类的烙印，人与自然不断地相互适应才得以发展至今。人类的生存和发展离不开自然，但人类区别于其他生物，人类具有主观能动性，能够客观地改造自然，但这种改造是受到自然规律束缚的，人类的改造一旦违背了自然规律，超过了自然的承载范围，就会遭到自然的报复和惩罚；因此人需要在遵循自然规律的前提下发挥主观能动性，主动地去适应自然；而自然也需要满足人类的需要，为人类的生存发展提供物质资料，满足人类的生存需求。人类对自然的主体性，并不代表可以主宰自然、为自然立法，而是指"参赞化育"，是将自己放在主体位置去践行自己对自然万物的内在责任和义务。

（三）天人合一观念的生态意义

"天人合一"观念蕴含着丰富的生态思想。第一，从"仁者爱人"到"仁民爱物"。"天人合一"观念的核心是"仁"，从"仁者爱人"到"亲亲而仁民，仁民而爱物"，将爱的客体由人类扩大到万事万物，再到孟子提出"不违农时，谷不可胜食也。数罟不入洿池，鱼鳖不可胜食也。斧斤以时入山林，材木不可胜用也。谷与鱼鳖不可胜食，材木不可胜用，是使民养生丧死无憾也。养生丧死无憾，王道之始也。五亩之宅，树之以桑，五十者可以衣帛矣。鸡豚狗彘之畜，无失其时，七十者可以食肉矣。百亩之田，勿夺其时，数口之家，可以无饥矣；谨庠序之教，申之以孝悌之义，颁白者不负戴于道路矣。七十者衣帛食肉，黎民不饥不寒，然而不王者，未之有也"（《孟子·梁惠王上》），这是对"仁者爱人，仁民爱物"的深化，在这其中我们已经可以读出一些可持续发展的思想。

第二，从"参赞化育"到"民胞物与"。"能尽其性，则能尽人之性；能尽人之性，则能尽物之性；能尽物之性，则可以赞天地之化育；可以赞天地之化育，则可以与天地参矣。"（《中庸》第二十二章）天地孕育万物，是一切事物的本源；而人是天地化育万物的辅助者。"参赞化育"是对人主体性地位的认同，并认为履行这种主体性的内在责任和义务是对天道的承担。"参赞化育"的思想对于今天构建和谐的生态环境，倡导可持续发展的生态观具有非常重要的指导意义。"参赞化育"和"民胞物与"思想是对人在宇宙中的主体性地位的肯定，并将这种主体性上升为一种道德责任和义务，只有人类意识到自己的主体性地位和责任，才能和万物共存并生，协调发展。这一点对于构建当今的生态环境具有重要的价值。

第三，从"道法自然"到"物无贵贱"。道家在"天人合一"观念上，提出了"人法地，地法天，天法道，道法自然"，也就是说人是来自于自然的，人道和天道应该是和谐统一的。人和万事万物一样只有都遵循着"天道"，才能达到与天道的和谐统一。庄子继老子之后提出："以道观之，物无贵贱。以物观之，自贵而相贱。以俗观之，贵贱不在己。"（《庄子·秋水》）也就是说人和万物其实没有贵贱之分，万事万物都有其内在的价值，而价值是没有贵贱之分的，因此万物是齐一的。因此庄子对于给马套上马鞍和头套，给牛拴上

第四章　弘扬中华优秀传统文化与增强国家文化软实力的核心内容

铁环的行为是嗤之以鼻的。庄子认为既然万物以道观之是没有差别的，那么人、马、牛就应该是平等的，人类不能为了自己的利益侵害它们按照"自然"发展的权利。庄子在继承"道法自然"的基础上提出的"物无贵贱"思想，认为人类和世界上的万事万物是平等的，人类并没有与生俱来的特权，没有为自然立法的权力，更不能主宰自然。"道法自然"和"物无贵贱"的思想放在今天更加具有生态价值，倘若人类认识不清自己的地位，总是企图征服自然、奴役自然，那么势必会遭到大自然的疯狂报复。人类只有遵循自然之道，减少对自然的人为破坏，加强对环境的保护才能与自然和谐共存，人类社会才能得到永续的发展。

（四）基于天人合一的生态文明理念的创新发展

"天人合一"观念是建立在古代朴素唯物主义的基础上的。这时人们已经基本摆脱了人格神和自然神的观念，将自然现象看作是多样性的普遍结合，人和万事万物都源于自然，就像《周易》中说的那样"天地合而万物生"，也就是说，自然孕育了万物，自然具有先在性，自然先于人类社会而存在，因此人类应该自觉地尊重自然，保护自然。

马克思主义生态观是建立在历史唯物主义基础上的。黑格尔曾站在唯心主义的立场上指出自然界是人类抽象意识外在化的表现；费尔巴哈回归到唯物主义的立场，但是他机械地认为自然是永远不变的自然，人是抽象的人。马克思、恩格斯站在两位哲人的肩膀上去其糟粕取其精华，认为人是现实的具体的人，人能够通过实践改造自然界。马克思反对将人和自然割裂开来看，因此马克思用实践作为中介将二者联系了起来。

通过对比分析我们可以发现虽然二者理论基础不同，但是二者都坚持唯物主义和一元论。都反对将人与自然割裂开，都强调人是自然的一部分并且人应该尊重自然并且保护自然。通过对传统天人合一观念的创新发展，习近平生态文明思想的基本内涵体现在以下几个方面。

第一，主张人是自然发展的产物。《周易》中有这样一段话："有天地，然后有万物；有万物，然后有男女。"也就是说，自然孕育了人类，人类事实上是自然界的一部分，自然赋予了人类生命，人死后则又回归于自然。不仅在《周易》中有这样的描述，《老子》中也写到"道法自然"，"道生一，一生二，二生三，三生万物"；张载也提及民胞物与；这都是在论证人是自然界的一部分，是自然发展的产物。习近平生态文明思想认为自然界先于人类社会而存在，是人类社会存在的物质基础。马克思把人当作自然界的一部分，把人看作自然界发展的产物，而并不是自然的异化。无论是天人合一思想还是马克思主义生态观都把人看作自然的一个有机的部分，都认为人是自然的产物，这是天人合一观念涵养马克思主义生态观的一个极其重要的部分，这与我们现在倡导的尊重自然，建设生态化的中国是契合相通的。

第二，自然界是人类永续发展的前提。自然孕育了人和万物，是人和万物生存的基础。人具有主观能动性，可以在尊重自然规律的条件下改造自然，但绝对不能超越自然规律。人依靠自然界提供的物质资料生存，一旦脱离了自然人类就不可能存在。庄子云："人之生，气之聚也，聚则为生，散则为死。"（《庄子·知北游》）庄子这句话事实上就是在说自然是人类和万物发展的前提，人类和万物禀天地之气而化为具体的形态。处理好人与自然之间的关系，是人类生存发展的前提。自然是人和万物产生的基础。自然之母孕育了人类，因此自然的状态也对人的生存发展有着重要的影响。马克思在《1844年哲学经济学手稿》中写道："没有自然界，没有感性的外部世界，工人什么也不能创造。"正因如此马克思才说人是依靠自然界得以生存的，自然界赋予了人们赖以生存的环境和物质资料。人类和自然从来都不能割裂开来，因为没有自然就没有人类存在的可能性。自然界是人类永续发展的前提。

## 第四章　弘扬中华优秀传统文化与增强国家文化软实力的核心内容

第三，人与自然应该和谐共处。中国古代天人合一思想的核心思想主要可以概括为以下几点：其一是中国古代天人合一观念倡导顺应自然，比较突出的体现在道家的思想上。例如庄子所云"人与天一也""天与人不相胜也"都是在强调人应该顺应自然规律，与自然和谐共处。其二是物无贵贱，万物齐一的思想。这事实上在告诉人们自然具有其自身的内在价值，这种内在价值不依赖于人类而存在，万事万物都具有平等的价值。这就要求人们平等地看待万物的价值和自身的价值，认识到尊重自然、保护自然就是尊重保护人类本身；破坏自然就是损害人类本身。其三是崇尚回归质朴。老子提倡无为而治，庄子宣扬逍遥，荀子倡导节用，事实上天人合一也是倡导人类建立起一个节约友好的生态观，从而实现人与自然的和谐共处。马克思主义生态观在解析人与自然关系时告诉我们，事实上人与自然的关系本质上是人与人、人与社会的关系；只有人类真正认识到人类是大自然的一部分，真正做到爱护自然尊重自然，与自然和谐共处，人类社会才能得以永续发展。异化后的人类，把自身的利益凌驾于自然之上，对自然肆意妄为的破坏，最终只能遭到大自然疯狂的报复。就像恩格斯在《自然辩证法》中所说的："我们统治自然界，决不能像征服统治异族人那样，决不能像站在自然之外的人似的。"因此，习近平生态文明思想强调人与自然应该和谐相处，这是人类社会得以永续发展的重要前提。

习近平总书记将"绿色发展"纳入"新发展理念"，提出建设人与自然和谐发展的现代化建设新格局，对于维护全球生态安全做出新的贡献。绿色发展理念继承了传统文化中的优秀思想，是对中华传统文化"天人合一"核心思想的传承和弘扬。中国自古便有着朴素的自然观，倡导人是自然的一部分。人们认为人和自然是和谐统一的，人应该顺应自然。中华传统文化中也饱含着很多"生态智慧"。作为典型的农业国家，古代中国保护生态平衡的思想最早萌芽于农业生产中。例如，重视用养结合，在农业生产中采用休耕、轮作等方法维持生态平衡。这些农作方法对我国当今的农业发展起到了积极借鉴作用。在古代历朝历代都有与保护环境相关的律令,防止滥捕滥杀。《礼记》中曾说"无竭川泽,无漉陂池,无焚山林"。可见在中国古代便有着保护环境、维持生态平衡的传统。由此可见,我国古代的农耕技术、关于环保的法律法规以及"天人合一"的思想传统,都为当下中国的环境保护发展起到了一定启示作用。新发展理念中的绿色发展理念也继承了其中的思想精华,传统文化中的绿色环保思想也对贯彻保护环境、节约资源的基本国策起到了一定推动作用。

## 第三节 基于传统探索革新观念的发展厚植创新理念

创新理念是文化软实力的统领和关键,坚持创新理念必须立足中华优秀传统文化。中华传统探索革新观念中的实践理性和自强自新为创新理念提供了重要精神资源,展示了中华文化独特魅力,增强了文化创造力。

### 一 探索革新观念与创新理念

提高国家文化软实力要坚持创新理念,拓宽发展途径,推动我国文化全面繁荣与快速发展。首先,要在实践中不断认识和解决国家文化软实力建设中存在的问题。其次,国家文化软实力建设要具备改革创新精神,要依靠自身的力量,坚持创新性原则。最后,基于创新理念不断提升国家文化软实力,需要在新时代中国特色社会主义实践基础上,研究中国社会发展的新情况解决新问题,要依托于党和人民群众对新问题的研究和创新性的解决方法。中华传统探索革新观念中的实践理性和自强自新为创新理念提供了重要精神资源,展示了中华文化独特魅力,增强了文化创造力。

一是以科学求实、知行统一为价值追求的"实践理性"。中华传

## 第四章　弘扬中华优秀传统文化与增强国家文化软实力的核心内容

统文化以人心和人生为观照，因而是面向现实、重视人生的，"实践理性"历来是中国人的认识原则和道德信条。在李泽厚的著作中，将"实践理性"译作"practical rationalism"，"指谓一种肯定现实生活的世界观，它旨在适当地解决生活中的种种问题，并在生活本身所提供的资源的范围之内享受人生"①。与李泽厚相似，韦伯认为，"儒家思想是一种将人与世界的紧张关系减少到绝对最低限度的理论伦理。……现实世界乃是所有可能的世界中最好的一个，人性自然地倾向于伦理上的善"②。在人的全部活动中，最突出最基本的就是人的实践活动。马克思在《关于费尔巴哈的提纲》中提出"全部社会生活在本质上是实践的"。合理的实践应该既是一种合规律性的活动，也是一种合目的性的活动。李约瑟说，中国的发明和发现在公元三世纪到十三世纪之间"超过同时代的欧洲，特别是在十五世纪之前更是如此"③。他的论断亦涵括墨学的科学求实精神这一历史事实。强调"求故明法""亲知"是墨学科学求实精神的突出表现，即以崇尚实际、务求实事、实行、实功、实用、实效为基本特征。这种求实际、重实用的精神，体现了墨学文化重视现实实践和功用的功利价值取向，以及求实务实的思想风格，后期墨家进一步把知实和为社会实践服务作为价值目标，这种重实、崇实、则实的理论取向，统一起来说，即科学求实精神，此其一。其二，知行理论。朱熹借助《大学》《尚书》《论语》《孟子》等儒学经典，特别是在二程"以知为本""知艰知难"知行观的基础上，明确提出了行重知轻、知行相须互发等知行并重的知行观，对中国儒学知行学说做出了独特的理论贡献，产生了广泛而深刻的影响。这样的儒家思想理论中知行合一精神，是具有一定深刻的创造性价值的，同时在客

---

① 林毓生：《中国传统的创造性转化》，生活·读书·新知三联书店2011年版，第451页。
② Max Weber, *The Religion of China, Confucianism and Taoism*, MacMillan, 1964, pp. 227 - 228.
③ 李约瑟：《中国科学技术史》第1卷总论，第1分册，科学出版社1975年版，第3页。

观事物的科学认识和积极社会实践方面,也富有启迪意义。此外,元代思想家许衡不仅在理论上继承了北宋以来明体达用的实学精神,并且积极推而广之,身体力行,特别是在教育、科技方面彰显"达用"作为。许衡强调践履笃实,主张为学应以治生、适用为目的,是为安定当时的社会秩序服务的,这种学用一致的思想和务实精神,时至今日,对于坚持新发展理念提升国家文化软实力仍具有借鉴价值。

"自强自新"包含有自强不息、日新月异两层意思。罗竹风编写的《汉语大词典》中"自强"亦作"自彊"。同时,"自强"与"自强不息"紧密相连。"自强不息"出于《易经·乾卦·象》辞"天行健,君子以自强不息",是效法"天行健"这种自然现象遵循运动规律而产生的人文精神内容。意思是说君子为人处世,也应像天按照天道运行不息一样,追求进步,发愤图强,永不停息。"自强"可以从两个层面来理解,就个人而言,面临挫折不卑不弃,不断发展;就国家而言,遭遇困难不懈怠,发愤图强,励精图治。"关于国家治理中如何根据自强不息思想建设国家,使国家富强,儒家有一套'为政以德'的主张。道家无为而治,墨家兼爱非攻、尚贤尚同,法家注重农业生产和以法治国,也都被他们认为是达到国家自强的必经之路。"[①] 国家的强大,一方面是物质硬实力的提升,另一方面是制度的健全和完善、精神文化软实力的强大。自强不息理念作为中华文明的重要内涵,为人们理解、掌握后,运用到实践活动中,就成为自强不息精神。

根据《辞海》,"自新"意为自己改正错误,重新做人;罗竹风在《汉语大词典》赋予"自新"第二种解释,意谓日有新得,即日新月异。"日新月异"观念主要包括人们的变革和创新意识,强调"时中""与时偕行"等,反映了中华文化源远流长的文化传承与创

---

① 张岂之:《中华优秀传统文化核心理念读本》,学习出版社2012年版,第98页。

新精神。日新月异的理念源远流长，商汤的《盘铭》说："苟日新，日日新，又日新"，蕴藏着日益创新和不断变革的精神，凝聚着中华传统文化的进取精神，为日新月异观念的形成和发展奠定了基础。到近代，思想家多将日新月异理念当作维新变法或政治革命等主张的理论根据，日新月异理念焕发出新的活力。日新月异不只是个体的道德修养，而且延伸到民族、国家的层面，与民族救亡图存的伟业相联系，并发挥重要作用。经过历代不同思想家的阐发，日新月异的理念已经成为中华文化一个基本特质，它塑造了中国人独特的精神面貌，同时也成为中华文化保持长久活力、绵延不绝的内在原因。重视创新、与时俱进这种日新不已的活力和动力应用在文化上体现为一种"文化活力"。文化活力就是民族文化的传承与创新的能力，它体现了文化的自我调节和与时俱进。

## 二 实践理性

实践理性观念在中华传统文化中经历了漫长的历史发展过程，在中华文明的传承和延续中起到了重要的社会作用。对实践理性的不同看法和回答反映着每个民族独特的传统文化和民族精神。康德最早将实践引入伦理学，将人类理性分为理论认知理性和道德实践理性；黑格尔进一步从主客体统一的角度把握实践理性。但究其实质，他们宣扬的都是精神自我意识的活动。在中华传统文化中的实践理性，一直是伴随着"知""行"关系展开的，将人与社会的关系作为重点。

（一）实践理性的基本内涵

中国传统实践理性在道德伦理范畴强调"知"与"行"不可分割，并最终落在"行"上，体现了重"行"的实用精神。实践理性强调知与行相互贯通和促进，强调理论和实践的辩证统一，化知识为德性、化德性为德行。其主要观点有：行先于知，由行致知；知之明也，因知进行；以行验知，以行证知；知行并进，相资为用。

实践理性的主体是人，所以实践理性观念充分尊重人的地位和作用，高扬人的主体精神。实践理性主张的是人在这个社会里实际所做的一些活动，不仅仅是单一的抽象的行为，其主要宗旨就是促进人和社会的全面发展，也就是说实践的目的是通过人、为了人、依靠人从而实现全面发展，这些思想充分体现了对人的尊重、关心与理解，从而有利于发展人的主观能动性。同样，因为人作为社会的主体，都希望社会可以全面发展，所以人往往都是会先完善自己，因为完善自己以后才可以更好地为社会服务，于是人都会追求更高的道德修养，强调自己自觉的精神，遵守道德法律，使得我们所处的社会更加和谐完备，更有利于我们人类生活发展。

（二）实践理性的发展轨迹

中华传统文化的一个重要特点就是关注现实，主张经世致用。与西方思想家们主张追求纯粹的知识与抽象的概念不同，中国思想家更为关注的是人与社会的关系，在考察人的时候，通常注重的是将人放在当下的大环境中。因此，中华传统文化中实践理性亦称实用理性。李泽厚在《实用理性与乐感文化》中指出实用理性就是经验合理性，即不承认先验理性，不给予理性以最高位置，而将理性看作是为人类生存而服务的工具，因而不能脱离历史经验。实用理性不是一成不变的一种模式，而是一个具有创造性结构原则的发展过程或系统。

1. 孔子的实践理性思想

孔子实践理性的第一个重要特点就是关注现实，讲究实用，比起研究对象"是什么"，更加重视"怎么办"，重视实际效果。孔子的思想中"仁"占有重要地位，"仁"不仅是个人的道德标准，更是孔子所追求的社会状况。在《论语》中，"仁爱"思想占据了大量的篇幅，孔子的弟子询问孔子什么是"仁"时，孔子都是从如何达到"仁"来回答。譬如，樊迟问仁，子曰："爱人"；颜渊问仁，子曰："克己复礼为仁"；子贡问仁，子曰："何事于仁！必也圣乎！

尧舜其犹病诸！夫仁者，己欲立而立人，己欲达而达人。"① 可见，孔子的回答都在于如何成为仁人。而且，孔子从不泛泛地空谈他的理想社会、大同社会，而是主张从细致之处入手，培养每个人的道德理念，同时强调学习教育的重要性，这也体现了孔子的经世致用。

孔子实践理性的第二个重要特点就是对待鬼神敬而远之，存而不论。这种相信鬼神天命存在的明显的非宗教化倾向同时还包含着强烈的天命意识。存而不论的天命意识是孔子主张人应该重视自我价值实现，这种价值实现是应该在现世中完成的，无关鬼神和来生。"敬鬼神而远之""未知生，安知死？"等都体现了这一点。

孔子实践理性的第三个重要特点就是其乐观豁达的生活态度和积极入世的政治理念。孔子视"克己复礼"为最高政治理想，奔走一生为实现政治目标，"知其不可而为之"，不言放弃，这种"乐以忘忧，废寝忘食"的入世精神是孔子实践理性的重要体现。孔子一生虽然生活艰难、四处碰壁，可依然保持着"得则得之，不得则舍之"的旷达积极的生活态度，所以，孔子一生坚守着自己"富贵不能淫，贫贱不能移"的人生准则。

2. 孔子后的实践理性思想

孔子的实践理性思想在后世得到进一步发展，主要分为"内圣"和"外王"两种不同的思想路径，二者在思想特点上具有显著差别，却都自始至终贯穿着讲究实用、重视实效的特点。

"内圣"强调内在的道德修养。孟子是这一路径的重要代表人物，他重视人的道德品格修养。"穷则独善其身，达则兼善天下"，体现了孟子在推崇百姓进行道德修养、自我教化的同时更为重视社会责任，在修身成圣贤后应该兼顾百姓，完成自己的社会责任。宋明理学最为重视内在修养，张载的思想具有明显的经世致用特点，主张以自己所学回报社会，立足现实，"为天地立心，为生民立命，

---

① 于洪卫：《中国传统实践理性的历史发展与局限》，《湖北社会科学》2013年第3期。

为往圣继绝学，为万世开太平"是张载的重要治学信念，这充分体现了思想家的社会担当意识。陆王二人更是以治国平天下为己任，将自己的学说作为维护传统封建政治制度的载体教育世人，陆九渊对自己的学生进行教学，讲究既要达到自身内心品性道德修养，同时更要有驾驭世间万物的情怀和能力。王守仁的一生中，有两项成就一直被后人称道，一是建立心学体系，发展儒家思想，另一就是破山贼，维护百姓安定。由此可知，"内圣"路径十分重视自我道德修养之后对社会责任的承担。

"外王"路径讲究平天下保民安，开辟经纶风范。荀子是"外王"路径的重要代表人物。与修身相比，荀子更加注重隆礼。荀子认为，社会的存在和发展，需要礼这样的秩序规范和道德标准，主张以礼治国。《劝学》中提出了一个重要的观点就是，没有规矩，不成方圆。与孔子不同的是，荀子对待鬼神并非敬而远之，而是制天命而用之，更加重视人的主观能动性。汉代今文经学以董仲舒为主要代表，强调君主要正心以正百官、以正朝廷。但更加注重的是以礼制为核心的三纲五常、等级森严。董仲舒一方面追求儒家学说地位的至高无上，另一方面将孔子的政治之位极力提高，在意识形态上罢黜百家独尊儒术，这些都是董仲舒经世致用的重要体现。

中华传统文化的实践理性思想经过先秦、两汉等历史时期的发展和演变，到宋明时期，"知""行"的关系成为重点探讨的对象，在宋明理学的发展过程中得到了传承和创新。北宋程颐提出了先知后行说，将知放在基础地位，行需先知思想突出强调了实践主体的认知自觉性和重要程度。宋明理学的重要代表人物朱熹在知行论上继承了二程的思想，同时加强了对"行"的关注度，提出了"行"重于"知"，认为二者相互依赖并相互促进，但是朱熹的"知"是对天理的认知，"行"是在此基础上进行伦理道德的躬行，这并不是真正意义上的社会实践，在程朱理学中，知与行都是在道德层面上的对"理"的追求与认知。但是朱熹第一次辩证地解释了知与行的

## 第四章 弘扬中华优秀传统文化与增强国家文化软实力的核心内容

统一关系，只有通过亲身实践才能达到对理的认知。

王阳明根据其时代的现实状况对程朱理学的实践理性进行批判，并提出了"知行合一"思想，倡导人们将道德实践与道德认知合而为一，以挽救当时社会道德实践与道德认知相脱离的现象。他将探讨的重点放在了知行关系上，所谓"知"指的是人们在道德伦理上的自觉意识和主观能动性，"行"是人们的道德行为与道德实践。"致良知"思想将二者统一起来，在以往的知行论中，知行虽然紧密联系，但也相互区分。而王阳明认为，知与行完全统一，知即行而行即知，主观意识与实践活动是不可作为相互区分的个体进行行动的，二者互相含蕴，相辅相成。

王夫之则在批判继承以往知行关系的基础上提出了更为重视行的知行统一论。其一，将"知之非艰，行之惟艰"与孔子"先难后获"相结合，主张"先行知后""知行终始不相离"（《读四书大全说》卷三）"行可兼知，而知不可兼行"（《说命中·尚书引义》卷三）。其二，对程朱理学的知行论进行了批判，提出只有躬行才出真知，行后方知道之所存。其三，知以行为目的，行以知为益，并且以知指导行为。他强调了行对于人的主观能动性的重要作用，是更加富有内涵的认识论。王夫之将中国的传统文化和历史意识进行汇总和传承，并将其上升为一种追寻不以人的意志为转移的客观规律的哲学高度。进而强调应该从客观必然的趋势来看传统理学的天，使天理逐渐摆脱传统理学的伦理性，更加接近于客观历史总体规律的近代观念。[①]

3. 现代的实践理性思想

中国传统的实践理性具有一定的局限性，其主要围绕道德方面展开，并不是科学地认识世界改造世界的社会实践，这对于正确解释社会发展的客观规律和认识发展动力是不利的；中华传统文化中实践理

---

① 参见李泽厚《中国古代思想史导论》，人民出版社1987年版。

性过于关注现实，忽略了科学理论与抽象思维，这对于形成一个系统的理论的文化体系是不利的。邓小平同志批判地继承了传统实践理性，从多方面对传统文化实践理性进行了继承与创新。一是注重实际，走马克思主义中国化路线，坚持立足国情，选择改革开放道路，为中国特色社会主义制度的开创做出了巨大贡献。我们检验一个方法是否正确的时候，我们不应该去考量这是否是之前的社会主义国家所尝试过的，也就是先验原则。而是应该以最终的结果作为判断标准。二是邓小平同志十分重视科学技术在社会发展中的作用，并且提出了"科学技术是第一生产力"的思想。这在很大程度上弥补了中国传统实践理性过于注重现实而忽略科学知识与抽象思维的问题。

（三）新时代马克思主义实践观的构建

随着当今社会的发展，知行合一被赋予了新时代的意义。习近平总书记对王阳明的"知行合一"观点十分重视，并且要求深入挖掘、整理、弘扬和践行王阳明的知行合一思想，使之成为当代马克思主义实践观的新指标，从而进一步发挥"知行合一"等优秀传统哲学思想在中华民族伟大复兴实践中的巨大作用。习近平同志曾多次提到"知行合一"的哲学理念。2009年3月31日至4月3日，习近平同志在河南调研，到学生自发组织的以"知行合一、报效祖国"为主题的理论研讨会会场与大学生们进行交流和探讨。2013年7月11日至12日，习近平总书记在河北省调研指导党的群众路线教育实践活动时强调，以"知"促"行"、以"行"促"知"、知行合一。2014年1月，习近平总书记提出"知"是基础、是前提，"行"是重点、是关键，必须以知促行、以行促知，做到知行合一。3月25日习近平总书记发表在《费加罗报》的署名文章提到中国人讲"知行合一"与法国人讲"打铁方能成铁匠"都强调要把思想转化成为行动。5月4日习近平总书记指出，加强道德修养、注重道德实践，……于实处用力，从知行合一上下功夫。5月24日习近平总书记在上海考察时强调，培育和践行社会主义核心价值观，贵在坚持知行合一、坚持行胜于言。由此可见，习近平总书记对"知行合一"的批判继承和发展，这也正是当代马克思主义实践观吸收传统知行合一思想的重要体现。

第一，中国传统实践理性对于马克思主义实践观观照内心不足的弥补。人类自身的矛盾是物质与精神之间的矛盾，二者对于人类的发展都十分重要。在人类史上，在不同生产力条件下的社会中，二者的重要程度也不同。在当代社会中，生产力水平的日益提升使得人们的物质条件得到了极大的满足，这也使得人们的精神与心灵愈发需要关注与重视。从中国传统实践理性中可以看到很多道德观方面的显著成就，但其中也有一些落后消极的部分不容忽视。比如，愚忠愚孝并不可取。这些思想内容无法满足当代社会的需要，有违社会主义核心价值观，应当取其精华、去其糟粕，将中国传统实践理性中科学且合理的部分用于弥补马克思主义实践观中对于人们内心观照的不足。

第二，中国传统实践理性对于马克思主义实践观人伦关系的丰富。人与人之间的矛盾包括个体与个体之间的矛盾和个体与社会之间的矛盾。马克思在谈到人的本质的时候，通过阐发人类的社会属性提出了人的本质在其现实性上是一切社会关系的总和。而中国传统实践理性中，以五伦规定人与社会的关系，这与马克思主义哲学相对比更为具体化，并提出了相应的方法论告诫世人如何正确处理人与社会的关系。五伦思想区别于传统的三纲五常，规范君臣关系、父子关系、夫妻关系、手足关系和朋友关系，它以仁义礼智信贯穿始终。强调个体在社会中应当承担的社会责任和社会义务，重视个体之间的和谐与友爱，从而保证个体与社会关系的和谐。这些思想在一定程度上可以丰富马克思主义实践观在人与社会的关系方面的内容。此外，在当代社会，人们的物质需求不断提高，争夺物质生产资料的冲突越来越多，在这样的时代背景下，应当从中国传统实践理性中汲取精华构建一个更加关注家国、邻里关系、手足友谊的新时代马克思主义实践观。

第三，中国传统实践理性对于马克思主义实践观人与自然关系的匡扶。中国传统实践理性在人与自然的和谐共处上的阐发比马克思主义实践观更为具体。马克思主义实践观中的实践是人类与自然的统一。马克思和恩格斯也论述过人与自然和谐统一的观点，他们认为人是自然界发展到一定程度的产物。在人类对于自然界进行改造和发展后，我们必须清醒地认识到自然界被我们改造后也会对我们产生巨大的影响。在中国传统实践理性中，人与自然的关系被中国古代哲人们阐发的更为具体化。中国古代知行观认为应当尊重自然、爱护自然，保护大过索取，强调人与自然的和谐共生。张载提出人与自然万物都是和谐共生的，对自然应当取之有道、用之有度，人应当热爱自然、保护自然。由此可知，马克思主义实践观在人与自然的矛盾论在理论上更富有条理性和逻辑性，中国传统实践理性更多的是实践后的经验总结，更为贴近生活，符合我们的日常需要，规范更为具体切实。在当代社会中，将天人合一等思想融入当代马克思主义实践观中是切实可行的，以此来规范人们的日常生活生产行为，对当代社会的影响也将是显著的。

### 三 自强自新

一部中华民族的文明发展史，从本质上说是一部中华民族自强自新奋斗史的生动体现。正是凭着这种精神，中华民族创造了彪炳史册的伟业。我国是一个具有五千年文明历史的国家，几千年积淀的传统文化既存在着浓厚的封建残余，也包含着许多优秀的成分。它们有的在现代社会中仍发挥着积极作用；有的则经过融入新的内容，仍可发挥积极作用；还有的在未来社会可能发挥巨大作用。中华文明源远流长，靠的正是中华传统文化中蕴含的自强自新精神，体现了中华民族奋发图强的民族精神和永不衰竭的文化活动。

## 第四章 弘扬中华优秀传统文化与增强国家文化软实力的核心内容

（一）自强自新的基本内涵

研究中华传统文化自强自新精神，首先要考察"自强自新"一词的词源和含义。一是自强的内涵阐释。罗竹风编写的《汉语大词典》（第八卷）将"自强"解释为"自彊"。意思是：自己努力图强。其实，从我国古代典籍到近现代的文献中，多有关于"自强"一词的记载。如在《楚辞·九章·怀沙》中："惩违改忿兮，抑心而自强。"在《史记·留侯世家》中有："上虽苦，为妻子自彊。"唐朝李咸用《送人》诗中"眼前多少难甘事，自古男儿当自强"表达了自强的含义。《宋史·董槐传》中写道："外有敌国，则其计先自强。自强者人畏我，我不畏人"，表达了作为国家应该自强、作为个人应该自强的含义。《东周列国志》第三回："王今励志自强，节用爱民，练兵训武，效先王之北伐南征，俘彼戎主，以献七庙，尚可湔雪前耻。"鲁迅《坟·文化偏至论》："此亦赖夫勇猛无畏之人，独立自彊，去离尘垢，排舆言而弗沦於俗囿者也。"另外，在《辞海》中关于自强的解释为：自己努力向上。如《礼记·学记》中写道："知困，然后能自强也。"同时，"自强"与"自强不息"紧密相连。如在《孔子家语·五仪解》中："笃行信道，自强不息"等等。综上所述，自强一词可以从两个层面来理解，就国家层面来理解，意为一个国家要发奋图强，永不停息，为国家的人民谋福祉。就个人层面来理解，意为个人要努力向上，凭借自己的拼搏来实现自己的人生目标和人生价值。

二是自新的内涵阐释。根据《辞海》解释："自新"意为自己改正错误，重新做人。在《史记·孝文本纪》中记载："妾愿没入为官婢，赎父刑罪，使得自新。"宋代著名思想家、文学家、政论家，永嘉学派代表人物叶适在《代宗彦远青词》中写道："虽积罪以致祸，犹积哀而自新。"近现代的著名小说家、散文家、诗人郁达夫在其代表作《沉沦》中写道："若从此自新，我的脑力还是很可以的。"都是表达了作为个人愿意改正错误，重新做人的意思。

罗竹风编写的《汉语大词典》（第八卷）赋予"自新"第二种解释，意谓：自强不息，日有新得。如唐朝的初唐四杰之一杨炯在《岳州刺史前长史宏农杨諲赞》中写道："学以自新，政惟柔克。"综上所述，自新一词也可以从两个层面来理解，就国家层面来理解，意为一个国家绝不能守旧，故步自封，而要坚持自强不息，拥有与时俱进的精神。就个人层面来理解，意为个人要勇于改正自己的错误。

（二）中国古代文化格局中自强自新的内容结构

自强自新是始终贯穿和渗透于中华民族存在和发展过程中的一项基本精神。作为民族精神，自强自新的主要内涵具体体现在三个方面。

其一，锲而不舍、知难而进是自强自新的渊源。孔子对"强"进行界说，"和而不流，强哉矫；中立而不倚，强哉矫；国有道，不变塞焉，强哉矫；国无道，至死不变，强哉矫"（《中庸·第十章》）。在孔子看来，强大的人坚持信念；强大的国家无论政治清明还是混乱无序，都坚持自己的原则。老子提出"自胜者强"，认为通过自己战胜自身的弱点而达到的强大，才是真正的强大。"由此，能够坚持信念，克服自身弱点，就成为个人能力强的标志。"① 墨子提出"今人固与禽兽麋鹿蜚鸟贞虫异也。今之禽兽麋鹿蜚鸟贞虫，因其羽毛以为衣裘，因其蹄蚤以为绔屦，因其水草以为饮食。……今人与此异者也，赖其力者生，不赖其力者不生。"（《墨子·非乐上》）也就是说，人与禽兽的差异正在于人必须依靠自己劳动才能生存，只有统治者与百姓都努力劳动、工作，社会才能存在，而不至衰败。墨子的社会政治哲学就是建立在这个简单朴素的道理之上。与孔孟一样，墨子不反对"劳心"与"劳力"的分工，还特别强调要"尚贤使能"来治理天下。但是墨子的"尚贤"主张打破了限制

---

① 张岂之：《中华优秀传统文化核心理念读本》，学习出版社2012年版，第98页。

#### 第四章　弘扬中华优秀传统文化与增强国家文化软实力的核心内容

在和服从于尊尊亲亲的氏族血缘传统范围内的举贤。"古者圣王，甚尊尚贤，而任使能，不党父兄，不偏富贵"（《墨子·尚贤中》），"赏贤罚暴，勿有亲戚兄弟之阿"（《墨子·兼爱下》），"虽在农与工肆之人，有能则举之"（《墨子·尚贤上》）。墨家的重"力"思想，以不同方式渗入或融合在儒家和法家思想中，对人生世事、政治经济都构成积极的推动作用。中华民族以坚持不懈而著称于世。古代典籍如《荀子·劝学》中的"锲而舍之，朽木不折；锲而不舍，金石可镂"，体现知难而进、坚韧不拔的精神，是对中华民族坚持不懈、奋斗不息精神的真实写照。

其二，奋发进取，刚健有为是自强自新的精神实质，也是贯穿儒家学说整个思想体系的一条基本线索。儒家文化，不论是先秦的孔孟荀卿之学，还是两汉以后的新儒学，其主流都是经世致用，兴邦治国，教民化俗，致力于"今生"，贯穿于其中的一种生生不已的顽强精神就是奋发进取、刚健有为的思想。儒家学说关于奋发进取、刚健有为的思想体现在两个大的方面，一是有形的经典著述当中，二是无形的历代有识之士乃至平民百姓为人处世、安身立命、孜孜不倦的人生追求当中。例如《周易》中的"天行健，君子以自强不息"；《诗经》中的"周虽旧邦，其命维新"。孔子提倡并努力实践"发愤忘食"精神，"发愤忘食，乐以忘忧，不知老之将至"（《论语·述而》）。从汉代到清代，"西伯拘而演《周易》；仲尼厄而作《春秋》；屈原放逐，乃赋《离骚》；左丘失明，厥有《国语》；孙子膑脚，《兵法》修列；不韦迁蜀，世传《吕览》；韩非囚秦，《说难》《孤愤》；《诗》三百篇，大抵圣贤发愤之所作为也"（《史记·太史公自序》）。刚健有为、自强不息精神的影响从知识分子延展到人民大众，激励着整个社会，增强了中华民族的凝聚力。

其三，生生不息、革故鼎新。商汤的《盘铭》说"苟日新，日日新，又日新"（《礼记·大学》），蕴含着日益创新和不断变革的精神，凝聚着中华传统文化的进取精神。生生不息、革故鼎新是自强自新的民族精神的核心内容。革故鼎新即革新、创新、除旧布新之意,这是从动态的角度去界定自强自新的民族精神。与西方机械论宇宙观不同,中国强调"生生"的宇宙观,《易经》始终把宇宙看成一个生生不息的运动过程。孔子也揭示"逝者如斯夫,不舍昼夜!"(《论语·子罕》)其中蕴含的变易思想涵养中华传统与时俱进的理念,也为自强不息精神提供了思想基础。《系辞》说:"天地之大德曰生。富有之谓大业,日新之谓盛德,生生之谓易。"(《系辞上》)变化不是没有方向和内容,变化的重要内容是"生生",不断有新的东西生成,这是变易的本质。宇宙是充满创造活力的,因此,变化包含创新,永久的变易包含永远的革新。

革故鼎新语出《周易·杂卦》"革,去故也。鼎,取新也"。法家思想的集大成者韩非子提出"世异则事异,事异则备变"的历史进化观点,用以论证其合理性;《周易》中提出"天施地生,其益无方。凡益之道,与时偕行"(《周易·益卦》)。均是体现进取和创新的论述。关于生生不息与革故鼎新的内在关系,古代思想家也有探讨。《周易》认为,天地间阴阳消长、刚柔相济,造就了一个万物竞生、生机盎然的世界,阴阳相辅相成、相互推动,构成事物不断运动变化的动力。因此,"生"是事物自然运动变化的基本性能和内在动力;在"生"的支持下,整个宇宙便处于不断流动变化、创新不已的过程中。

(三)近代以来自强自新的形态和转型

第一,文化主体意识和创新理念。熊十力强调"本体现象不二,道器不二,天人不二,心物不二,理欲不二,动静不二,知行不二,德慧知识不二,成己成物不二"[①]。"体用不二"把宋明理学的伦理学和人生观翻转为宇宙观和本体论。熊十力否认脱离"用"的本体,强调生生不息变动,反对以"静""空""主宰"为实质的造物主、

---

① 熊十力:《原儒》,岳麓书社1956年版,"序"。

## 第四章 弘扬中华优秀传统文化与增强国家文化软实力的核心内容

第一因或本体。"体用论"作为中国应对外来冲击与挑战的最初文化变革方式与文化融合机制,是中国动态涌动的现代化思潮的开始。张岱年先生认为近代以来的"中体西用论"和"西体中用论"虽然在一定程度上都有割裂体用的缺点,但是其思维模式中蕴含的中华民族在特定历史条件下的自强自新精神是值得探讨和反思的。20世纪80年代,张岱年先生明确提出了"文化综合创新论",并反复强调必须坚持以马克思主义的世界观和方法论为指导,坚持中国新文化建设的社会主义方向,积极发挥先进文化的引领作用。必须坚持中华民族是中国社会主义新文化建设的主体;必须坚持对中西文化采取分析的态度,以开放的胸襟学习、借鉴、吸收西方文化和人类文明中一切有价值的成果,作为"他山之石"为我所用。[①] 这三项基本原则既有民族自立自强的表现,又有文化日变日新的态度。方克立把张岱年的新文化建设理论概括为"马魂、中体、西用"论,只有"以西为用",才能避免陷入文化封闭主义,从而实现民族文化的多元发展与日新之变。

第二,民族独立意识和革新精神。曾国藩的自强观涉及国家和个人修养层面,具体提出了自强的三个方法和三个原则。三个方法即有一股韧劲;以理性认识为基础,对由弱到强的规律有所认识和掌握;关键环节是慎独。三个原则包括:自强主要在自我修养,而不在"胜人";"以能立能达为体,以不怨不尤为用";持之以恒。洋务运动兴起后,自强自新遂成为这一运动的旗帜。洋务派领袖人物奕䜣说:"治国之道,在乎自强",认为自强自新乃是中国当时御侮图存的总方针。严复主张以变革保种图存的思想,在当时起到鼓舞民众的作用,对现代人也是一种勉励。严复由生物进化推及人类,社会的进化而存、退化而亡。尽管在理论上有些许不足,但强调自强保生、抗争发展的道理,对解决民族艰危的历史困境具有振聋发

---

① 郑万耕:《张岱年先生对中国文化的贡献》,《衡水学院学报》2014年第6期。

聩的感召力和震撼力。

　　康有为坚持"循序渐进"的进化，主张"据乱"必须经由"升平"才能到"太平"，"君主专制"必经由"立宪民主"才能完全的"共和民主"，即"三世不能飞跃"的理论。这种历史发展观是一种典型的改良主义的进化论。不仅宣传了进化，同时也反对了飞跃的进化。承认发展但否定飞跃，承认矛盾但否定矛盾的斗争，在后期必然发展为对抗革命的思想。严复在《原强》中介绍了达尔文的《物种起源》，并翻译了赫胥黎的《天演论》强调进化是一种不可抗拒的规律，因此人们应当奋发图强，以求"适者生存"。进化论思想在整个社会起了巨大的启蒙作用。

　　谭嗣同提出了"仁—通"的宇宙总规律，"仁"的实质是被提升和抽象化了的客观世界总规律，"通"的主要内容是事物的平等的沟通、联系、一致和统一。与康有为一样，谭嗣同基本上是把自然和社会看作一个永恒的运动、变化和发展过程。以"统一""日新""破对待"为基本内容的"仁—通"的辩证观念，究其现实来源，是那个时代的自然科学和社会急剧变化在哲学观上的反映。当然，这种"相通"观念的内容是十分贫乏空洞的。不能具体地了解各种事物联系的多样性和复杂性，具有机械性质。反映着资产阶级把人间的规范说成是自然规律，把当时资产阶级的经济、政治要求说成是永恒的客观准则。改良派变法维新的经济政治思想到谭嗣同这里算是得到了最高的哲学升华。

　　作为近代资产阶级哲学的标本，孙中山世界观的基本内容是对自然科学和社会现象直观的朴素的概括结果，坚持的是进化发展的普遍观念。孙中山简述了宇宙和自然形成的历史过程，在孙中山看来，宇宙万物都是发展的结果，有机界和人类乃是物质长期发展的产物。总的说来，中国近代先进思想在自然观上对近代西方自然科学的接受和吸收，达到了一个新高度。但是，康有为的"电—知"、谭嗣同的"以太—心力"、孙中山的"生元"都强调主观心知、精

## 第四章 弘扬中华优秀传统文化与增强国家文化软实力的核心内容

神、意识的作用,夸大主观的空想,想把愿望尽快变为现实。这些都反映了自强自新精神在近代的变化。

五四运动提出了一系列新理论、新思想,彰显出启蒙时期思想家的革新意识和革新精神。陈独秀说:"新文化运动要注重创造的精神。创造就是进化,世界上不断的进化只是不断的创造,离开创造便没有进化了。……不满足才有创造的余地。"① 可见,五四时期的先进知识分子们确实具有创新思想、革新精神,体现出民族独立意识和改革创新精神。

近代自强自新精神还表现在毛泽东主"动"、主"变"思想。毛泽东强调运动、斗争、相对性和自我精神、意志等方面的同时,也特别注重体魄活动这一点,这与强调"力"、"强"、体力劳动的墨家和颜元哲学有更多的相同处。毛泽东写道:"国家有变化,乃国家日新之机,社会进化所必要也。"② 在毛泽东看来,毁灭不代表悲观失望,而是寄托着希望和信心,灭者必新生,毁者必新成。可见,毛泽东的变化论和运动论,不是渐进论的改良主义,不是庸俗的进化论,而是旧质毁灭与新质生成的质变论即革命论。毛泽东所倡导的态度主要包括自力更生、艰苦奋斗、敢于斗争三个方面,反映了毛泽东强调大无畏的精神和必胜的信念,是毛泽东所创建的中国式的马克思主义新文化中十分有特色的自强自新精神的重要内容。

第三,从"双百"方针到中国梦。自强自新精神是推动中华民族发展进步的最重要的精神动力,是中华民族生生不息的力量源泉。中国共产党人在长期的革命和建设实践过程中身体力行,继承并弘扬了自强自新的伟大民族精神,为中国的建设、改革和发展事业提供强大的精神动力,使中华民族自强自新的民族精神在当代得到丰富和发展。

---

① 陈独秀:《新文化运动是什么》,《陈独秀文章选编》上,生活·读书·新知三联书店1984年版,第516页。

② 中共中央文献研究室:《毛泽东早期文稿》,湖南人民出版社2008年版,第200页。

1956年4月，毛泽东同志首次确立了"百花齐放，百家争鸣"的基本性的、长期性的文化发展方针。党的十一届三中全会作为重要转折点迎来了文化建设的新发展，以邓小平同志为主要代表的中国共产党人提出"必须大胆地吸收和借鉴人类社会创造的一切文明成果"，努力构建庞大而丰厚的文化体系。江泽民同志在美国哈佛大学的演讲中，深刻论述了自强不息传统对当代中国改革开放时代精神的影响，他说，"'天行健，君子以自强不息'的思想，成为激励中国人民变革创新、努力奋斗的精神力量"。"改革开放，是中华民族自强不息和变革创新精神在当代的集中体现和创造性发展。"胡锦涛同志坚持把改革创新精神贯彻到治国理政的各个环节，并做出建设创新型国家的战略决策，他强调"实践永无止境，探索和创新也永无止境"，并指出"建设创新型国家的决策，是事关社会主义现代化建设全局的重大战略决策"，明确提出文化与科技创新的密切关系。把改革创新精神贯彻到治国理政的各个环节，勇于变革、勇于创新，永不僵化、永不停滞，不断开创中国社会主义事业及文化软实力发展的新境界。

以习近平同志为核心的党中央，以创造性转化、创新性发展推动中华文化现代化。中国共产党领导下文化方针政策因时制宜的变通和与时俱进的发展无一不体现着对中华民族自强自新精神的传承与发展。由此可见，自强自新的古典内容更多地偏重个人自强修养，间或涉及国家自强问题；与之相比，近代以来由于民族国家出现危机，自强自新不排除个人的自强不息，但更多的则偏重于国家富强建设。

（四）新时代自强自新精神的创造性转化与创新性发展

中华传统文化在这个潮流的冲击下必然发生历史性变迁，即迈向现代化，这是不以人的意志为转移的。中华传统文化中的自强自新精神必将要适应世界历史发展潮流，必将伴随着整个人类文明的转折而迈向现代化。因此，新时代要实现自强自新精神的创造性转

## 第四章 弘扬中华优秀传统文化与增强国家文化软实力的核心内容

化与创新性发展,就要从宏观和微观两个视角进行考察。

第一,自强自新精神在社会主义文化强国建设中的基本原则。首先,以传统为灵魂。一个民族的优秀传统是前后相承、不断延续的。新阶段中华传统文化中自强自新精神的创造性转化与创新性发展仍是在特定历史条件下的延续,作为历史的连续体,其价值取向仍然会保持其历史个性。众所周知,任何民族文化的现代化都是立足于原有民族文化的深厚土壤之中。因此,要实现自强自新精神在现时代条件下的创造性转化与创新性发展,就不能忘记历史、背叛历史。

其次,以现实为根基。文化的发展不仅具有历史性,更具有现实性,任何一种优秀的文化,必将随着现实的发展而发展。中华传统文化中自强自新精神的创造性转化与创新性发展亦是如此。它需要以现实为根基,一方面要放弃、淘汰一些与现代社会不适应的旧文化、旧特质;另一方面要吸收、融化、整合一些适合现代化社会需要的新文化、新特质,凝练中国人在历史发展中体现自强自新的生动实践。这些体现出的拼搏进取、众志成城、与时俱进的时代文化都是对中华传统文化自强自新的传承与创新。

最后,以时代为脉搏。中华传统文化在其历史发展过程中,逐渐形成了一种封闭性的价值体系。1848年,鸦片战争的硝烟唤醒了沉睡的中国人。血的教训警示我们,面对世界经济结构的发展、全球文化信息的传播和现代科学技术的变革,中国的文化发展再也不能保持封闭性的价值体系。自强自新的精神作为中华传统文化的重要元素,必须适应世界历史发展潮流,以时代为脉搏,建立开放的价值体系。每个时代都有每个时代的精神,中华优秀传统文化中的自强自新精神既体现为"天行健,君子以自强不息"的进取意识,又体现为"变则通、通则久"的创新精神;既体现为"敢为天下先"的锐气勇气,又体现为"六经注我、我注六经"的自觉自信。

第二,自强自新精神在社会主义文化强国建设中的价值体现。

我们的国家正处在一个社会历史的变革时期。这种变化不仅会引起浅层的物质生活的变化,也将会引起深层的精神生活的变化。为了实现这种变革,为了实现中华民族的伟大复兴,我们不仅需要从社会经济制度上去思考,更应需要从文化理论上去思考。实现中国梦需要与弘扬中华优秀传统文化有机结合起来,去除其旧时代的烙印,充实其时代精神、时代内涵,实现创造性转化和创新性发展,做出符合中国特色社会主义伟大实践的价值阐释,才能传承下来、升华起来,才能为实现中国梦提供不竭的精神源泉,筑牢实现中国梦的文化根基。

其一,自强自新精神是在社会主义市场经济条件下所必需的现代人格素质。自强不息,要求人们在学习、行动、语言、做事等各方面不断努力提升自己。现代人要能够自觉地体认这种精神及其历史使命感和责任感,以具体实践活动体现出这种精神。社会主义市场经济要求人们按市场的需要和公平竞争的原则来组织社会的生产活动。这就要求人们具有振奋人心的精神,奋发图强,自强不息;具有克除旧习、积极向上的主动性;瞬时行止,趋时而中,不被表面的变化所迷惑。

其二,自强自新的态度有助于人们创新意识的培养。恩格斯说"传统是一种巨大的阻力,是历史的惯性力……一定要被摧毁"[1],这是从社会革命的角度解释传统的社会功能。孔子在坚持礼的基本思想原则的前提下,也奉行变通的原则。当然,也要注意避免复古主义、形而上学、教条主义、保守主义、国粹主义几种倾向。

其三,自强自新精神是中华民族主体意识的重要成分,是爱国主义精神和民族凝聚力的思想理论基础。中华民族拥有五千年的悠久历史与文化,自强自新精神带领着我们在经济、军事、医药、政治等领域取得了不可忽视的成就。在外来文化不断输入的今天,国

---

[1] 《马克思恩格斯选集》第3卷,人民出版社2012年版,第772页。

## 第四章 弘扬中华优秀传统文化与增强国家文化软实力的核心内容

家首先应该树立起人民群众的文化自信心，重视本国文化，并且在这之后推进自立进取精神的创新性发展，因此必须辩证地看待、分析自强自新精神。在中国一步步走向现代化的进程中，推己及人的自我修养和不懈奋斗的主观积极性一直是中华传统文化精神的灵魂所在，也一直发挥着它的积极作用。直到今天，自强自新精神的内涵与我国社会主义核心价值观的培养践行也有着很高的契合度。然而，我们应该意识到，时代在进步，社会在发展，自强自新精神也应做出改变，应被赋予更加丰富的内涵。总之，我们不能因为自强自新精神在历史上发挥的重要作用而一味地鼓吹它，也不能因为它在时代发展中暴露出的一定局限性而一味地抛弃它，应该用辩证的眼光去看待自立进取精神、看待中华传统文化，在保留其核心内涵的基础上，取其精华，去其糟粕，不断地结合时代背景对其进行合理化的改造，从而实现自强自新精神的创新性发展。

习近平总书记提出的新发展理念包括创新、协调、绿色、开放、共享五大理念。其中每一个发展理念都有其具体内涵，也都在一定程度上或批判或继承发展了传统文化。其中，"坚持创新发展"继承了中国传统文化的精华之处，并结合新的时代特点，予以科学地继承和发展。创新精神根植在中国人血脉中，也存在于传统文化中。在理论创新方面，从传统革新精神到创新发展理念，体现出中华文化一脉相承的特点。《诗经》提到：周虽旧邦，其命维新。即周朝虽然是旧的邦国，但其使命在于变革求新，体现了古代人对于创新的重视。《周易》讲"穷则变，变则通，通则久"提炼出创新的精华。在制度创新方面，从北宋的王安石变法，到近代的维新变法，无一不体现出中国人为制度创新所付诸的努力。在技术创新方面，中国享誉世界的四大发明，火药、造纸术、印刷术和指南针的发明对我国和世界的发展都起到了很大的积极作用，推动了世界历史的发展历程。从这些古文典籍和技术成果不难看出古代中国人民对于创新精神的崇尚。当今中国坚持创新发展，将创新视作发展动力，树立了建设社会主义现代化国家、创新型国家的伟大目标。在创新的大环境下，我们每个人都应敢于求新、求变。

新发展理念运用了马克思主义的观点、方法和立场，对中国传统文化中具有进步意义的成分科学地加以分析和阐释，使当代马克思主义与中华优秀传统文化相映生辉、相得益彰。一方面，新发展理念继承和发展传统文化有利于推动马克思主义中国化进程；也有利于人民群众加强对马克思主义的理解。新发展观念继承和发展中华优秀传统文化，取其精华、去其糟粕，将当代马克思主义与传统文化相结合，可以更好地使马克思主义与中国国情相结合，推动马克思主义中国化进程。

另一方面，新发展理念继承和发展传统文化有利于推动传统文化的振兴与繁荣。中国传统文化中有很多优秀的思想对当今的政治文化发展仍有着重要意义。当今，继承与弘扬传统文化的思想精髓，使其更有效地为社会主义现代化建设服务，是社会主义先进文化建设的重要内容。新发展理念取其精华、去其糟粕，结合当前的实际赋予传统文化思想以新的内涵和时代意义。

## 第四节　基于传统普遍和谐观念的创新构建和谐文化

和谐文化是文化软实力的理想目标，构建和谐文化必须立足于中华优秀传统文化。中华传统普遍和谐观念中的多元互补和兼收并蓄为和谐文化提供了理论支撑，能够展示中国各民族多元一体、文化多样和谐的文明大国形象，增强文化整合力。

### 一　普遍和谐观念与和谐文化

"和谐"原本是指彼此配合适当和默契的一种关系和状态。现在，"和谐"已经成为中国政治的一个重要理念。对于文化建设而言，要构建和谐文化。构建以和谐思想为根基的思想道德文化体系，是创建和谐社会与和谐世界的逻辑前提。"和谐社会"是指以"民主法治、公平正义、诚信友善、充满活力、安定有序、人与自然和谐相处"为标准的社会;"和谐世界"是指构建"和平、发展、合作、共赢"的新型国际关系;"和谐文化"是以崇尚和谐、追求和谐为价值取向,融思想观念、思维方式、行为规范、社会风尚为一体,反映人们对和谐社会的总体认识、基本理念和理想追求。总之,和谐文化的构建有利于在国内外同时增强中国文化软实力。构建和谐文化必须继承和弘扬中华传统文化中的和谐思想观念。中华传统普遍和谐观念中的多元互补与兼收并蓄为和谐文化提供了理论支撑,能够展示中国各民族多元一体、文化多样和谐的文明大国形象,增强文化整合力。

## 二 兼收并蓄

兼收并蓄语出韩愈《昌黎先生集·进学解》,从字面意思上解释,兼收指多方面吸收;并蓄指一并保存,即不同内容、不同性质的东西都一同吸收进来。也常用来指对不同思想认识或各种专长及各种流派的吸收。中国作为一个文明古国,在其博大精深的文化中,从古至今都渗透着兼收并蓄的精神。在古代的中国,由于疆域的辽阔,地理的阻隔,每个地方形成了自己独特的文化;但是特殊性中包含普遍性,其中统一的价值观也使得中华文化绵延悠长。在当代中国,由于网络信息技术的发展,与其他文化交流的加强,兼收并蓄思想也得到了长足发展。

(一)中国古代文化中的兼收并蓄思想

在中华传统文化的灿烂星空中,儒、道、佛思想始终散发着耀眼的光芒。作为传统的正统思想,儒家对于中国人的影响是不可估量的。儒家之所以影响巨大,不仅因为它符合了封建统治阶级的利益,还源于它包容的学说特性。因此,儒学经久不衰,能够不断随着时代的发展调整自己的内涵,为统治者和民众所接受。

第一,"中国"概念形成是中华民族不断组合与重组的过程。古人云"入夷则夷,入夏则夏",说的是中原的夏和四周的夷各有各的根,周边民族进入中原,就被中原民族同化;中原民族进入周围地区,就被当地民族同化。进来出去多有反复,所以华夷之间的差异并不是绝对的。根据民族文化传统的背景来源,种族之间特征具有差别。孔子认为教育要平等待人,反对种族歧视,这是具有进步意义的。根据多文化且复杂的民族传统社会包罗万象,兼容并举,例如六艺——礼乐射御书数,就包含了多文化。司马迁《史记》也是兼容并举,不仅客观地分门别类地介绍百家学说,而且"修史内容超越国界,把西域的乌孙、康居、大月氏、安息都列为传,当国史来写,实际上写的是世界史"[①]。中国古代发展的模式对我们理解"古与今"的接轨具有重要的影响和启发。

第二,作为中国正统思想的儒学,自产生之初就带有强烈的兼容并举的人文关怀。孔子历来不把中国看成是铁板一块,"郁郁乎文哉,吾从周",即把夏商周看成是三家并行,各有千秋,可以互补,而不是像糖葫芦一样的三代。儒家讲求"仁爱",讲求"入世",其终身理想便是"修身、齐家、治国、平天下",这种情怀也就决定了儒家不会甘于发展理论学说,而是要将这些思想运用到实践层面,并为最广大民众所接受。而实现这一目的的最好途径便是成为正统学说,为统治者所服务,因此,儒家讲求与法家的融合。儒家学说萌生于邹鲁,法家思想发达于秦地,二者自一开始就带有浓郁的地域色彩。到了战国后期,儒法思想相互碰撞,并出现了交融的趋势。荀子是第一个试图将儒法进行融合的思想家,他提出隆礼重法,为儒家思想的大一统奠定了基础。汉武帝时期,中央集权的君主专制制度得到了空前的巩固,这就对思想上的统一提出了更高的要求。

第三,儒法道三足鼎立的文化格局。西汉初年,由于休养生息

---

[①] 苏秉琦:《中国文明起源新探》,人民出版社2013年版,第2页。

## 第四章 弘扬中华优秀传统文化与增强国家文化软实力的核心内容

的需要,统治者将黄老之说作为治国思想。这时的黄老之说并不是纯粹的道家学说,而是一种"以道独尊,兼收并蓄"的学说,即确立道的独尊,并注意与儒家和法家相融合。在确立道家独尊的前提下,面对众多学派学说,黄老之学认为,虽然各家思想不同,甚至势不两立,但是大可不必像法家那样采取灭绝的态度,而是因而用之。究其原因有两点,首先是"百家殊业,而皆务于治"(《淮南子·泛论训》),即各家所讨论的目的的一致性;其次是道家的是非相对性的观念。即在道之下,是非贵贱都不具必然性。正因为这种包容性和发展性,使得汉文帝和窦太后对黄老之学都十分推崇,并成为汉初的官方学说。

第四,中华民族豁达大度的胸襟还表现在兼容并包的文化价值观。东汉汉明帝时,佛教传入中国,经过几百年的发展,在隋唐时期,达到其成熟阶段。因此在中国古代文化思想发展史中,人们往往用佛学来概括隋唐学术。在长期与儒道竞争交融的过程中,佛教也发展了自己的学术品性和风格,吸收了中国的本土文化,并兼容了儒道的某些思想,完成了佛教的中国化进程。其中最具有代表意义的学说便是禅宗。禅宗主张"明心见性,顿悟成佛",主张"一切众生皆可成佛",这与印度本土的种姓制度有着很大的不同,已经完全成为中国的佛教宗派。

任何一种学说的发展都不是在一个封闭的范围内进行的,而是要不断地交流融合、兼收并蓄。这种思想上的竞争和交融,也促使了儒道佛三家在各自的思想理论体系上的自我完善。西汉董仲舒的"罢黜百家,独尊儒术",使得儒学成为西汉治国的大一统思想,但是它并未停止交流融合的步伐。随着隋唐时期佛教的盛行,儒家更多地吸收了佛教宗教哲学中的本体论哲学及思辨论证方法,使自己的思辨哲学尤其是在本体论思维模式等方面有所发展和建树,到宋明时期,发展成为官方的"理学"。由于古代帝王对于长生不老的迷恋和追求,道家将理论上的探讨和外在的修炼方法相分离,并衍生出了道教。作为中国的本土教派，道教思想融汇了儒学和佛学的资源，提出新的思想，使丹学理论从外丹学走向内丹学；佛学理论融汇了儒学的道德伦理和人性论。各派在理论上相互诘难，在内容上相互吸收，并在社会影响力上相互消长，表现出"万物并育而不相害，道并行而不相悖"，从而构成了中国灿烂的传统文化。

（二）近代文化发展中的兼收并蓄思想

近代中国文化的发展史可谓是一场变革史。在这短短的百年间，走完了欧洲几百年的历程，这种转变和发展过于短促和急迫，对欧美文化的盲目崇拜和自身文化的不自信，也使得当时的学者提出了一些错误的方向和思想，如全盘西化、废除汉字等。但是这一时期的新旧之争也恰恰是中国文化兼收并蓄的发展阶段，只是这种融合较之以往有了新的特点。它不同于近代以前中国文化体系内部的自我演化，而是一种接受外来文化的过程。同时就其主体和实质而论，它是一种文化总体的演进，为中国同世界的接轨打下了基础。

太平天国运动借鉴西方的新形式构建反剥削的理想体系，并将其作为统筹农民斗争的根本思想武器。这首先要归功于洪秀全，他的思想创新表现在借用西方上帝的观念作为近代农民革命思想的理论基础；并将基督教的博爱思想渗透到农民阶级的经济平均主义和原始朴素平等观等思想。洪秀全的思想本身也是近代兼收并蓄理念的典型之一。

其次，康有为等人将近代西方科学与中国"气"一元论相融合，形成他们哲学思想的兼收并蓄特征。康有为的思想是一个较完整的体系，包括"以元为体"的发展的自然观、"以仁为主"的博爱的人生观，在此基础上对未来社会理想进行构图。康有为以"元"作为世界之本体，他说，"……其道以元为体，以阴阳为用。理皆有阴阳，则气之有冷热，力之有拒吸，形之有方圆，光之有白黑，声之有清浊，体之有雌雄，神之有魂魄，以此八统物理焉。以诸天界，

## 第四章　弘扬中华优秀传统文化与增强国家文化软实力的核心内容

诸星界，地界，身界，魂界，血轮界，统世界焉"①。这一方面是与中国古代哲学的发展观相结合的结果，另一方面是受到自然科学的影响所致。康有为依据所掌握的社会局势和西方自然科学知识等，在传统陈旧说法基础上建立其自然观体系。康有为构建唯物主义自然观的基础是建立在对科学的信任和追求之上的；但是由于并未经过真正科学的分析，他的自然观仍是一种直观、笼统、模糊的综合。尽管如此，康有为、谭嗣同等人在汲取古今中外的思想原材料的过程中，自然科学也发挥了重要作用。他们冲出蒙昧争着去迎接知识的黎明，欢欣和坚信地迎接第一次打开在他们面前的新奇而雄伟的科学图画。

（三）兼收并蓄思想的现代转型

兼收并蓄在现代的典型表现是张岱年先生将"兼和为上——兼容多端而相互和谐"当作价值的最高准衡②，表现出其鲜明的价值观和方法论的基本倾向。"兼和"这一重要原则贯穿在他在八九十年代所着力阐明的"综合创新"文化观中。"五四"后中国的思想格局是马克思主义、自由主义和文化保守主义并存，张岱年先生突破三者之分歧和对立，"将唯物、理想、解析，综合于一"③。张先生提出要"在马克思列宁主义原则的指导下，以社会主义的价值观来综合中西文化之所长而创新中国文化"④，研究开启了中、西、马"三流合一"、综合创新的道路，成为当时中国马克思主义文化派的一面旗帜。通观张先生的思想，其世界观和方法论的理论支撑就是兼和论。

张先生将"兼和"范畴简明地界定为"兼赅众异而得其平衡""兼容多端而相互和谐"，表达了多样性统一的含义。并进一步阐释

---

① 康有为：《自编年谱》，中华书局1992年版。
② 《张岱年全集》第7卷，河北人民出版社1996年版，第410页。
③ 《张岱年全集》第1卷，河北人民出版社1996年版，第262页。
④ 《张岱年全集》第6卷，河北人民出版社1996年版，第252—254页。

"兼和"在"富有日新而一以贯之"方面发挥重要作用[1],说明"因多样性统一才有新事物的产生……富有而有可久可大、一以贯之的永续发展"[2]。张先生的"兼和"理论是20世纪中国化马克思主义哲学的一大创获。他承接了中西辩证法思想传统,但其问题意识来源于现实生活。张先生认为"凡物之继续存在,皆在于其内外之冲突未能胜过其内部之和谐。……如有生机体之内部失其和谐,则必致生之破灭,而归于死亡"[3]。"兼和"不仅以理论的方式表现出来,还必然会表现出世界观和方法论统一,"凝道成德"学行一致的品格,即冯契的"化理论为方法,化理论为德性"。真正把"方法论上的多元主义"落到实处,使综合中西文化之所长的中国新文化成为可能。

现代中国文化兼收并蓄发展的总体趋势是一种转型化发展,即从传统文化向现代文化的转型。一个民族和国家的文化是政治上层建筑的直接反映,中国在改革开放前已经实现从古代文化转变为新民主主义文化,并在此阶段上向社会主义文化继续发展。在这个意义上,这种转型就变成了人们的意识形态和文化思想的转换。其中值得一提的是,中国文化的传统是以整体文化为摹本的。"人"是指整体的人,即集体,而不是个体的人。在这种文化的影响下,自然地形成了中庸、平衡、协调的整体文化。而在今天的现代文化中,自我意识的确立成为其主要标志之一,并形成了讲究独立、强调个性的个体文化。因此,在这个层面上可以认为,目前文化的发展是在此基础上的多元文化因子的融合。

这种转型究其形成原因而言,一是具备现代文化生产和发展的客观基础。改革开放以后,市场的调节作用赋予了社会经济活动和文化活动以"本体"意义。二是逐渐扩展文化功能。古代中国的文

---

[1] 《张岱年全集》第3卷,河北人民出版社1996年版,第194页。
[2] 方克立:《中国文化的综合创新之路》,中国社会科学出版社2012年版,第295页。
[3] 《张岱年全集》第3卷,河北人民出版社1996年版,第194页。

化是指"文治与教化",它只具有伦理功能;而现代社会中,文化作为一种软实力,越来越影响着国家的经济发展。三是颠覆对文化自身的认知。尽管文化仍属于由经济基础决定的上层建筑范畴,但是它的相对独立性和自觉性更加强烈。

在当代社会,这种转型的重要体现就是文化中现代性的体现。现代生活中,人们通常所熟识的理性、启蒙、科学、契约等都是其精神内涵。在过去的一个多世纪里,中国社会经历了深刻的变革和现代化的伟大进程。然而对很多中国人而言,现代性只是以碎片的、萌芽的形态出现在某些个体的意识之中,而并未作为深层的文化精神全方位地扎根于社会文化的运行之中。不过随着社会的发展,我们也可以发现,现代性正在与中华传统文化模式和文化结构相结合。具有一定的文化自觉和自律的大众从被动地作为精英文化的受众,逐渐转变为自觉文化精神的创造主体。

(四)新时代兼收并蓄思想的创造性转化和创新性发展

近年来,学者从中国统一[1]、开发传统精神资源、受中华文化精神价值影响[2]等角度提出"文化中国"的概念。"文化中国"是一种观念和意识,它彰显出中华民族所具有的广阔胸襟。中华传统文化的兼收并蓄精神及其价值理念,对于增强中华文化整合力和凝聚力具有无可替代的功能。习近平总书记多次引用"日月不同光,昼夜各有宜",强调各种文明因交流而多彩、因互鉴而丰富,其中所蕴含的相互尊重、交流互鉴的新型文明观,为未来世界文化发展提供了一种新的可能。

在当下经济、政治多元化的背景下,传统文化中兼收并蓄思想或者说文化自觉的具体表现是对传统文化的一种文化转型。文化转型指的是在一定社会历史条件下,文化的发展出现断裂或更新,历史上这种情况比比皆是,如欧洲的宗教改革、文艺复兴,中国的

---

[1] 傅伟勋:《"文化中国"与中国文化》,台湾东大图书有限公司1988年版,第13—16页。
[2] 杜维明:《文化中国·一阳来复》,上海文艺出版社1997年版,第10—12页。

"百家争鸣"和五四运动。当代中国文化发展的本质和总体趋势是一种转型化发展,即从传统文化向现代文化的转型。中华传统文化包含中国古代文化、中国近代文化和社会主义文化。其中,中国古代文化是指一种封建宗法式的等级文化体系,它主要以自给自足的自然经济为基础,其功能是维护家族本位、血缘关系的封建伦理纲常。它贯穿于古代中国生活的各个方面,是主要的文化形态。中国近代文化指的是从鸦片战争到新中国诞生阶段的文化形态。它产生于资产阶级新文化反对封建旧文化,但是由于资产阶级的弱小性与妥协性以及帝国主义的霸权,资本主义的生产方式和资产阶级的文化始终没有建立,它并没有一个稳定的经济基础。因此,近代中国文化形态的发展既不同于中国古代传统文化,也不同于当代的社会主义文化,但又包含了以上各种文化因子,是一种特殊的文化形态。直到改革开放前,中国的文化建设才基本完成了由中国古代传统文化向新民主主义文化的过渡。由于中国特殊的历史原因,当代中国文化的转型,不仅仅是由传统文化向当代文化的转型,而是一种包含了诸多文化形态因子的传统社会主义形态向当代社会主义文化形态的转型,具有相当大的复杂性。习近平引用"物之不齐,物之情也""一花独放不是春,百花齐放春满园",意思说的是天下万物各有自己的独特性格,这是客观存在的事实;国家、民族亦如此,他们都具有自己独特的思想文化,这是新时代"兼收并蓄"思想的根据。文明是多元的、多样的,人类文明正是因为多样才具备了交流互鉴的价值。推进各种文明的交流互鉴,不仅可以极大地丰富人类文明的色彩,而且可以使各国人民都能享受与选择更加丰富的精神文化生活。

此外,习近平总书记引用"橘生淮南则为橘,生于淮北则为枳,叶徒相似,其实味不同,所以然者何?水土异也",这其中道出了新时代"兼收并蓄"的条件性。各个民族、国家都具有自己独特的"土壤情况",学习借鉴外国的文化、制度、模式等,需要

## 第四章 弘扬中华优秀传统文化与增强国家文化软实力的核心内容

考虑自身的客观环境,如若全盘照搬别国的经验,就有可能改变事物的性质。"文化软实力"是一个典型的中国提法,在中国,"文化软实力"的最初含义是指文化产业和文化事业的发展程度。此后,文化软实力开始更多地与国家实力联系在一起,被更多的学者所研究,尤其是党的十七大报告中提高"国家文化软实力"的要求被明确提出以后。近年来,国家制定和实施了一系列措施以进一步弘扬和发掘传统文化,推动文化软实力的发展。一是不断促进文化体制的改革。改革开放以来,经过40多年的不断努力和发展,在这一时期,文化体制改革形成了与社会主义精神文明建设相一致的运行理念和机制,从而促进中华文化的长足发展和国家实力的不断提高。二是大力扶持国产电影、电视剧及动漫等文化产业的发展,由此进一步带动整个文化市场的繁荣及文化企业的发展,成为促进国民经济的新的增长点。文化产品走出国门与国际接轨,既有助于宣传中华文化优秀传统资源,也有助于传播和彰显新时代中国特色社会主义文化价值观的魅力,提升国家文化软实力。三是维护国家利益与国家安全。国家利益是"民族国家追求的主要好处、权利或受益点,反映这个国家全体国民及各种利益集团的需求与兴趣"[1]。其中,文化软实力的发展是维护国家利益完整的最基本途径之一,也是国家利益最基本的要素。自冷战结束到今天,原有的美苏争霸格局已经解体,新的世界政治格局尚未完全形成,世界政治局面呈现复杂化的趋势。除了直接的军事威胁外,意识形态、价值理念都会影响国家安全。文化不仅仅具有传统意义上的功能,在市场经济的影响下,其经济功能大大强化,极大地影响了一个国家的现代化水平和综合国力。习近平总书记提出的平等互信的新型权力观、合作共赢的共同利益观以及包容互鉴的新型文明观成为新时代兼收并蓄思想的核心内容。

---

[1] 王逸舟:《国家利益再思考》,《中国社会科学》2002年第2期。

### 三 多元互补

**（一）中华传统文化中多元互补的基本内涵**

所谓"多元"既有数量大、人多的内涵，也包含多层次、多角度之意。将其放置在社会科学中理解，"多元"即指每个民族有其自身的起源、形成与发展历史，文化、社会也有其自身的发展特色。所谓"互补"，即指补足或补充。中华民族并非单一的民族，而是一个由56个民族共同组成的民族共同体。各民族在长期的历史发展过程中已逐步结合成相互依存的不可分割的整体。因此，可以在某种意义上讲，所谓"多元互补"即指随着社会的发展与时代的进步，各民族为了多民族国家及社会整体的进步，通过族际利益调试，多种文化之间相互融合、相互渗透并成功地融合在一起，以确保各民族的共同繁荣与相互团结。

无论是从其地域分布、发生源头、内部结构方面进行考察，还是从殷周至清，先秦的百家争鸣至封建社会后期的儒、道、释互补及理学盛行来看，均可证明在中华文化的演变与发展过程中始终表现了多元的客观趋势。

**（二）中国古代文化格局中多元互补的内容**

借用生态学的名称和理论：地球是一个整体，是千差万别的，而又是互为条件的。中国及其文化亦如此。苏秉琦认为，从全国范围来看，可以分为以燕山南北长城地带为中心的北方，以山东为中心的东方，以关中（陕西）、晋南、豫西为中心的中原，以环太湖为中心的东南部，以环洞庭湖与四川盆地为中心的西南部，以鄱阳湖—珠江三角洲一线为中轴的南方六大文化区系。六个区系间互相交流、互相渗透，吸收与反馈十分频繁，文化面貌你中有我，我中有你，文化交流趋势随着时间推移而加速。这为中华传统文化多元互补观念的产生提供了丰厚的社会历史土壤。

春秋战国时期是中华文化发展的第一个高峰期，儒、墨、道、

## 第四章　弘扬中华优秀传统文化与增强国家文化软实力的核心内容

法、名等学派日渐兴起,形成了百花齐放、百家争鸣的文化格局。关于知识分子与其社会地位、利益之间的关系,用曼海姆的术语来说,都不是一个完全"漂浮"于社会或个人利益之外的群体。

有学者提出在《论语》中发现"整体主义"或者有机主义思维方式的萌芽,即相关性宇宙论的思想倾向。此外,在道家经典中,也发现一种整体主义的或者被李约瑟称为"有机主义"的世界观。尽管道家整体主义基本发展走向与相关性宇宙论截然不同,但后来确实出现两者融合的趋势。司马迁的《史记》将相关性宇宙论的兴起归结于齐国人邹衍,后者提出五种元素的动态循环理论。邹衍依据水灭火、火融化金属之类的自然现象,预设了水、土、木、金、火与人类历史的循环之间存在着动态的对应关系,每一元素在克服其先行者之后,就赢得了一次"优势"(ascendancy)。他首次构造了兼容所有自然与人事现象的相关性宇宙论,以及规模巨大而又令人叹为观止的专门范畴体系。李约瑟评论说:"假如邹衍手中掌握了原子弹技术,他简直就不敢面见那些目不转睛地盯着他的统治者。"[1] 相关性宇宙论将无序的自然领域和人类社会里关于转变为与天的样式保持和谐的观念,确实可以反映中国文化的一般性趋向,提供了既有新意又具有特殊性的解决方案。

李约瑟认为,"五行"理论在中国的长久存在应与亚里士多德的四元素说在中世纪思想中的顽强生存相比拟。[2] 但是,前苏格拉底的希腊哲学思维模式十分关注这样一个问题:宇宙的终极物质或"质料"是如泰勒斯和阿那克西米尼所主张的"一",还是如恩培多克所主张的"多"。并且对于我们日常经验得到的、多重性宇宙的终极"质料"成分持有还原主义的观念。根据辨析,邹衍的相关性宇宙论是对于经验得到的多重现象世界进行包容并予以分类,与中国思想模式中发现的"整体主义"的秩序概念协调一致,而不是将它们

---

[1] 李约瑟:《中国科学技术史》第2卷,科学出版社2013年版,第325页。
[2] 李约瑟:《中国科学技术史》第2卷,科学出版社2013年版,第245页。

"还原"为某种原始"质料"的整体主义。

中华传统文化中多元互补观念还包括阴阳互补、德法互补、义利互补、安危互补。一是阴阳互补。阴阳观念最早见于西周伯阳父"夫天地之气,不失其序。若过其序,民乱之也。阳伏而不能出,阴迫而不能蒸,于是有地震"(《国语·周语上》)。后来《老子》讲"万物负阴而抱阳",阴阳指日光照射的向背,向日为阳,背日为阴。《易传》之《系辞上》说"一阴一阳之谓道",阴阳指整个世界中的两种基本势力或事物之中对立的两个方面的交互作用,是宇宙存在变化的普遍法则。战国时,基于阴阳彼此依存、互补而又消长的功能或矛盾力量,阴阳家把五行与阴阳混和统一起来,使五行的结构组织有了两种内在的普遍动力。

董仲舒说:"金木水火,各奉其所主,以从阴阳,相与一力而并功。其实非独阴阳也,然而阴阳因之以起,助其所主。故少阳因木而起,助春之生也;太阳因水而起,助冬之藏也。"(《春秋繁露·天辨人生》)阴阳作为五行的内在的力量,推动五行图式运转变换,自我运动,自我调节。所以,它们不是思辨理性,也不是经验感性,而是某种实用理性。[①] 潜藏着重大问题的系统论宇宙图式不能不说是一种突出成就,这种思维模式可以吸收消化外物以成长自己的宽容性和灵活性。"阴阳互补、五行反馈、动态平衡、中庸和谐、整体把握……这样一些思维方法、观念、习惯乃至爱好"[②],其中蕴含的秩序性、系统性思维教育人们要照顾整体和把握全局,获取整体均衡,保持生活、身体、人际关系的和谐与稳定。

但是,产生巨大社会影响的宇宙图式造成人们心理结构停留于封闭性的实用理性系统,无法走向真正科学的经验观察和实验验证,也无法超越经验的理论思辨和抽象思维,只能长期停滞于经验论的理论水平。这种早熟型的经验系统思维的建立,束缚了人的思维,

---

① 李泽厚:《中国古代思想史论》,生活·读书·新知三联书店2008年版,第168页。
② 刘长林:《内经的哲学和中医学方法论》,科学出版社1982年版,"序"。

## 第四章 弘扬中华优秀传统文化与增强国家文化软实力的核心内容

使人们不要求离开当下的经验事实去作超越的反思或思辨的抽象，无法更加深刻地探究事物的本质，形成了一种既定的传统习惯和心理模式。同时，由于侧重于关注系统的整体性方面，也使得人们自觉不自觉地相对忽略或轻视对个别的、单独的事物做深入的观察与分析。

二是德法互补。孔子最早明确提出这一政治管理模式。孔子讲"道之以政，齐之以刑，民免而无耻。道之以德，齐之以礼，有耻且格"，说明一个好的社会治理既要有政策政令来领导，又要用刑法来规范，还要使这个社会的人们有羞耻心，整个社会才会有序。对于商朝以来，以政令为主导，以刑法为禁止手段的社会管理模式，孔子的"以德治国"思想不仅具有现实意义，而且有超越意义，实现从"以刑治国"到"以德治国"的转型。在遵循孔门传统中，荀子就作了许多变通，孟子以"仁义"释"礼"，不重"刑政"；荀子并称"礼""法"，大讲"刑政"。

荀子的政治哲学是礼法兼用、礼法并重。一方面，荀子提倡礼治，主张"隆礼"，但荀子将"礼"从周朝封建宗族的宗法等级制度转换为社会化的等级制度。"虽王公士大夫之子孙也，不能属于礼义，则归之卿相士大夫"，主张以对"礼"的态度来决定社会成员的等级。另一方面，荀子还提倡法治，主张礼为法之纲，法为礼之目。但是他认为礼是治士以上的高等人，而法是治众庶百姓的。总之，礼法互补、王道与霸道相兼。"要统一中国，必须实行王道，而要使国家强盛，则须实行霸道。用德治教化，用仁义取民，而同时以武力来治乱，用刑法来威慑。这样德、力并用，就能得天下并巩固天下。"[①]"从'士'的阶层之中分离出了知识分子，他们的兴起导致了战国时期多元主义与各种思想学派的冲突"[②]，这也可以看成是知识进步与富有创造力的象征。尽管如此，这种多元主义的格局

---

[①] 李鹏程：《毛泽东与中国文化》，人民出版社2004年版，第53—54页。
[②] 史华兹：《古代中国的思想世界》，程钢译，江苏人民出版社2013年版，第77页。

· 221 ·

也是有混乱、无序等缺陷。

在法家的总体方案中,"法"的含义包括刑法和制度,它们都发挥着关键性作用。董仲舒改变了法家严刑峻法的强权政治和黄老道家因任自然的无为方针,形成一整套德主刑辅的王道政治论。他继承孟子尊王贱霸的统治思想,大力倡导王道,主张推行仁政,他说"霸、王之道,皆本于仁"。他继承了荀子"隆礼重法"的思想,主张德主刑辅的统治策略,是王霸并举的具体体现。这是一种创造性的发展,使分途发展的孟荀思想在新的历史条件下结为一体,糅合发展。

三是义利互补。义代表道义原则,利是利益整体。关于义与利之间的关系,并非排斥一切求利的行为。荀子也讲"尧舜不能去民之欲利",就是圣王尧舜也不能消除百姓的私心与利益,这是非常深刻的。中国古代道德哲学家主张在道义指导下的义利统一。孔子提出"见利思义"(《论语·宪问》)、"见得思义"(《论语·季氏》)原则,希望人们面对利益,以是否符合道义作为判断取舍的标准,强调求之有道,对于不符合道义的富贵视之如浮云。孟子说"王何必曰利,亦有仁义而已矣"(《孟子·梁惠王上》),在争取百姓之利的前提下,将义利统一起来。孟子继承墨子"利民"思想,认为当政者有义务使百姓富裕。在他看来,人民有恒产是符合道义的;使人民得利即"行仁义"。荀子指出"义与利者,人之所两有也。虽尧、舜不能去民之欲利,然而能使其欲利不克其好义也"(《荀子·大略》),与孔孟一样,将正义和财利看成是人民所兼有的。总之,求利当以道义为标准,坚持道义与谋求社会整体长远利益是一致的。古时义利互补理念尽管强调义与人主、人臣或君子正当利益的统一性,但其主旨是寻求百姓拥护而保证统治者正当利益的获得,其根本落脚点是统治者的长治久安、长远利益。

四是安危互补。最早提出"居安思危"的是《尚书》:"《书》曰:'居安思危。'思则有备,有备无患。"(《左传》襄公十一年)居安思危观念包括两个方面,"于安思危,危则虑安"(《战国策·

楚策四》),体现的是一种深刻的忧患意识。"忧患"一词最早出现于《周易·系辞下》:"《易》之兴也,其于中古乎?作《易》者,其有忧患乎?"告诫人们在太平顺达的境遇不要忘记危险祸患的可能性,未雨绸缪,采取积极措施预防祸患。并引孔子语:"危者,安其位者也。亡者,保其存者也。乱者,有其治者也。是故君子安而不忘危,存而不忘亡,治而不忘乱,是以身安而国家可保也。"(《周易·系辞下》)孔子比较全面地探讨了安危、存亡、治乱的辩证关系,指出国家和个人会经历从安、存、治到危、亡、乱的转变,所以应该安不忘危、存不忘亡、治不忘乱,才可以安身保国。居安思危观念带有经验和价值评判的成分,从理念层面看,反映和体现的是亘古至今的忧患意识;从内容层面看,体现的是对国家安危、天下兴亡的忧虑,也有对自己个人处境和安身立命问题的思考;从实践层面看,蕴含着对安危、治乱、始终、盛衰辩证关系的深刻洞察和实践努力。居安思危既是回忆和追思以往客观事实与把握历史当下的互补,也是过去历史与目前现实、展望未来的互补,又是传统和现实的互补,从而触类旁通,举一反三,解决现实问题。

张岂之的《中华优秀传统文化核心理念读本》[①]将居安思危理念的内涵概括为三个方面。一是国家管理方面,强调安危、存亡、治乱相辅相成,要想保全自身和国家,就必须增强忧患意识。例如《老子》"圣人无常心,以百姓心为心";《孟子》告诫治国者:"乐民之乐者,民亦乐其乐;忧民之忧者,民亦忧其忧。乐以天下,忧以天下。"(《孟子·梁惠王下》)二是关于个人生存价值与意义的反思,使居安思危观念具有丰富的哲学内涵和现实感。《管子》强调"本治则国固,本乱则国危"(《管子·霸业》),《盐铁论》提倡"见利虑害,见远存近"(《盐铁论·击之》)。三是对个人而言,关心自己的道德修养和思想境界是否提高,主张人们要"慎始敬终"

---

[①] 张岂之:《中华优秀传统文化核心理念读本》,学习出版社2012年版,第77页。

(《尚书》)。如孔子说"德之不修,学之不讲,闻义不能徙,不善不能改,是吾忧也"(《论语·述而》),将道德教化是否能普及天下作为忧思的主要内容。

(三)近现代多元互补的表现

到明清时期,中华文化在世界范围内已不具备先进性,因此,要重新恢复中华文化的活力,逐步融进异质文化成分是十分必要的。从1915年的新文化运动,经过1919年的五四运动,以一批先进人士为代表的中国人已经日渐意识到解决此问题的紧迫性与严重性,此时,中国人开始接受西方文化,包括代表科学的"赛先生"、代表民主的"德先生"及马克思主义,开启了中国五千年来未曾有过的新的文化发展局面。

以严复介绍西学的"自由为体,民主为用"思想为例。严复根据"物竞天择"思想,针对"中体西用"明确指出,"体""用"不可分割。国家的"政教学术"就好像生物的各个器官,它们的功能("用")与其存在("体")不能分开,科技与政教不可分开,科学与民主不可分开。在严复看来,对于西方社会而言,"自由"才是西方资本主义的"体",是根本和实质,"民主"不过是"用"。"夫自由一言,真中国历古圣贤之所深畏,而从未尝立以为教者也。彼西人之言曰:唯天生民,各具赋畀,得自由者,乃为全受,故人人各得自由,国国各得自由……而其刑禁章条,要皆为此设耳。"(《论世变之亟》)"夫所谓富强云者,质而言之,不外利民云尔。然政欲利民,必自民各能自利始。民各能自利,又必自皆得自由始。"(《原强》)严复在斯宾塞的社会有机体论基础上,将个人自由、自由竞争和以个人为社会单位等看作资本主义的本质,并指出,民主政治是"自由"的产物。"这是典型的英国派自由主义政治思想,与强调平等的法国派民主主义政治思想有所不同。"[①] 严复采取真正

---

① 李泽厚:《中国近代思想史论》,生活·读书·新知三联书店2008年版,第288页。

## 第四章 弘扬中华优秀传统文化与增强国家文化软实力的核心内容

近代科学的形态，提出一些带有普遍规律性的问题。严复的《辟韩》成为《仁学》的前驱，《原强》是梁启超思想的先导。章太炎评价严复是"知总相而不知别相"（《菿汉微言》）。"总相"即包括中国在内的全世界各国向前发展的普遍规律。尽管资本主义的规律与章太炎的走特殊道路的要求分歧对立，但实际上也代表了在同属反对帝国主义侵略共同主题之下，中国近代两种不同要求和两种思潮倾向。而且，严复的"自由为体"把国家自由、独立、富强、救亡放在个人自由之上，构成其理论思想与实际主张的一个重大的内在矛盾。严复从先进彻底的理论出发，在现实政治上却归于保守、稳健。他反对梁启超"减君权，兴议院"，认为"君权之轻重，与民智之深浅成正比例……以今日民智未开之中国，而欲效泰西君民并主之美治，实大乱之道也"（《中俄交谊论》）。作为在中国宣传介绍西方资产阶级"新学""西学"权威的思想家，与康有为、梁启超、谭嗣同立即改革政治制度的要求大相径庭，严复企图把斯宾塞的社会学与中国儒家学说调和结合起来，并越来越赞扬和推崇"孔孟之道"，以致用西学来辩护"民可使由之，不可使知之"的孔学教义与思想。

上述近代思想家对中西关系的处理体现了多元互补，从更深层次看，其中渗透出的忧患意识也是多元互补精神的另一体现。忧患意识即居安思危，安不忘危，常葆发展活力和生机，在中国现当代思想启蒙、革命与建设中发挥了重要作用。"古代思想家洞察事物变化的规律，提醒世人要居安思危，有忧患意识，这样世人才能头脑清楚，不致陶醉于一时的胜利，不致沉迷于短暂的欢乐。中华传统文化和文明史之所以绵延不断，其中很重要的因素就是这种'居安思危'的观念，它孕育了人们丰富的忧患意识和人生智慧，源远流长，在今天依然具有重要的现实意义和理论价值。"[①] 居安思危的忧

---

[①] 张岂之：《中华优秀传统文化核心理念读本》，学习出版社2012年版，第95页。

患意识是国家事业取得伟大成就、继续前进的重要保证。

矛盾思想是对中国古代辩证法思想的继承和发展，也是多元互补思想的又一体现。毛泽东在《矛盾论》中指出："这个辩证法的宇宙观，主要的就是教导人们要善于去观察和分析各种事物的矛盾的运动，并根据这种分析，找出解决矛盾的方法。"[①] 矛盾思想继承和发展了中国哲学的阴阳思想。马克思主义传到中国以后，人们又用"矛盾"来指称对立统一规律，正是继承了中华传统文化的特点和优点。矛盾思想继承和发展了中华传统文化关于"一与多"关系的思想，强调"在复杂的事物发展过程中，有许多矛盾存在，其中必有一种是主要的、起着领导和决定作用的矛盾，我们研究问题，确定主要任务和工作方针，一定要用全力找出这个主要矛盾"[②]。在社会主义新的历史时期，要转变绝对的"对立、斗争"的思维方式，赋予"斗争"以"批评、竞争、博弈"等新含义；更加注重从协调、平衡、合作、双赢、共处等同一性视角观察和处理问题。

（四）新时代多元互补的创造性发展

当代中国和谐社会理念的构建，是对党执政经验的科学总结，也是对中国传统多元互补思想的继承和发展。和谐社会理念包括四个方面：一是在思想层面推进社会主义核心价值观，主张国家、社会、公民三个层面的价值一体化，使社会主义核心价值观"融社会主义的价值特性与中华民族的文化特性于一体"。二是在国家制度层面落实法制建设，以德治辅法治，实现良法善治。通过强调依法治国和以德治国的结合"礼法并治"的治国理政思想，构建起法与德的双重规范体系，引导构建和谐社会。三是在社会层面强调塑造和践行良好的社会主义家风，从社会的构成基点开始，加强优良家风教育，实现家庭的和谐、亲人的相亲相爱，最终形成社会整体的和谐统一发展。四是在道德层面立德树人提升公民素质。习近平总书

---

[①]《毛泽东选集》第1卷，人民出版社1991年版，第292页。
[②] 贾陆英：《马克思主义与儒学的融合》，山西人民出版社2012年版，第141—142页。

记强调"德者,本也",加强全社会的思想道德建设,激发公民个体的道德意志,培养当代中国和谐社会的构成基础以及构建社会主义和谐社会的重要主体。①

和谐社会理念不仅限于发展生产力,同时也包括与自然及自然万物、同世界人民的和谐共荣;不仅要实现人伦的和谐,还要做到天人的和谐;不仅要求经济、政治、文化等各领域自身的和谐发展,还要求经济、政治、文化等领域之间的和谐发展。由此可见,当代中国和谐社会理念,是一项具有复杂性、困难性的多元互补的系统工程,需要中华民族同心协力推动当代中国和谐社会的构建。

此外,习近平总书记还提出坚持协调发展,要求我党必须要正确处理发展中的重大关系,不断协调发展的整体性。其中主要体现在,要重点促进城乡区域协调发展,促进经济社会协调发展,促进人与自然和谐发展,在增强国家硬实力的同时注重提升国家软实力,促进物质文明和精神文明协调发展。这一思想理念通过互济互补实现统一和谐的社会,强调人与社会、与自然的统一,实现社会的协调发展。由此可见,协调发展理念对传统的多元互补思想进行了一定的继承与发展,不仅弘扬了传统的多元互补思想,还对社会主义现代化建设起到了积极作用。

然而,任何文化理念都不是完美的,均需要随时代的变更而进行不断的进化和变化,即便是博大精深、源远流长且顽强地繁衍了五千年之久的中华传统文化也不例外。随着科学技术的飞速发展,由于受中庸思想的影响和小农经济的限制,中华传统文化中所包含的不思进取、安于现状、封闭保守、因循守旧的思想日渐成为中华文化建设的阻力。这种阻力主要表现在:大部分人在思想上缺乏对新知识的渴望和对未知事物的强烈兴趣;执着于所有所得,不愿变革;"不愆不忘,率由旧章","述而不作,信而好古"。而现代化建

---

① 高琼:《五个维度解读习近平传统文化观》,《思想政治工作研究》2017年第6期。

设则要求人们要开拓进取、创造革新；培养强烈的时间意识、竞争意识与效益意识。由此，只有坚决舍弃这些"糟粕"意识，才能在现代化的洪流中争取更高的地位、赢得更多的机遇、享受更好的生活。

## 第五节　基于传统和而不同原则的转换培养文化自觉理念

文化自觉是文化软实力的主导与方向，培养文化自觉理念必须立足于中华优秀传统文化。中华传统和而不同原则中的贵和尚中与协和万邦为文化自觉理念提供了丰富的思想基础，能够提高国家话语权，推动构建新型大国关系，增强文化辐射力。

### 一　和而不同原则与文化自觉理念

（一）和而不同文化观

"和而不同"观念是中国智慧的典范，孔子曰"君子和而不同，小人同而不和"，此处"和"与"同"指的是处理人际关系的两种不同态度。西周末年的史伯最早提出这两个概念。在传统文化发展的历史进程中，"和而不同"文化观发挥了作用。例如，儒家要求"制礼作乐"，即要求"有为"以维护社会的和谐；道家追求"顺应自然"，提倡"无为"以促进社会的安定。它们本是两种不同的思想，但是经过历史的发展与不断的对话、交流，取得了某种共识。到西晋，有郭象为调和这两家学说，提出"有为"也是一种"无为"的思想。《庄子·秋水》中有一段话，郭象注解道："人之生也，可不服牛乘马？服牛乘马不可穿落之乎？牛马不辞穿落者，天命之固当也。苟当乎天命，则虽寄人之事，而本在乎天也。"意思是"穿牛鼻""落马首"是通过"人为"来实现，但其自身也是合乎"顺然"的。郭象的注说，既得到儒家的认可，也得到道家的认可，但这一观点又不全然属于儒家和道家的传统思想。"有为"和"无为"原本有差异，如

## 第四章 弘扬中华优秀传统文化与增强国家文化软实力的核心内容

果想要两者在某种程度上都被接纳,就必须在对话中找到二者的交汇点,此交汇点可以作为双方的普遍性原则,而并不抹杀任何一方的特点,使双方都能接受,这体现了"和而不同"的思想。

我国著名的社会学家、人类学家和民族学家费孝通先生也大力主张"和而不同"。在当今世界全球化的背景下,费先生主张以兼容代替排斥,以共处代替冲突,承认和维护世界文明的多样性。推而广之,世界各国的文化也应该是相互尊重、兼收并蓄、求同存异的,这样不仅对各个国家本民族的文化发展有利,同时也会促进世界文化的共同发展。我国拥有多民族、地域广、历史发展长等客观的环境,在当今世界全球化、局部冲突不断的背景下,以"和而不同"文化观来协调文化之间的冲突,不仅能够促进世界文明之间的和平对话,使世界文化相互包容、兼收并蓄,有力地化解不同文明之间的冲突;还可以提高文化发展的动力,反映文化发展的途径和规律,给世界文化发展提供更多机会和可创性。

(二)文化自觉理念

"文化自觉"理论是费孝通先生提出来的,费先生在《对文化的历史性和社会性的思考》一文中明确界定了文化自觉:生活在一定文化中的人对其文化有"自知之明",明白它的来历、形成过程、所具的特色和它发展的趋向,这是为了加强对文化转型的自主能力,取得决定适应新环境、新时代的文化选择的自主地位。[①] 费先生认为,"文化自觉"就是在世界范围内倡导"和而不同"的文化观,二者关系密切。"文化自觉"与社会发展也有着密切的关系,一个国家、一个社会,若是没有"文化"上的"自觉",就不能解决当时社会存在的问题,并在社会发展的道路上迷失方向。在中国社会的历史发展中,"文化自觉"有很多体现,其中较为鲜明的有两次,第一次是发生在由奴隶制向封建君主制转型时期的"百家争鸣";第二

---

[①]《费孝通文集》第14卷,群言出版社1999年版,第197页。

次是中国近代的五四运动。

春秋战国时期战争不断，礼乐崩坏，当时的士大夫认为，社会如果继续这样混乱下去，人们将难以生存，于是"百家争鸣"应势而生。当时的各家各派都以"治国、平天下"为目标，提出了符合自己学派思想的方略。儒家提出以"仁政、王道"来统一国家，君主广施仁政，同时恢复在当时已经崩坏的礼乐制度和等级制度，"君君、臣臣、父父、子子"尊卑有等，长幼有序，以使天下太平。道家提出"无为而治"，要求各诸侯国各自管各自的事，不要去干涉老百姓的生活；同时，使人民寡欲，安土重迁，形成"小国寡民"的局面，以促进社会的稳定。墨家提出在各诸侯国之间、人与人之间应实行"兼相爱、交相利"，爱人如爱己，同时提倡"非攻""尚贤"，这些思想在当时大动乱的时代，都起到了一种调和阶级矛盾的作用。法家主张用兼并战争的办法统一各国，在内政上应实行"严刑峻法"使社会步入正轨。所有这些思想都说明了当时的"文化自觉"，这种"自觉"促进了奴隶制度向封建君主制度的转型，也促进了社会的进步。

五四运动可以说是中国知识界的又一次"文化上的自觉"，要求打破束缚人们的旧思想、旧道德、旧文化，引进西方的"科学民主"，使中国社会由传统走向现代。[①] 此外，五四运动还是马克思主义在中国传播的分水岭，其前后大不相同。辛亥革命的胜利在中国掀起了一股宣传社会主义的潮流，但是当时的人们所接触的马克思主义大都由留学日本的知识分子所翻译，无论是内容还是了解渠道都是单一的。因此，五四运动以前人们所了解的马克思主义多是零散的、片面的，甚至有许多误解。五四运动的爆发开启了马克思主义传播的新局面，一是传播途径的拓宽。这时马克思主义的传入除了日本渠道，还有西欧以及俄国渠道。二是传播阵地的扩大。五四

---

[①] 汤一介：《新轴心时代与中国文化的建构》，江西人民出版社2007年版，第127页。

## 第四章　弘扬中华优秀传统文化与增强国家文化软实力的核心内容

运动之后，各种介绍新思潮的刊物猛增到400余种，其中马克思主义的传播占了绝大多数。三是传播内容更加丰富和深刻。这是由于五四运动后对马克思、列宁原著的引进和翻译受到了极大的重视。北京大学马克思学说研究会成立了亢慕义斋，搜集英、德、日、法、俄文的马克思主义著作，对中国知识分子理解马克思列宁主义影响深远。通过五四运动，马克思主义在中国迅速发展起来，中国人民在国家危亡之际，又进行了一次正确而伟大的抉择，促进了马克思主义指导思想在中国的确立。

费先生晚年提出"文化自觉"理论，他认为，"文化自觉"是践行"和而不同"思想的主要体现，在他八十岁生日当天，费先生提出了"各美其美，美人之美，美美与共，天下大同"的四美名句，希望以这样一种文化上的自觉，来促进和谐社会的建立。我国目前正处于社会发展的新时代，必须有一新的"文化上的自觉"以推动中国社会的进步。也就是说，我们必须认真思考和反省中华文化的来历、形成过程以及特点、发展趋势。中华民族正处在伟大复兴的时期，此时，我们更应该给中华传统文化一个恰当的定位，认真反省我们自身文化的缺陷，以促进文化和整个社会的发展。

文化自觉是文化软实力的主导与方向。文化自觉体现出民族历史文化元素的延续效应，使深远而持续、丰富和发展着的民族文化实力得以呈现；同时，也能够反映出当代民众的劳动生活和创造成就；此外，它还可以展示出一个民族不断地向外部世界宣示其自身的文化价值理念，具有文化辐射力功能。这一文化理念有助于以民族文化的创造性劳动和优秀文化成果来拓展民族的影响度和知名度，在无形中有效延伸、拓展和深化民族文化，促进与外部世界的广泛连接，提升民族整体形象。同时，文化自觉体现了民族在社会发展、经济增长等方面具有强大的内在驱动力和强大的活力，具有很强的提升空间与增长能力。

培养文化自觉理念必须立足中华优秀传统文化。"和而不同"作为中华优秀文化的核心理念,在今天灌注时代精神后,仍然是中华民族的宝贵精神财富。中华传统和而不同原则中,贵和尚中与协和万邦为文化自觉理念提供了丰富的思想基础,能够提高国家话语权,推动构建新型大国关系,增强文化辐射力。

## 二　贵和尚中

### (一)贵和尚中的基本内涵与具体表现

思想通过现实事物表现出来。从古至今,在中华大地上,有着很多的事物都体现了贵和尚中精神。在思想方法论方面,前文已经提到,儒释道都各自在不同程度上强调或反映出中和的思想。孔子提倡"和而不同""执两用中",主张采取用"和"而不是用"斗"的方法来解决矛盾。除此之外,《易经》、阴阳家等也表现出过相关的思想。八卦中每一卦都是由阴爻阳爻组成,而每两卦相互组合,又形成了六十四卦,阴阳相互克制、相互补益、相互渗透、相互影响的思想,在《易经》中处处都能体现出来。金木水火土,五行相生相克的思想对中国人来说也是深入人心,都体现出追求和谐稳定、协调一致的贵和尚中精神。

在生产方面,中国人自古就有"天人合一"的观念。从《尚书·尧典》《大戴礼记·夏小正》到《礼记·月令》,这些文献记录了古代保护自然资源,保护环境的种种教令与思想。[①]在生活最基础的生产领域,中国人就意识到了和谐的重要性,种种文献政令都能体现出贵和尚中的精神。

在政治方面,在上古时期,唐尧虞舜实行禅让,尧认为舜是合适的人选,传位给他,就是一种"中"的体现。在周朝,周武王自知得民心者得天下,爱戴百姓,深得百姓拥护,成功推翻商朝,建立了自己的朝代,这是"和"的表现。而与之相对,商纣王残忍暴

---

[①] 赵载光:《天人合一的文化智慧——中国传统生态文化与哲学》,文化艺术出版社2006年版,第14页。

第四章　弘扬中华优秀传统文化与增强国家文化软实力的核心内容

虐，最终自食其果。这些仅仅是个例，而事实上，与此相类似的事在中国的历史上多不胜数。实行暴政、不注重和谐发展的朝代最终都被推翻了。

在医学方面，中医强调人身的整体一致性，与西医头疼医头，脚疼医脚截然不同。中医认为人体五脏也分属五行，其中心属火，肺属金，肝属木，肾属水，脾属土。以五脏为中心，同时搭配上人身六腑、奇经八脉、四肢百骸，这些共同形成了人体这个复杂的、综合的、有机的统一体。在中医学上，人体与阴阳、五行、天地四方、四季时令等都有联系，这之间相互联系、相互影响，关系十分复杂。人生病，在中医看来，就是人体内部阴阳失衡或者人体阴阳五行与外界环境不相容导致的。例如，中医给人看病，在描述病因时，往往会说肝火旺、气血失衡、寒气入体之类的话。也就是说健康的人体内是协调一致、和谐融洽的，而人生病，就是某处失衡导致的。

在社会生活方面，人们总是追求家庭团圆，家和万事兴。人们做事也总是喜欢在诸如名称之类的地方讨个吉利祥和。在中国古典戏剧中，也往往是大团圆结局。从哲学美学的层面分析，大团圆结局是中华传统文化中"贵和尚中"的美学观念在文学叙事中的表现。[1] 大团圆结局符合大众的审美心理，使人民以此排解对于现实生活的不满，满足其对于完美、和谐的追求心理。就算是在当今社会，和谐圆满依然是人们的价值追求。

在世界经济方面，和谐的重要性不言而喻。只有深刻认识到经济发展的规律，依此做出正确的判断，才能促进经济发展。最近一百年间，虽然经济飞速增长，但在这背后，隐藏的是深刻的矛盾冲突。多次世界性经济危机已经证明了这一点。失去了协调与稳定，无论发展出了多么豪华的外表，最终也只会崩溃。

---

[1] 李志琴：《大团圆结局的文化意蕴》，《长江大学学报》2013年第12期。

在政治方面,一个适宜的政治制度才能够推动国家的发展。苏联的制度不合适,最终苏联解体。而我国结合现实条件,实行中国特色社会主义制度,实行改革开放等多种政策,使我国越来越强大。

在文化方面,极端会产生很强的破坏。思想是人与动物、人与机器最大的不同。有思想的人才能称为人。文化领域必须保持协调融洽,多元文化共同发展繁荣,如果有极端思想,其破坏性甚至比军事武器的破坏性更大。

在军事与科技方面,中和更是人类存在的必然要求。在古代军事力量如果不对等,会导致一个氏族、一个国家的覆灭。而在现代,军事力量的不对等甚至能够毁灭所有人类。核战争绝对不会有胜利者。随着科学技术的不断研发,人类事实上越来越受到科技的威胁。这也是当前世界科技伦理越来越兴盛的原因,如果科技做不到中和,无法和谐稳定,那么它对人类的威胁性乃至破坏性都是无法想象的。

在建筑美学方面,北京古城从天坛到紫禁城到明十三陵,都是在南北向的一条中轴线上的主要建筑,其他建筑均以这条中轴线为基准对称平衡地展开。城市建筑的中庸、平衡、对称,就是建筑美学、城市规划的美学。西安古城、辽阳红山文化遗址、余杭良渚古城也都是这样的布局。这是古代中庸思想在建筑美学中的延展。中华民族的宇宙观即有一条主轴,有对称性、平衡性、稳定性的结构,即所谓的中庸。

在生态环境方面,和谐的意义不言自明。如果人不懂得保护环境,与自然和谐共存,只是一味地索取与破坏,那么人类终将承受来自大自然的毁灭性的报复。

纵观古今,虽说矛盾是事物发展的动力,但解决了矛盾后终归要走向和谐一体。而和谐,正是人类要不断奋斗、不断努力去追求的。这种价值取向,无论是对人还是对人之外的整个世界,都具有十分重大的意义。

### （二）古代文化格局中贵和尚中精神的内涵

贵和尚中，顾名思义，就是重视和谐中庸之道，崇尚中正平和思想。在以儒为主、佛道为辅，三者互相交融、互相影响的中华传统文化中，贵和尚中精神有着众多的体现。汉朝人认为"中"指根本原则，"庸"即用，对中的道理的运用就叫中庸。宋朝朱熹认为，庸即平常，平常的东西才能恒久，庸还有恒久、恒常的意思。

"中"指处事所掌握的"节"与"度"，无过无不及。"和"强调容纳相异的人才、意见、声音，保持一种生态关系。"中"不是固定的、僵死的原则，不是处于两端的中点，中的目的是和。中与和的关系，简单地说就是因果关系，中是因，和是果。通过"中"这种方法与手段，最终达到"和"这一目标。而"和"则是极具中华特色的一种思想与价值追求，代表着平和、和谐、融洽等意思，与失调、无序、混乱、偏激等相对。儒家讲"中也者，天下之大本，和也者，天下之达道也"，中、和是儒家人生观很重要的概念，也是全社会的人生观。早在西周时期，思想家探讨的重心是"和"与"同"的比较，称为"和同之辩"。《中庸》认为"和"是宇宙普遍通行的准则，世界的普遍规律。西周时期郑国史伯提出"以他平他谓之和"，"和实生物，同则不继"的哲学命题，说明不同事物和矛盾各个方面达到一种平衡就是"和"，"和"是事物多样性的统一，"和"才能产生新事物。"以同裨同"只能有量的增加，而不会产生质的变化，不可能产生新事物，"和"异于"同"。后来孔子继承了这种贵和去同思想，具体化为"和而不同"的文化观，提出"君子和而不同"的原则，批评"小人同而不和"即追求绝对同意的形而上学思维方式。"和而不同"成为中华文化的优良传统，体现了中国古代辩证法的精华。孟子尽心、知性、知天的天人合一论，要求达到心、性、天的和谐，进一步发展并逐渐完善贵和思想。董仲舒建构了一个以天人感应为核心的新儒学，论证了人与人之间、天人之间、人与社会之间的内在和谐统一，是贵和思想发展的新阶段。

中国人向来推崇以和为贵，这和他们的生存土壤是分不开的。与欧洲的海洋文化相比，中华文化是大陆文化。除了少数在中国边境的游牧民族（事实上当时他们并不算中华民族，在近代以前炎黄子孙一直将其视为蛮夷异族），中华民族自古以来绝大部分都栖居内陆，形成农耕经济。由于农耕经济的要求，人们自然而然地形成了安土重迁的习惯。同时农耕经济使人们形成了勤劳朴实，踏实刻苦的美德，与欧洲文化相比，侵略性极小，和谐度较高。

贵和尚中精神在儒家文化中最具代表性的表现形式就是中庸思想。中道思想、中庸思想在世界文化史上具有共同的诉求，古希腊的亚里士多德、印度佛教、大乘佛学都有中道的思想，这里讲的是孔子儒家的中庸思想。中庸一词出自《论语·雍也篇》，"中庸之为德也，其至矣乎！民鲜久矣"①。这句话的意思是说，中庸是一种道德，而且是最高的道德，人们缺乏它已经很久了。在儒家学者看来，中庸在其思想体系中具有极高的地位，是其修养方法、境界的一个最高层次。中庸并非简单的折中，单纯在两点之间取中间，而是适度、适中、恰到好处的意思。孔子说过："君子之于天下也，无适也，无莫也，义之与比。"（《论语·里仁》）就是说，君子做事，没有具体的规范要求，只要怎么做事合理恰当，就怎么做。虽然儒家众多思想家对于中庸的理解与解释各有不同，但整体来看，都包含有适度这一层面的意思，是根本原则。

在道家文化中，也能看出贵和尚中精神。道家的核心概念就是"道"。强调做事应该符合道，无为而治，顺应天道自然，自然而然。《道德经》中有一段话："人法地，地法天，天法道，道法自然。"（《道德经》二十五章）道法自然，是说"道"效法的对象就是它自己，也就是保持它自身的样子，它自身是什么样子，就应该是什么样子。人做事也应该这样，要求不违背最本原的样子，要顺应自然，

---

① 杨伯峻：《论语译注》，中华书局2012年版，第90页。

而不可用外力强行改变。这种顺应本然的思想，就是一种变相的"中"，而最终的结果则必然是"和"。

佛家虽然不讲中和，但它主张人顿悟成佛，众生成佛，要使世间万物脱离苦海，达到彼岸极乐世界的这种思想也蕴含着"和"的一些特点。

程静宇将中和归纳为三个方面：它是对立面统一与平衡、事物多样性统一与融合，也是万物生成发展的源泉。[1]且不说这种归纳的全面性与正确性，但它确实能反映出中和的特点。中和很本质的一点就是调和矛盾，达到协调、稳定、和谐一致的状态。除了对立的矛盾外，万事万物之间依然有着复杂性和多样性，中国古代的哲人认识到了这些问题，提出了阴阳互补、五行生克等众多思想。宇宙间星体运行，日月交替，辰宿列布；大自然寒来暑往，四时循环，生生不息，这些无一不蕴藏着某种本质的规律，中国人认识到这些，他们顺应自然规律，贵和尚中，不断发展。而自然界本身，正是因为这些规律自身的协调性，而不断运转生化，发展不休。

（三）贵和尚中精神在当今社会的发展

社会意识受社会存在的制约。当今社会与千百年前的中国社会截然不同，贵和尚中精神其本质自然不变，仍旧是追求和谐融洽，但是其外在表象要随社会发展而变化。无论是想要成为金融巨鳄，还是想要成为政治巨头，抑或成就其他种种为世人所羡慕的功业，首先要做的，也是最本质的一点，就是修养自身，完备自身。也就是在齐家、治国、平天下之前，要修身。在中国古代，强调伦理纲常，君臣父子，中和思想也受其影响与制约，比如孟子认为"仁义为中"[2]，荀子认为"规范为中"[3]。这两者都有各自的局限性。孟子

---

[1] 程静宇：《中国传统中和思想》，社会科学文献出版社2010年版，第7页。
[2] 晁乐红：《中庸与中道——先秦儒家与亚里士多德伦理思想比较研究》，人民出版社2010年版，第42页。
[3] 晁乐红：《中庸与中道——先秦儒家与亚里士多德伦理思想比较研究》，人民出版社2010年版，第51页。

强调仁义，但这种道德理想在现实社会中实现的可能性并不大；另一方面，如果像秦朝一般实行严苛的法律，也许会起到反效果。

近现代中国许多思想家对贵和尚中精神做出了一些新的解释与发展。张岱年先生建立了一个"综合创新"的哲学体系。其中，他提出了"兼和"的思想。简而言之，这是对于中国传统"和"的思想与现代辩证唯物主义的融合，西方的思维方式重视对立、矛盾，蕴含的是一种冲突的精神，而中国注重的是一种和的精神。张岱年先生对此进行了综合。他的"兼和"——"兼赅众异而得其平衡"，深刻说明了"兼和"不是绝对的和，而是包含对立（众异）的和，[①]是让对立的矛盾达到一种平衡的思想，而不是完全同化融合在一起。

儒家观念中的推己及人、仁民爱物的意识具有越来越重要的作用，对于国家之间及国家内部人际关系的处理，乃至国家利益的显发有着重大的意义。无论中和思想到底涉及多少领域，其正确性到底如何，在我们当今社会，中和思想至少要先与为人处世相结合。人，只有先成为人，才能继续探讨社会乃至更广泛的话题。第一，安身立命要以和谐为根本。和谐可以说是中和之道的本质，是人们层次极高的一种价值追求。从理论上来说，和谐是一种最为完美的状态。而人安身立命，和谐非常关键。身处在一个和谐的环境里，无论有什么目标，都可以按部就班地去实现，人身才能享有幸福。而如果人与身边环境不和谐，比如与身边的人关系不睦，或者身处战乱动荡时局，轻者做事事倍功半、处处碰壁，生活痛苦无比，重者丧失性命。安身立命，要与人为善才能与己为善。

第二，要修养完善自身，树立德性。《中庸》里说，"喜怒哀乐之未发谓之中，发而皆中节谓之和。……致中和，天地位焉，万物育焉"。儒家的道德理想主义虽然很难实现，但我们既然身为人，终归要有能称为人的东西。而这个东西，就是德。说得更通俗一些，

---

① 刘鄂培：《综合创新——张岱年先生学记》，清华大学出版社2002年版，第114页。

就是做一个好人，心底存有善念。不需要繁文缛节，也并非完全为人着想不顾自身，只要在自身能生存的同时让他人也能生存，不因为自身私利而去损害他人，俯仰之间无愧天地，对得住自己的良心，即为善。"天命之谓性，率性之谓道，修道之谓教"言简意赅地揭示了中和之道的主题思想是自我教育，辅之以内在的自我约束、自我监督精神。《中庸》追求的是中正平和的境界，根本是修养自身，修养好自身，可以更好地管理别人，更好地治国平天下，这与《大学》的主张一致。《中庸》的境界让我们成就自己，也要成就他人、成就万物，成己与成物相结合，"合内外之道"。

第三，坚定原则。人生在世，有所为有所不为，人心中必须有自己的一个标杆。与人为善并非对所有事情都妥协忍让，人心中要有自己的标准，只有这样才能真正达到和谐的境界。现代人与人的和谐，是在传统"礼之用，和为贵"的基础上，建立好相互尊重、理解、信任的良好人际关系，关注人的全面发展，提高人的综合素质。[1]

贵和尚中具有普遍的方法论意义。如果说提高个人的修养是从微观的角度看待贵和尚中精神，那么建设中国和谐社会与和谐世界就是从宏观的角度发展它。"把人与人之间的关系扩大到国与国之间、不同民族之间的关系，儒家'贵和'的思想就体现为崇仁义、贵王道，尚文不尚武，主张通过道德教化来'讲信修睦''协和万邦'、实现国家、民族之间的和平共处。"[2] "四海之内，皆兄弟也"的胸怀非常博大，具有道德主义、和平主义的性质。梁漱溟先生认为"无兵之国"是中国文化的一大特征。中国儒家这种"贵和尚中"的文化传统，用来处理现代国际关系，实有重要的指导意义。

习近平总书记在中共中央政治局第十二次集体学习时强调要不断改革与创新文化的交流制度，系统地梳理文化资源。而对于贵和尚中精神，就要做到古为今用，将它与现代中国社会的实际情况相

---

[1] 祁迪：《传统和合文化对和谐社会构建的借鉴意义》，《科技创新导报》2010年第5期。
[2] 方克立：《中国文化的综合创新之路》，中国社会科学出版社2012年版，第12—13页。

结合，同时借助现代的大众传播媒介宣传扩散，使社会中充满和谐的氛围，让人们都有贵和的意识存在，从而推进和谐社会的建设。张立文教授创建了"和合学"，其中核心就是和生、和处、和立、和达、和爱五大原理。这五大原理，亦即五大中心价值，是21世纪人类重要原理和重要价值。中华民族和合文化在化解人类所面临的冲突中，会走向世界，并逐步将被世界所认同。[①] 贵和尚中是一种价值取向，是未来世界的文化趋向，有益于民族、文化间的共存互尊，人际关系的和谐化与秩序化，而且追求天、地、人、物、我之间关系的和谐化。"中"是天下最重大的根本，"和"是天下通行的道路。超越狭隘的民族主义，在长期的中庸平衡、中和之道的指引下，中华民族在多民族的国家整合过程中，吸纳周边各民族的优长，慢慢成长，延续至今。

"'中和''太和''保和'的理念，成为中华民族的历史传统，是维系与协调不同族群、不同宗教文化的润滑剂，也是从个体到家、国、天下生存与发展的原动力。"[②] 今天我们仍要提倡这一人文精神，这是因为我们处于更广泛的文化交流时代，一定要有文化自觉，深入开展文明对话。"各美其美，美人之美，美美与共，天下大同"，东西方之间相互了解和尊重，创造和谐的多极化世界。和谐，虽然是避免极端，维持稳定融洽，但从一定意义上来说，它本身其实是一个最为极致的境界。事实上，矛盾无时不在，无处不在，而和谐也永远只能是人不断追求的一种价值。过去，贵和尚中精神难免存在一些弊端，诸如为统治阶级服务，导致人懦弱胆怯、一味忍让，等等。在今天，贵和尚中精神就是要人认识到和谐的价值，并且不断去追求它，从本质上去追求和谐，而不是维持表面的融洽，以此来推进人类乃至整个世界越来越美好。

---

[①] 马俊峰、王岚、李耘等：《中国当代哲学重大问题研究》，河北人民出版社2011年版，第299页。

[②] 郭齐勇：《中国儒学之精神》，复旦大学出版社2009年版，第215页。

第四章 弘扬中华优秀传统文化与增强国家文化软实力的核心内容

## 三 协和万邦

中国当代外交坚持追求独立自主的和平外交原则,发展国际间的友好合作、平等互利的关系,不仅是出于适应冷战后和平与发展成为时代主题、多极化趋势日益发展的客观国际环境,也是出于实现中华民族伟大复兴的需要,同时也与中国几千年文明发展史中形成的"协和万邦"精神息息相关。

（一）协和万邦精神的内涵阐释

"协和万邦"四字并非是中国词典中几个字的机械组合,它是根基并贯穿于中华传统文化发展进程的基本理念。"协和万邦"一词最早出自《尚书》中《尧典》的开篇,写道"克明俊德,以柔九族。九族既睦,平章百姓。百姓昭明,协和万邦；黎民于变时雍"（《尚书·尧典》）。这正是中华传统文化中协和万邦精神的源泉活水和生动体现。在此基础上"平章百姓"把国家治理好；进而使各国和谐相处,天下众民友好和睦起来,天下万国各族人民和睦融洽地相处在一起。根据辞海中关于"协"字的解释,有以下四种含义,第一种理解为"和"或"合",如协力同心。《尚书·汤誓》"有众率怠弗协",孔传"不与上和合",《后汉书·吕布传》记载"将军宜与协同策谋,共存大计"。第二种理解为"帮助",如协助。第三种理解为"和谐",如协调。第四种理解为"清代军队编制单位"。"协和"一词,意思为融洽协调。"万"在《辞海》中的意思可以表示为"数目",极言其多,极言其甚。"邦"在《辞海》中意思解释为古代诸侯封国之称。可见,中华传统文化中的"协和万邦"精神体现的是一种根深蒂固的中华文化"和"的意蕴。其作为一种哲学理念、民族精神和文化传统,深刻地影响着中华民族的历史进程和发展趋势。

从古至今,中国始终奉行睦邻友好、和平共处的外交政策,这既是中国对世界庄严的政治承诺,又是中华文明走向世界的必然。

· 241 ·

"和"的内涵,从微观层面理解是人心和善,家庭和睦;从宏观层面来理解是社会和谐,世界和平。"和"意味着互相包容,求同存异,和而不同,共生共长。回眸历史,由上古到春秋,再到战国,最后秦统一天下。近代以来,从军阀割据到十年内战,从抗日战争到解放战争,最后到中华人民共和国的建立。"和"始终是中华民族发展的历史趋势。在中国的历史长河中,先哲们开创了一种与西方国家理念不同的"协和万邦"精神理念。中国历代传承与创新着中华传统文化中的"协和万邦"精神,反对侵略,热爱和平。这种理念在汤因比那里被称为世界主义文化,在梁漱溟那里被称为天下主义文化。而冯友兰则指出:"人们或许说中国人缺乏民族主义,但是我认为这正是要害。中国人缺乏民族主义是因为他们惯于从天下即世界的范围看问题。"[1] 可见,中华民族是一个爱好和平的民族,主张各国兼顾本国利益与他国利益,各国之间同舟共济、共同繁荣,促进人类整体利益的最大化。各个国家共同生活在一个地球村,面对传统风险和非传统风险并行的局势,各国只有同舟共济、深化合作轨道,面对问题才能迎刃而解。这是中华民族奉献给全世界人民的一份宝贵的精神遗产。中华民族至今仍然以此作为对外关系的准则,世界各民族也应该珍惜这份宝贵的财富。

(二)中国古代文化格局中协和万邦的核心内容

中国历史传统有"天下一家"的理想。"开放、交流是世界历史、文化发展的总趋势,也是中国历史发展的总趋势。从旧石器时代起直至今天,中国文化从来不是封闭和孤立的。诚然,中国历史上有过'中华帝国无求于人'的闭关锁国的政策和时代,但事实上的内外交流几乎一天也没有停止过。路上丝绸之路、海上丝绸之路、陶瓷之路如此,不见经传的条条通衢更是如此。"[2] 中国传统注重融和合一的精神源于五经,五经的天下观在同和过程中超越狭隘的民

---

[1] 冯友兰:《中国文化简史》,北京大学出版社1985年版,第222页。
[2] 苏秉琦:《中华文明起源新探》,辽宁人民出版社2009年版,第129页。

## 第四章 弘扬中华优秀传统文化与增强国家文化软实力的核心内容

族与国家的界限,表明中国人的文化观念是极为宏阔而适于世界性的。

第一,和治天下的精神志向。党的十八届三中全会提出"推进国家治理体系和治理能力现代化",引起举国上下一致关注。但是,多数研究者将"治理"一词看作是西方的舶来品,而往往忽视了中华民族在长期的文化发展,历史进步中形成的治理思想基础。尧舜就开始对治世进行思考,以天下为公,所以能够建功立业,得到天下人民的拥护。夏商周三代在一定程度上继承了尧舜之治,形成了治理国家理念的传承。春秋战国诸子百家广泛地将"治理"的概念用于治国、理政、平天下的抒发。儒家强调"仁政""德礼教化"。孔子说"礼之用,和为贵"(《论语·学而》),孟子说"天时不如地利,地利不如人和"(《孟子·公孙丑下》),都强调"和"的重要性。其实"和"是传统"和治"的治道目标。孟子继承孔子的思想,提出"仁政"的社会理想,并从人类的恻隐之心以及人性本善的信念出发,推导出实现仁政的可能性。这些关于"治理"的思想都体现了先哲们在乱世中追求的一种"平治天下"的精神志向,历史传统中"兵者,不祥之器也,不得已而用之。善战者果而已,不敢以取强","国虽大,好战必亡,天下虽安,忘战必危"等都体现了中国人和治天下的精神志向,与"暴力""扩张"的早期西方处理国与国之间关系的精神取向形成了鲜明对比。

第二,天下大同的理想追求。超越狭隘的民族主义,超越西方的民族国家观念,儒家主张以天下为己任的天下观,包括"巡守所记,声教所被"的"五服之内",也包括"日月所照,风雨所至"的"普天之下";既指中国与四方合一的世界,也指人文与自然交会的空间。可见,中国古代天下观不仅是地理概念,也是与"国"相对的价值体,这与马克思主义的国际主义具有相通之处。求"大同"一直是中华民族和中华儿女的伟大梦想。"天下大同"的理想追求主要体现在共同的社会政治结构、和而不同的价值理念、万世太平的

· 243 ·

民族精神等若干方面。早在先秦时代,诸子百家就对社会理想进行了不同的筹划,为古代大同社会理想的正式形成奠定了基础。老子主张消除物质匮乏和战乱争斗的"小国寡民"社会;孔子追求各得其所、其乐融融的儒家伦理政治理想;孟子推崇"黎民不饥不寒"的王道社会。墨家学派以"兼爱""尚同"作为社会生活的基本原则,强调"选择天下贤良圣知辨慧之人,立以为天子,使从事乎一同天下之义"(《墨子·尚同中》),保障社会民众的意志逐级上传,使天下人的思想同一起来。与战国极端功利主义思潮截然对立,墨子认为"拔一毛利天下而不为"是社会整体认知上短视的结果。人类社会异于动物世界就在于造就文明、化成社会的平等互助原则。"天下大同"之"同"与墨家有密切关联,大同社会的平等观念源于墨家,天下为公的理论支撑源于墨家的利他主义逻辑。墨子的思想是协和万邦思想的主要渊源。《礼记·礼运》是对"大同社会"最完整的表述,"大道之行也,天下为公,选贤与能,讲信修睦,故人不独亲其亲,不独子其子,使老有所终,壮有所用,幼有所长,鳏寡孤独废疾者皆有所养。男有分,女有归。货恶其弃于地也,不必藏于己;力恶其不出于身也,不必为己。是故谋闭而不兴,盗窃乱贼而不作,故外户而不闭,是谓大同"。这一思想高度概括并扬弃了先秦诸子的理想追求;超越了救治社会的具体方案,在一定程度上具有对人类社会终极关怀的性质。

第三,亲仁善邻的行动原则。秦汉以后,协和万邦社会理想有了进一步的丰富和发展,主要是借助理想社会的蓝图对现实社会展开批判,构想了"华胥国"和"终北国"两个理想国。另外,不同于历史虚无主义与倒退循环的历史观,引出人格平等、社会公平的意识,提出"衰乱世、升平世、太平世"的历史进化观。在此基础上,思想家们逐渐认识到"天下"与"国家"的区别,不再囿于一家一国思维,提出天下理念高于个体与家族的私利,是文明的同义词。《吕氏春秋》指出"天下非一人之天下也,天下之天下也"的观

## 第四章 弘扬中华优秀传统文化与增强国家文化软实力的核心内容

念;黄宗羲在《明夷待访录》中提出"公天下"的制度体系:"天下之治乱,不在一姓之兴亡,而在万民之忧乐"(《明夷待访录·原臣》),"天下为主,君为客"(《明夷待访录·原君》)。中国古代协和万邦思想凸显出中华文化"和"内涵,在实践上体现为"亲仁善邻"的行动原则。古往今来,中国始终坚持奉行睦邻友好、和平共处的邦交策略,这既是中国这个大国的政治承诺,更是中国这个文明古国的传统使然。

(三)近代以来协和万邦的形态和转型

鸦片战争以来,中国遭受历史罕见的沉重灾难,一步步丧失主权,成为半殖民地半封建社会的国度。但中华民族协和万邦的精神仍旧没有一丝动摇。具体表现在19世纪60年代开始兴起的以"自强"和"求富"为标榜,强调"中学为体,西学为用"的思想政治主张。近代以来,关于这一思想观念的争论从未停止,"诸如中体西用论(文化保守主义者、现代新儒家、当代新儒家)、儒体西用论(贺麟)、西体西用论(全盘西化论者、充分世界化者)、西体中用论(李泽厚)、中西互为体用论(傅伟勋)、'今中为体,古洋为用'论(张岱年)以及'马魂中体西用'论(杨承训)等等"①。

其一,"中学为体,西学为用"的理念追求。提出"中学为体,西学为用"思想的并不都是保守派和顽固派,也有对西方新思想和制度了解颇深的人。如林则徐的学生冯桂芬,1861年就提出"以中国之伦常名教为原本,辅之以诸国富强之术"的主张。他不像李鸿章那样相信"中国文物制度事事远出西人之上,独火器万不能及",而认识到中国"人无弃材不如夷,地无遗利不如夷,君民不隔不如夷,名实必符不如夷"等许多方面不如西方。郑观应认为:"乃知其治乱之源、治强之本,不尽在船坚炮利,而在议院上下同心,教养得法;兴学校、广书院、重技艺、别考课,使人尽其材。"他还指出:"中学其本也,

---

① 洪晓楠:《马克思主义"综合创新"派的文化体用观》,《哲学研究》2012年第8期。

西学其末也，主以中学，辅以西学。"王韬说："器则取诸西国，道则备自当躬。盖万世不变者，孔子之道也。"他们作为早期的改良主义者，都强调中体西用论。他们认为，资本主义的经济政治制度是"富强之本"，中国人必须通过此才能走向富强。但这样的"本"是末之本，还不是本中之本，本中之本在于"中"。

其二，天下为公的治国理念。近代康有为的三世说和《大同书》接受西方乌托邦思想，对大同思想进行改造，提出破除"九界"、全球一体、至公、至平、至仁、至治的未来社会模式。康有为对儒学的解释是用民主、君主、民权、君权等西学概念或观点阐发儒学，儒表西里，反映了近代思想家在欧风美雨冲击下对中华传统文化的改造。"这种对大同世界的描绘，反映了人们对美好社会的憧憬，糅合了儒家的大同理想、耶稣教、佛教的平等、博爱教义，以及欧洲的乌托邦思想和空想社会主义思潮，反映了大同思想在近代的新变化。"[1] 毛泽东曾在《论人民民主专政》中对康有为给予评论："康有为写了《大同书》，他没有也不可能找到一条到达大同的路。"尽管康有为"大同世界"的理想最终破产，但是他基于中华文化优秀传统开创中国发展道路的民族情怀值得肯定。此外，孙中山多次使用中国古代大同社会的概念解释三民主义，也是对古代历史大同世界思想的继承和发展。

其三，尚德不尚武的历史传统。英国哲学家罗素说："中国有一种思想极为根深蒂固，即正确的道德品质比细致的科学知识更重要。这种思想源于儒家传统，在现代工业社会到来之前，这或多或少是有点道理……现在的西方人正好走向另一个极端，认为技术上的功效最可贵，而道德则毫无用处。"[2] 意思是说，中国人根子里是"和为贵"的思想，不主张尚武。

可见，协和万邦精神一经形成，是如此牢固和持久，不仅在整

---

[1] 张岂之：《中华优秀传统文化核心理念读本》，学习出版社2012年版，第328页。
[2] ［英］伯特兰·罗素：《中国问题》，秦悦译，学林出版社1996年版，第61页。

## 第四章 弘扬中华优秀传统文化与增强国家文化软实力的核心内容

个封建社会的历史进程中得到充分体现,而且深深影响着近代中国人的实践探索。

### (四) 新时代协和万邦的创造性转化与创新性发展

争取和维护世界和平是中华传统文化中协和万邦精神的重要体现,是中国人民的热切期盼,更是世界人民的共同愿望。新中国成立后,以毛泽东同志为主要代表的中国共产党人一贯主张,我国的外交活动应在坚持独立自主、自力更生的基础上,奉行和平的外交政策,结成尽可能广泛的国际统一战线,团结一切可以团结的力量,争取一个和平的国际环境,以促进我国社会主义建设事业的发展。在新世纪新时期新时代,中国依然坚持走和平发展道路,这不仅是中国共产党和中国政府对时代大趋势的宏观驾驭和对历史和现实的准确把握,它更是凝结着中华传统协和万邦精神。党的十九大报告提出,要同舟共济,促进贸易和投资自由化、便利化,推动经济全球化朝着更加开放、包容、普惠、平衡、共赢的方向发展。习近平总书记始终强调新时代中国特色社会主义文化植根于中华优秀传统文化,要善于从传统文化中汲取养分,滋养自身。新时代人类命运共同体思想是对中华传统协和万邦精神的创造性转化、创新性发展,体现了对中国传统智慧的延伸,推进了中华传统核心价值理念在世界舞台上焕发生机与光彩。

首先,协和万邦精神在中国特色社会主义实践中的内核诠释。协和万邦是中华传统文化中极具影响力的基本理念之一,它所倡导的是"王道"精神,完全相异于西方国家所宣扬的"霸道"文化。基于此,在新时代,要进一步提升文化自信、文化自觉与文化认同意识,就有必要从理论和实践两个层面发展协和万邦精神的内在精髓。协和万邦的思想理论精髓表现为"协和精神"。协和万邦是一种软外交,倡导持久和平,"礼之用,和为贵"(《论语·学而》)是构建持久和平世界的思想渊源,不能脱离"协和精神"。"以和为贵"思想深刻地影响了中华民族的治国与处事,甚至在塑造民族性格方面也起到了不可代替的作用。墨家提出"大不攻小也,强不侮弱也……是以天下庶国,莫以水火毒药相害也"(《墨子·天志下》),孕育了以和为贵的思想内涵;主张国与国之间不要互相攻击,不以大欺小,树立公正的秩序,使各国和平相处,不互相残害,营造一个公正合理的国际政治经济新秩序。儒家的"达则兼济天下"彰显以天下为己任的情怀;"德不孤,必有邻"表现以仁德感召人的理想;"君子和而不同"表达不能将自身意愿强加于人,以霸道作风主宰于人的追求。持久和平的世界就是"要相互尊重、平等协商,坚决摒弃冷战思维和强权政治,走对话而不对抗、结伴而不结盟的国与国交往新路"①。这一思想包含着深刻的中华优秀传统文化中孕育的对内实行协商的民主,对外实行以协和协调的外交的治国大道与交往智慧,协和万邦的中国特色大国外交独树一帜、经久不衰。

20世纪80年代,中国毅然决然地打开了改革开放的大门,中国的综合国力和国际地位快速提升,为人类命运共同体思想的提出奠定了实践基础。人类命运共同体思想主张的是各国同舟共济,通过合作抓住机遇、迎接挑战,这对中国古代相对封闭式的交往观进行了质的升华。对外开放,是中国促进改革和发展取得成就的重要经验,也是中国外交不断取得新的成就的重要法宝。习近平总书记曾说:"对一个国家而言,开放如同破茧成蝶,虽会经历一时阵痛,但将换来新生"②,这正是中国改革开放之路的现实写照。事实证明,封闭自己、逆全球化是没有出路的,人类命运共同体思想旨在呼吁全球各国同舟共济,在自身发展的同时也给予其他国家合理关切,这是对中国古代传统外交观的升华与超越。

其次,协和万邦精神在中国特色社会主义实践中的价值诉求。辩证唯物主义认为,世界万物均由矛盾构成,矛盾无处不在,无时不有。同样,社会主义和谐社会亦如此,不仅不会否认矛盾与冲突,

---

① 《习近平谈治国理政》第2卷,外文出版社2017年版,第512页。
② 《习近平谈治国理政》第3卷,外文出版社2020年版,第46页。

## 第四章　弘扬中华优秀传统文化与增强国家文化软实力的核心内容

反而更加客观地承认与对待矛盾的多样性、社会整体和谐与局部不统一的必然性。总体来看，我国社会总体趋势是和谐的，因此，着力构建和谐社会，消除各种不和谐现象，就需要深度挖掘传统协和万邦精神的内在精髓，充分发挥其统筹兼顾、协调各方、和而不同、追求和谐的重要作用，为构建社会主义和谐社会提供理论依据与实践指导。

第一，以"协"为基点，落实"创新、协调、绿色、开放、共享"新发展理念。新发展理念强调经济发展、政治发展、社会发展、人的发展和生态发展的统一，追求的是自然、经济和社会三维系统的全面整合和高度统一，对于构建社会主义和谐社会具有至关重要的基础作用。新发展理念旨在构建一个全球范围普遍安全的世界、一个包容尊重世界文明多样性的世界、一个有可持续发展能力的美丽世界。呼吁各国反思战争带来的危害，构建一个维持整体安全的安全共同体；呼吁各国能够平等地包容不同文明，以文明互鉴取代文明冲突，尊重世界文明的多元化与多样性；呼吁各国重视生态环境保护，提高国际社会的可持续发展能力，共同构建一个清洁美丽的世界。总之，新发展理念把传统的协和万邦精神融进了发展中，它顺应了人类社会进步的潮流，体现了中国共产党与时俱进的创新精神，具有鲜明的时代特征。

第二，以"和"为诉求，促进人与自然的协调发展。在人与自然的关系层面，"和"的思想主要表现为天人合一。"所谓'天人合一'是指人与自然既相互区别，又相互统一的关系，人是自然所产生的，是自然界的一部分，人可以认识自然并加以改造调整，但不应破坏自然。"[1] 在人与自然的关系上，主张二者和谐相处是中华传统和文化的重要内涵。张岱年先生指出："一种全面的观点，既要改造自然，也要顺应自然，应调整自然使其符合人类的愿望，既不屈

---

[1] 于炳贵：《中国特色社会主义和谐社会建设》，中共中央党校出版社2006年版，第32页。

服于自然，也不破坏自然。以天人相互协调为理想。应该肯定这种学说确有很高的价值。"① 中华传统"天人合一"思想可以作为保护自然、维护生态平衡，尊重自然规律、合理利用自然，处理环境污染、生态失衡等问题的指导思想。

第三，借鉴"中庸之道"，妥善处理不同利益主体之间的矛盾与冲突。中庸是最为恰当的处理问题的方法。"所谓'中'讲的是事物在一种数量上的无过不及性和结构上的不偏不倚性，只有达到无过不及和不偏不倚，事物才能保持稳定性，才能显现一种'和'的状态。"② "天下大同在新时代的意义，就是要在公平正义社会的基础上，发展社会主义主流文化，同时给予多元文化以生存的空间，社会生活中充满会通、宽容的精神。天下大同的'同'，不是排除异己的'同'，而是和而不同的'同'。"③ 在当代条件下，需要将公平正义的社会诉求与宽容感恩的情感相结合。正确处理并妥善协调社会生活各个方面的利益关系，"中庸之道"的处世哲学仍然具有重要的借鉴意义。

第四，汲取"成人之道"，建设社会主义核心价值体系。《论语》中"成人"指理想人格，即"圣贤"和"君子"，内圣外王是其极端表现。基于此，努力构建具有广泛感召力和号召力的社会主义核心价值体系，充分发挥意识形态的引领、整合和导向功能，调动人民群众从事社会实践的积极性，规范人民群众的道德行为，从而保障整个社会系统高效而有序地运行。因为"一定的意识形态作为系统的理论体系和突出的价值体系，能成为一种巨大的物质力量，从而激发和动员整个社会成员战胜各种困难和风险并为既定目标不懈奋斗的热情、信心和决心"④。道德共同体的实现，需要物质文明

---

① 张岱年：《文化与哲学》，教育科学出版社1988年版，第153—154页。
② 王艳华：《儒家和谐思想与社会主义和谐社会的构建》，《理论探讨》2007年第2期。
③ 张岂之：《中华优秀传统文化核心理念读本》，学习出版社2012年版，第332—333页。
④ 王永贵：《经济全球化与社会主义意识形态建设研究》，人民出版社2005年版，第27页。

## 第四章 弘扬中华优秀传统文化与增强国家文化软实力的核心内容

与精神文明的携手前进。天下大同的社会理想彰显了走共同富裕道路的合理性，社会共同体衣食无忧，才能讲求礼义廉耻，才能整体和谐。中华民族才能在新的历史时期为人类社会创造新的文明。

第五，深入挖掘传统协和万邦精神所蕴含的兼容性与开放性，树立强不欺弱、富不辱贫的平等国际交往观，加强多元文化对话与交流。协和万邦精神的独特魅力在于，它充斥着人道主义精神与平等互助精神。人类社会异于动物世界就在于其造就了文明社会的平等互助原则。中国特色大国外交是要推动构建人类命运共同体，人类命运共同体呼吁建立平等的国际关系，遵守联合国的宗旨，习近平总书记在党的十九大报告中提道："中国秉持共商共建共享的全球治理观，倡导国际关系民主化，坚持国家不分大小、强弱、贫富一律平等"[①]，这是我国一直坚持也将始终坚持的外交观念和态度，也是人类命运共同体思想的题中之义。改革开放40多年，中国特色社会主义取得了举世瞩目的伟大成就，中国日益走进世界舞台的中央，中国并没有因为综合国力的强盛而压迫掠夺其他国家，而是做出了永不称霸的承诺，维护中国的核心利益不容他人侵犯的同时，始终担负起大国的责任，与他国进行平等的交往，并致力于公正的国际治理体系的构建，为广大发展中国家争取更多的合理利益。人类命运共同体思想中蕴含的平等对待各国、不因大小强弱区分对待、一视同仁的思想，以柔性博弈代替硬实力比拼的协调范式是对几千年来森严的等级制度和严苛的等级观念的历史性超越，也是对中国传统文化的辩证看待，有选择地进行扬弃，剔除掉不适宜当今社会和时代背景的落后理念，用更加成熟的、全方位的、建设性的理念进行替代，以实现中华文化的发展道路和发展前景，这也是中国展现给世界的应有的大国担当。

尽管在新中国成立后的不同历史阶段，追求和平的发展理念因

---

[①] 《习近平谈治国理政》第3卷，外文出版社2020年版，第47页。

为国际形势的不断变化而呈现出不同的表现形式，但它的基本精神始终是一贯的。从中华传统文化视角看，这无疑是中华民族"协和万邦"精神的传承与创新。如今，逆全球化浪潮再起，贸易保护主义抬头，中国始终坚信没有人能退回自我封闭的孤岛，没有哪个国家单独面对危机能从容而退，世界各国的命运是紧密相联、休戚与共的。中国一直以实际行动践行着人类命运共同体思想所包含的合作共赢理念，习近平主席提出的"一带一路"倡议，推动沿线各国基础设施建设、建设亚洲基础设施投资银行并带头发挥金砖国家积极作用，这些都是中国向世界展现的合作诚意，也是中国对于"中国威胁论"做出掷地有声的回应，中国的发展给世界带来的是机遇，而非挑战。中国始终致力于推动完善全球的经济治理，在做大自身蛋糕的同时，努力推动蛋糕的公正合理分配。协和万邦精神既是人类命运共同体思想的理论来源，也是中国外交的重要价值导向，需要我们不断地创造性转化、创新性发展。

# 第五章 基于弘扬中华优秀传统文化增强国家文化软实力的历史成就与具体问题

弘扬中华传统文化增强国家文化软实力与中国社会、中国文化由传统向现代转型具有一致性。从历史的视角考察与分析弘扬中华优秀传统文化，增强国家文化软实力所形成的历史特征，所取得的历史成就与特色经验，以及存在的具体问题与形成原因，有助于提升弘扬中华优秀传统文化增强国家文化软实力的自觉性。

## 第一节 弘扬中华优秀传统文化增强国家文化软实力的历史特征

美国学者约瑟夫·奈在国际关系研究中率先提出软实力概念以后，中国学术界和社会各界产生了很大反响，并在约瑟夫·奈的思想基础上，把文化作为软实力的核心要素，并进一步指出价值观是文化的核心组成部分。文化软实力成为软实力的一个重要的子概念，它是一种关系性权力，通过在国际交往中使本国所崇奉的价值理念得到普遍认同和广泛接受，影响他国的行为，获得国际影响的能力。从表层考察文化，它具有"软"的特性，但是进一步往深度挖掘，文化又可以发挥出不可小觑的硬实力。习近平总书记从四个方面指出提升国家文化软实力的根本指引，其中两个方面涉及展示中华优秀传统文化的独特魅力、夯实国家文化软实力建设的根基，这是对弘扬中华优秀传统文化增强国家文化软实力进行的深刻诠释与解析。如何将作为中华民族的最深厚的文化基因的中华优秀传统文化与新时代文化相互协调与连接，提升中华优秀传统文化的创造活力，激发中华优秀传统文化的软实力功能，成为新时代国家文化软实力发展中的热点和难点议题。深刻分析弘扬中华优秀传统文化增强国家文化软实力的历史特征，进一步明确以中华优秀传统文化为基础构建国家文化软实力是连续性与阶段性的统一，有助于增强文化自信和价值自信。

### 一　独特创造

所谓中华优秀传统文化的独特创造，就是中华民族作为特定的社会群体区别于别的民族的、经过长期历史积淀而形成的、独特的文化内在特质和外在表征，包括思维方式、价值系统、情感心理等方面的精神特质。有汉学家指出，必须从中华文明的思想根基出发了解中华文明，[1] 重视中华文明形成初期的思维和观念对后世中华文明发展的重要影响。这种看法隐含着对于中华文明整体性、长久性、连续性的肯定。史华慈指出，中华文明的框架并没有出现过西方式的全盘的质的决裂。[2] 显而易见，中华优秀传统文化强调连续、动态、关联、关系、整体的观点，是一种关联性存在。从这种有机整体主义出发，在相互依存、相互联系中，中华优秀传统文化显现出自己的独特创造。

中华优秀传统文化具有中华民族区别于他民族的本质特性，它凝集着中华民族在其社会历史发展过程中不断形成的智慧、理性与创造力。从根本上说，中华优秀传统文化是教人安身立命的学问。它引导人们通过格物致知、诚意正心、修身齐家、治国平天下成圣成贤，从而实现理想人格、实现与西方外在超越相对立的内在超越。

---

[1] 牟复礼：《中国思想之渊源》，北京大学出版社2009年版，"序"第1页。
[2] 史华慈：《古代中国的思想世界》，江苏人民出版社2004年版，"导言"第2页。

## 第五章　基于弘扬中华优秀传统文化增强国家文化软实力的历史成就与具体问题

中华优秀传统文化在适应本民族特殊的自然环境与社会环境方面具有独特的价值和功能，传承为中华民族的文化心理，凝结为中华民族的道德正气，是新伦理道德观发展的深厚基础，是中华民族精神文明建设的重要支撑。可以将中华优秀传统文化的独特创造概括为伦理型、政治型文化。

从人和天地万物的关系、人和人的关系、人对于自我的态度、人对生死的态度四个方面来阐释中华优秀传统文化对于增强国家文化软实力的内核，其中"人本主义""利用厚生""自我修养""立德立功立言"等传统伦理道德观对于当今时代人们树立正确的人生观、道德观与价值观具有极高的研究价值与借鉴意义。基于此，展开新的视野，拓出新的境界，使中国文化充满活力。

就人与自然的关系而言，"人与天地万物为一体"或"天人合一"有机式世界观可作为中华民族的基本精神。从周初"以德辅天"观念看，中华传统"天人合一"观念是建立在道德基础上的合一，天人之合从本质上讲就是合德，就是天与人在本质上具有同一性，即所谓人的道德与天的本质具有内在一致性。中华传统伦理道德学说的全部内容，包括道德原则、道德规范、道德实践、道德修养均是以天人合德为根据的。这种天人合德观念确立了人是道德主体，凸显了人道独特的道德价值，在此基础上发展出"尽物之性""万物并育而不相害"的伦理道德观。中国传统思想比较贴近人生，这种为人生而问道的情怀同西方的"为真理而真理""为知识而知识"的精神大异其趣。由此导致中国近二三百年科学技术落后于西方，这也是关于中国文化"天人合一"与西方文化"天人相分"的主流看法。但也有人提出另一种主张，认为中国文化也有"天人相分"的进步传统，冯契主张对此作具体分析。因为"合一"既可以理解为积极的辩证统一，也可以理解为消极的形而上学的统一。而且，"合一"与"相分"并不是完全相互割裂的，荀子讲"明于天人之分"，意思就是自然界和人类各有其职分。"不为而成，不为而得"是"天职"。人不与天争职,不对自然界做任何主观的附加,力求如实地反映自然,利用自然规律来为人类谋福利,这才是人的职分。只有明于天人之分,才能"制天命而用之",到达人与天地参,即人与自然界统一的境界。① 这样讲天人的统一,是通过相互作用、相互斗争而实现的,实际上表达的正是辩证的"天人统一"观点。

就人和人的关系而言,中华优秀传统文化表现出两个特点:一是以个人为中心而发展出的五伦关系;二是强调人与人之间的自然关系,主张五伦始于父子。"儒家一方面强调'为仁由己',即个人的价值自觉,另一方面又强调人伦秩序,而这两个层次是密切联系在一起的,即人伦秩序并不是从外面强加的,而是从个人自然地推扩而来的。"② 基于此,中华优秀传统文化中最基本的观念形态之一即"正德利用厚生","它表明中华民族首先是向生命处用心,所以对自己就要正德,对人民就要利用厚生。正德或修己是对付自己的生命,利用厚生或安百姓则是对付人民的生命。所谓'对付'就是如何来保护我们的生命"③。从某一角度看主要是伦理思想;而从另一角度看则是政治思想,即"德治主义",若从其基本努力的对象考察,亦称"民本主义",即民本主义与德治主义互为表里。实际上,义利关系说的就是道德与人的利益之间的关系。在中华传统文化的义利之辩中,表现出道义论倾向,强调义是最高的价值。由此可见,中华优秀传统文化也有其自身的弱点:一是重道德而轻法制;二是重义务而轻权利。

自我问题是社会生活与文化思想发展到一定阶段所必然要出现的。中华优秀传统文化主张从内在超越的理念来挖掘自我的本质,将人看作是具有情感、意志与理性的生命整体。作为生命整体的自

---

① 洪晓楠:《当代中国文化哲学研究》,大连出版社2001年版,第111页。
② 夏纪森:《论儒家视野里的个人与社群》,《社会科学》2013年第7期。
③ 洪晓楠:《当代中国文化哲学研究》,大连出版社2001年版,第18页。

## 第五章　基于弘扬中华优秀传统文化增强国家文化软实力的历史成就与具体问题

我一方面能够通达宇宙，另一方面能够通达人间世界，既能与天地万物融为一体，也能成就人伦秩序。在儒家哲学中，自身"是一个经验中的和实践着的人际关系的中心。作为人际关系的中心，我们自身不断地与各色人等交往。他人对于我们修身的意义是显而易见的，因为我们不可能孤立地进行修身"[1]。如是，自我既存在于其与其他人的关系之中，也存于其与天地万物的关系之中。中华优秀传统文化历来承认价值的来源在于以己之心而外通于他人及天地万物，强调通过"自省""自反""反求诸己""反身而诚"激发和提高人本来就有的价值自觉的能力。以道德品质的自我锻炼与主体道德的自我完善为标志的自我修养的终极目标在于主体自觉、能动的道德实践，自我求取在人伦秩序与宇宙秩序中的和谐。中国人这种"依自不依他"的人生态度是富于现代性的，这种自我观念只要稍加调整仍可适用于现代的中国人。

最后是人对生死的看法。中华优秀传统文化从来不看重灵魂不灭的观念，它是"天地万物为一体"观念的延伸。它的最可贵的地方在于不依赖灵魂不朽也能够积极地肯定人生，这主要取决于中国自古相传的信仰，即立德、立功、立言。《春秋左传》记载"太上有立德，其次有立功，其次有立言；虽久不废，此之谓不朽"，这说明，人生负载了天道至善的终极责任，若无建树就等于虚掷生命。对中华优秀传统文化来说，重要的问题不在于对死亡本性的追问，而在于我们应当以什么名义死。这种死亡思考具有入世的优点、理论与实践相统一的优点；但也不免落入就事论理、缺乏思辨的局限。此外，这种生死观将个人道德追求与伦理价值赋予终极道德意义，彰显出比较注重死亡的社会性和伦理意义的致思路向和理论风格。例如，"孔子强调'杀身成仁'，注重从个人同他人、同社会的关系来规定死亡的意义和价值，比较注重死亡的社会性；孟子强调'舍

---

[1] 杜维明：《儒教》，陈静译，上海古籍出版社2008年版，第6—7页。

生取义",比较注重生存主体的自由选择,比较注重死亡的个体性"①。由此,杀身成仁、舍生取义"成为一代又一代中国知识分子慷慨赴死的理由;当儒道这一精英文化渐变为主流意识形态以后,'杀身成仁,舍生取义'则成为中国人普遍推崇的高尚气节"②。复次,在中国传统生死观中,超自然的信仰向度与自然的理性向度始终保持一种协调关系。具体而言,中华传统文化中"天人合一"的"天"既有"皇天之天"的宗教意义,也有"天地之天""自然之天""天命之天""天道之天""天理之天"等道德意涵③;而且强调道德主体的理性认知、道德修养与精神修炼。孔子提出"五十而知天命",孟子提出"事天""以德配天",都显示出"天人合一"学说的道德意义和人学意义。质言之,中国传统生死观是在中国社会进入雅斯贝尔斯所谓"轴心时代"逐渐产生的,是先秦时期社会历史、思想理论等诸方面共同促成的结果。孔孟从"仁""义""礼"的角度探讨死亡问题,带有鲜明的道德哲学或"道德形上学"色彩,但由于过于"入世""感性",是黑格尔所批评的"在自然形式或感性形式之下的思想"④。宋明理学从佛道宗教哲学中剥离出"完全思辨的内容",既坚持了入世性质和道德哲学的品格,又极大地批评和纠正了就事论理的弊端,大大促进了生死观的形上化。以冯友兰、贺麟、熊十力为代表的现代新儒家得益于近现代西方理性主义和逻辑主义,在形上学化方面更进一步。时至今日,这种注重人伦价值和伦理道德价值的生死观仍然存在于许多中国人的心中,可以说是一种适用于现代生活的伦理道德观。

## 二 价值理念

2014年2月24日,习近平总书记在中央政治局集体学习时的讲

---

① 段德智:《西方死亡哲学》,北京大学出版2006年版,第15页。
② 李书崇:《死亡简史》,四川文艺出版社2013年版,第44页。
③ 段德智:《西方死亡哲学》,北京大学出版2006年版,第33页。
④ 黑格尔:《哲学史讲演录》第1卷,商务印书馆1959年版,第71页。

### 第五章 基于弘扬中华优秀传统文化增强国家文化软实力的历史成就与具体问题

话指出,要"深入挖掘和阐发中华优秀传统文化讲仁爱、重民本、守诚信、崇正义、尚和合、求大同的时代价值,使中华优秀传统文化成为涵养社会主义核心价值观的重要源泉"。这个讲话是在新的历史条件下,对中华优秀传统文化的新的提炼和概括,阐明了中华优秀传统文化对于增强国家文化软实力的基本内容和主要范畴,也成为确立弘扬中华优秀传统文化增强国家文化软实力价值理念的基础。

一是中华传统美德。中华传统美德基本表现为重视现实生命的特征和人文主义精神。"在人的具体生命的心、性中,发掘出道德的根源、人生价值的根源;……中国文化在这方面的成就,不仅有历史地意义,同时也有现代地、将来地意义。"[1] 中华传统文化中的传统美德博大精深,蕴义深刻,涵盖人和天地万物的关系、人和人的关系、人对于自我的态度、人对生死的态度等,其中"人本主义""利用厚生""自我修养""立功立德立言"等传统美德对于当今时代人们树立正确的人生观、道德观与价值观具有极高的研究价值与借鉴意义。

二是中华传统伦理价值观。以爱国主义为核心的民族精神,是中华民族跨越几千年而不衰,屹立于东方之林的内在动力与强大纽带。中央社会主义学院于铭松先生论述道:"爱国主义是中华民族凝聚的巨大推动力。"[2] "这相当于中华民族自立于民族之林的历史宣言。中华五千年灿烂文化始终蕴涵着一股奋发向上、开拓进取的精神力量,深刻地影响着中国人的心理和品格,是我们民族生存、繁衍、发展的生机与活力。"[3] 中华传统伦理价值观以爱国主义为重点,弘扬伟大的中华民族精神,面对当今经济全球化的不断深入,世界各民族文化相互激荡与碰撞,有助于青年一代深刻地认识中华民族

---

[1] 李维武:《中国人文精神之阐扬——徐复观新儒学论著辑要》,中国广播电视出版社1996年版,第342页。

[2] 于铭松:《论中华文化的基本精神及凝聚功能》,《中央社会主义学院学报》2006年第5期。

[3] 于铭松:《文化认同与增强中华民族凝聚力》,《广西社会主义学院学报》2010年第1期。

的伟大历史，了解与掌握中华民族几千年以来在发展进程中所积累与沉淀的深厚的思想文化底蕴，发掘中华民族发展与进步的强大生命力。从而不断提高全民族的自信心和凝聚力，扩大中华优秀传统文化在国际上的影响力和感召力。

　　三是中华传统探索革新观念。创新包含着革新、弃旧图新之意，也就是要求我们解放思想、实事求是、与时俱进。改革与创新，二者相互依存、不可分割；相互促进、互为动力。这一动态进程能够有效地实现旧事物向新事物、旧思想向新思想的转变，从而形成适应于特定社会历史条件和发展目标、特定时代主题、特定时代发展趋势的最活跃、最先进的社会意识结构，即所谓的时代精神。当代中国的时代精神主要体现为"解放思想、实事求是，与时俱进、勇于创新，知难而进、一往无前，艰苦奋斗、务求实效，淡泊名利、无私奉献"①。党的十七届六中全会《决定》强调，文化引领时代风气之先，是最需要创新的领域。可以看出，改革创新已经成为中国特色社会主义文化发展、建设社会主义文化强国的强大动力，其中所蕴含的韧性与品格，有助于整个中华民族在思想文化理论上时刻保持自觉与清醒，有助于顺利推进中国特色社会主义建设事业，有助于促进整个人类的全面进步与长足发展。

　　四是中华传统普遍和谐观念。中华传统文化历来提倡的"天人合一""和谐""和为贵""和善""祥和"等观念，深深地影响着中华民族的行为方式与价值观念，对人类文明进步也有着深刻的影响。胡锦涛同志提出国际社会应秉持和平、发展、合作、共赢、包容理念，推动建设持久和平、共同繁荣的和谐世界。这与联合国教科文组织通过的《保护和促进文化表现形成多样性公约》提倡的"各种文化互相共存，互相包容"的理念是一致的。胡锦涛同志借鉴传统和谐理念与和合精神，深刻揭示了和谐精神对于以中国特色社

---

　　① 胡勇：《变形的龙——从〈女勇士〉的艺术与文化接受谈华裔文学的跨文化特征》，《四川外语学院学报》2000年第1期。

会主义文化为核心内容推动中华优秀传统文化走向世界的重要意义。习近平总书记站在人类历史发展新高度，倡导各国共同构建人类命运共同体，建设持久和平、普遍安全、共同繁荣、开放包容、清洁美丽的世界。就是指通过国际沟通，我们要达到政治上相互尊重、平等协商、共同推进国际关系的民主化；促进经济上相互合作，优势互补；文化上，要相互借鉴，求同存异；安全上，相互信任，加强合作；在环保上，相互帮助，协力推进。

五是中华传统和而不同原则。随着全球化、信息化时代的到来，各文化主体相对封闭的状态被打破了，不同文化成为可感知、可比较的存在，这导致文化的多样化、差异化。2001年11月2日，联合国教科文组织第三十一届会议通过的《世界文化多样性宣言》指出："多样性的具体表现是构成人类的各群体和各社会的特性所具有的独特性和多样化。文化多样性是交流、革新和创作的源泉。"文化的个性化、多样化已经成为一个不可否认、不可忽视的客观事实。全球化的发展，冲击了各民族文化的相对封闭状态，文化的多样性呈现在世人面前。这种文化的激荡与碰撞使文化成为一种可比较、可感知的存在，各个民族的个性文化、多样性文化必须在与其他文化的相对关系中寻求发展。"文化传统的独立性和价值在交汇的漩涡中失去其清晰的轮廓，所牵涉到的民族性、文化身份、文化模式等问题构成了这个时代人文关怀的重要内容。"[①] 这种自我民族认同的文化观照为构建新时代中国特色社会主义文化提供了理性和实践的支撑。

## 三　鲜明特色

如果从弘扬中华优秀传统文化增强国家文化软实力的总体考察，可以抽绎出其贯穿始终、涵盖各个方面的鲜明特色，大致可以概括为四个方面。

---

① 蔡利民：《从全球文化融合看中华文化的主体自觉》，《求是学刊》2009年第3期。

第一个特点是注重开放、兼容并包。"比起西方文化，中国文化更强调人间的和谐。中国文化注重以和为贵，中华文明强调追求多样性的和谐。"[①] 这就是说，中华优秀传统文化注重从关系立场而不是个人本位立场中理解个体，个体成为社会关系连续体中的关联性存在一方。这种要求个人利益服从责任要求，形成伦理本位社会。伴随着时代的变迁及社会文明的进步与发展，中华优秀传统文化始终具有开放性的特征，展现出生生不息的创造活力和包容能力，为增强国家文化软实力做出不可替代的贡献。

第二个特点是不断增强的现代特性。一个民族的文化是具有开放性和动态性的，这就预示着民族文化在发展历程中需要吸收与借鉴其他各民族文化的思想资源。中华优秀传统文化的发展趋势，不仅仅涉及薪火相传、继承传统的问题。在这种文化全球化的大背景下，中华优秀传统文化必然要促进自身的现代化，以适应自身的生存和发展。

第三个特点是中华优秀传统文化与核心价值体系相融合，具有强烈的现实精神，崇尚实际而贬黜玄想。核心价值体系属于社会意识的范畴，是一种观念体系。从马克思主义观点看来，社会意识的产生和发展，都是建立在前人的思想材料基础之上的，而中华优秀传统文化是社会主义核心价值体系的重要源泉。基于此，在当代中国面临各种文化冲击和社会思潮碰撞的背景下，应通过促进中华优秀传统文化与时俱进的发展，发挥其对国家文化软实力的持久贡献。

第四个特点是努力在国际上树立文化中国形象，形成一个多元开放系统。美国学者韩德森（John B. Henderson）认为，儒家经典从未把新说视为异端并加以诽诋。儒家经典以道德为主要考量，在世界各文化中独一无二。[②] 改革开放以来，中华优秀传统文化逐渐得

---

① 陈来：《中华文明的核心价值：国学流变与传统价值观》，生活·读书·新知三联书店2015年版，第56页。

② 郭齐勇：《中国儒学之精神》，复旦大学出版社2013年版，第61页。

到许多国家的认可,基于此,弘扬中华优秀传统文化需要构建一条有效的路径,即传统文化产业化。以中华优秀传统文化品牌塑造文化中国形象,并以此为载体开展文化外交,拓宽中国文化的辐射面。

## 第二节 弘扬中华优秀传统文化增强国家文化软实力的历史经验

对近代以来的中华优秀传统文化转型的实践经验进行科学的探索与总结,具有尤为重要的现实意义。我国将弘扬中华传统文化增强国家文化软实力纳入文化强国建设战略;在挖掘传承、吸收借鉴、整合创新传统文化中培育社会主义核心价值观;以"和合"为基调推行全方位外交。这些优秀经验开创了用现代学术方法研究中华传统文化与国家文化软实力的崭新局面;使我国成为社会新思想理论的生产者和传播者;快速提升中华优秀传统文化在国际社会的吸引力。这些经验与成绩有利于巩固和加强我国的社会主义核心价值体系建设,巩固和增强我国的民族号召力、感召力、创造力。

### 一 辉煌成就

1978年改革开放40多年以来,尤其是进入21世纪以后,对优秀的中华传统文化的弘扬,对国家文化软实力的提高进入关键期和迅速发展期,取得的成果非常丰硕。党的十一届三中全会后发起的经济体制改革使经济取得了高速发展,道德秩序的变化使这个时期的知识分子开始逐渐关注传统文化的角色,不仅提出中华民族的伟大复兴,而且还提出中国文化伟大复兴的口号。20世纪80年代中期,有关中华传统文化的讨论一时兴起,形势迅猛,再加上有新的活力的支持,其发展速度非常快,讨论的范围也比较广,但其核心都集中在反思中国现代化的进程之中,其具体的讨论内容极其丰富,并且以中西文化优劣长短之比较分析法为主要的研究方法。总而言之，20世纪80年代对文化所进行的研究是围绕中华传统文化展开的，并以其与现代化的关系为核心，中华传统文化是否适合现代化建设的需要是整个时期的讨论焦点。中国现代化的研究所涵盖的范围非常广泛，因此，在对中华传统文化与国家文化软实力的研究过程中，不仅没有实现对该问题的"纯化"，甚至还出现了"泛化"的现象。但值得注意的是，这种"泛化"的研究，并没有使中华传统文化与国家文化软实力的研究出现偏颇，这种"泛化"的研究反而使中华传统文化与国家文化软实力的研究出现了新的视角，开辟了新的方向，研究成果蔚为大观。[1] 此外，庞朴提出"继承五四，超越五四"[2]；汤一介提出"让中国的优秀文化走出国门，走向世界各地，也要让世界各国的文化涌入中国"[3]。诸如此类的观点无不显示出在文化的讨论过程中出现的理性精神。

20世纪90年代，"在这个研究阶段中，'国学'越来越成为人们的关注焦点，因此，学者的主要工作是挖掘传统文化的优秀成分，解释传统文化的经典。"[4] 伴随着实现中国文化的伟大复兴的呼声的日益高涨，中华传统文化的研究仍然是国家文化软实力研究的主流方向，"国学"作为优秀的中华传统文化也毫无例外。对于国学的研究和重视，通俗地说就是用科学的方法，批判性地创造性地使国学现代化。北京大学的著名教授张岱年先生主编的《国学丛书》[5] 用其细致的研究与独特的解析对国学进行了细致的梳理和解释；当代著名国学大师汤一介先生负责主编的《二十世纪中国文化论著辑要丛书》[6] 的特色主要表现在翔实的、典型的资料，与张岱年先生的

---

[1] 李宗桂：《文化批判与文化重建——中国文化出路探讨》，陕西人民出版社1992年版。
[2] 庞朴：《继承五四 超越五四》，《历史研究》1989年第2期。
[3] 汤一介：《中国传统文化中的儒释道》，中国和平出版社1988年版，第275—277页。
[4] 李宗桂：《传统与现代之间——中国文化现代化的哲学省思》，北京师范大学出版社2011年版，第335页。
[5] 张岱年主编：《国学丛书》，辽宁教育出版社1991—1996年版。
[6] 汤一介主编：《二十世纪中国文化论著辑要丛书》，中国广播电视出版社1995年版。

## 第五章　基于弘扬中华优秀传统文化增强国家文化软实力的历史成就与具体问题

《国学丛书》相辅相成。此外，还有冯天瑜等人撰著的《中华文化史》① 等，虽然其内容比较广泛，但其研究的核心无外乎是继承和弘扬优秀的中华传统文化，努力寻找传统文化及其与现代化的契合点，为实现中华文化的伟大复兴而尽力。

伴随着 21 世纪的到来，中国的文化秩序进入一个新的发展时期——协调发展期，我们更加关注维护安定团结、治国安邦的文化思想，人们高度重视中华民族和中华文化的伟大复兴，学术界与民众都表现出对传统文化高度广泛的热情。纵观中华传统文化发展的历史，它经受住了西方文化的冲击和现代化的考验，经过一系列转换与发展之后，在现代社会焕发出生机，迎来了新的发展前景。

中华传统文化与国家文化软实力的研究与中国社会、中国文化由传统向现代转型具有一致性。换句话说，中华传统文化与国家文化软实力研究与中国社会、中国文化的现代化相一致，因此，其取得的成绩是不容小觑的。具体表现在以下几个方面。

第一，突破了传统文化研究方法论的局限，开创了用现代学术方法研究中华传统文化与国家文化软实力的崭新局面。从理论思维的角度来说，通过对中华优秀传统文化的继承和发展来提升国家文化软实力研究的突破契机是对方法论的探讨与研究。举例来说，北京大学的张岱年教授对很多的方法提出过独到的见解，包括史料整理法、历史与逻辑相统一、理论分析法、阶级分析法、批判继承法等等。在这个基础上，也有一些学者对冯友兰先生在 20 世纪 50 年代时期所提出来的"抽象继承法"进行了新的评析，并表示了高度的赞同及非常高的评价。② 到了 20 世纪的 80 年代中叶，西方社会思潮对中国学术研究领域的冲击日益高涨，对"方法更新"的要求越来越迫切，因此，在文化研究方面也开始尝试着采用西方的一些研

---

① 冯天瑜等：《中华文化史》，上海人民出版社 1990 年版。
② 李宗桂：《冯友兰"抽象继承法"理论的省思》，《哲学研究》1998 年增刊。

究方法。举例来说,运用系统论撰写《秦汉思想简议》的李泽厚①,运用协同论写作《相似理论、协同学与董仲舒的哲学方法》② 等。与此同时,马克思主义方法、文化人类学法、西方哲学法以及包括系统论、耗散结构论、协同论、控制论、突变论、信息论的自然科学法等与传统的文化研究法百花齐放百家争鸣。

  第二,加强对思想、观念生产与传播的重视,加强智库的突出作用,使中国逐步变成国际社会新思想、新观念的生产者和弘扬者。国家文化软实力的核心内容,例如,国家意志、思想观念、价值理念等,这些概念的继承和弘扬成为国家文化软实力发展和增强的重要途径。人文社会科学研究是生产思想观念、价值理念的源泉,智库是聚集学者智慧、提供决策方案、影响政府决策的咨询研究机构。智库不仅被资本主义国家视为立法、行政和司法之外的第四种权力,也被视作媒体权力之外的"第五种权力"。③ 在人文社会科学的基础理论研究和政府的公共政策之间一直存在一条不可逾越的鸿沟,而作为一种"智力服务业"的智库决策咨询的产生和发展,在两者之间架起了转换的桥梁。智库通过提供一些咨询,替决策者出谋划策、诊断反馈、寻找症结、纠偏改错、预知未来,进一步使公共政策的决策民主化和科学化。

  第三,提高优秀的中华传统文化在世界各地的影响力,加快文化强国的建设步伐,进而提高中国的综合竞争力。中国自改革开放40多年来所取得的辉煌成绩表明了中国的优秀传统文化正在逐步地得到积极弘扬,而此时的西方文明却在反思和调整的阶段。在这个过程中,中华民族正在逐步成为东西方文化的交融中心。④ 并且在整个过程中,中国传统文化中所弘扬的价值准则以及人生格言正在一

---

① 李泽厚:《秦汉思想简议》,《中国社会科学》1984 年第 2 期。
② 李宗桂:《相似理论、协同学于董仲舒的哲学方法》,《哲学研究》1986 年第 9 期。
③ 任晓:《第五种权力——美国思想库的成长、功能及运行机制》,《现代国家关系》2000 年第 7 期。
④ 门洪华:《中国软实力评估报告》上,《国际观察》2007 年第 2 期。

## 第五章 基于弘扬中华优秀传统文化增强国家文化软实力的历史成就与具体问题

点点成为中国可以提升的更具根本和普遍意义的文化贡献。[①] 比如，在联合国总部的大厅所篆刻的"己所不欲，勿施于人"被认为是国际社会解决各个国家关系的"黄金法则"。

改革开放以来，中华传统文化进入市场经济的环境中，并被激活，得到国际社会的关注，引发国际社会的浓厚兴趣。"中国元素"正在逐步变成国际服饰、绘画、建筑等领域的潮流风向标和时尚符号，中国功夫、书法、京剧、旗袍、武术、饮食、医药等在国际社会上都焕发出魅力优势。借此机会，中国政府更加重视挖掘中华传统文化的优秀因素和优势资源，实施"中华文化走出去"工程，并以提升中华文化和语言为手段，加快了中华文化的继承与弘扬，提高了中国的软实力。

总而言之，传统文化精神向现代转换的方向、方式以及具体内容是由其满足现实需要的程度决定的。所以，在以后的工作中，既要注意总结之前的传统文化精神转型经验，又要重视中国以及世界范围内现存的重大的文化问题。既要以规划和发展传统文化精神现代转换为重点，使文化建设工作一步一个脚印，又要把经过传统精神转化过来的现代文化去文本化、去典籍化、去书斋化，使新形成的文化大众化、生活化，始终与中国特色社会主义建设相一致。充分挖掘中华传统文化即中华民族特殊的精神价值和资源，加强中华文化在世界各地的影响力，进一步为中华民族屹立于世界民族之林贡献力量，为中华文明的伟大复兴而奋斗。

### 二 基本经验

正是由于一个国家的文化软实力的强与弱与其国家战略目标的实现与否密切相关，也与其国家利益与国家安全的维护相互联系，进而关系到其整个国家的国际竞争力问题，中国历来重视弘扬中华

---

[①] C. F. Bergsten, C. Freeman, N. Lardy, et al: Soft Power in Chinese Foreign Policy, http://www. The globalist. Com \ Storyld. Aspx？Storyld = 7505.

传统文化增强国家文化软实力,并积累了丰富的历史经验。

第一,将弘扬中华传统文化增强国家文化软实力提升到国家战略高度,从历史的新高度对弘扬中华优秀传统文化进行统筹规划,进一步协调实施。今天,谈中华传统文化的复兴有两个重要的原因,一是中国现代经济发展的成功增强了全民族文化自信,提升了全民族的文化自觉性。经济的实力决定文化和思想的力量。改革开放以来,特别是进入新世纪,我们已经逐渐意识到"硬实力"与"软实力"的相互扶持、平衡发展,在国家的综合国力进步的进程中发挥重要的效用。当然,这里主要还是着重分析经济硬实力、军事硬实力等因素对增强国家软实力所提供的基础支撑和推动作用。改革开放40余年来,中国创造了世界经济发展史上的奇迹,缔造了世界经济发展历史进程中的奇迹,中国人民的生活水平、生活品质、精神面貌等社会境况发生了历史性变化。[①] 中国经济的快速崛起使西方主流经济学家开始接受中国是发展典范的观点[②],表明在世界体系中有可供选择的不同道路,继而出现关于"北京共识"的讨论,引起关于中国发展模式的探索。另一个是国家政治文化的变化。例如以德治国、与时俱进、以人为本、以和为贵、执政为民都是具有儒家特色的口号与提法。我国领导人在海外进行演讲时就是从中华文明,包括以人为本、天人合一、自强自新、协和万邦等中华优秀传统文化精髓来宣示和阐明中国政策中的中国特色和文化意义。近十余年来,党和国家领导人重视吸取儒家的治国理念和价值理念来应对各种问题和挑战,被称为"执政党执政文化的再中国化"。"再中国化,不是说我们以前的东西不是应对中国问题,没有中国性,而是

---

[①] 江凌:《改革开放以来中华软实力建设的现实成就与发展方略》,《武汉科技大学学报》2014年第3期。

[②] Martin Hart-Landsberg, Paul Burkett, "China and Socialism", *Monthly Review* 2004, Vol. 7 – 8.

## 第五章 基于弘扬中华优秀传统文化增强国家文化软实力的历史成就与具体问题

说我们现在更自觉地运用中国传统文化的资源。"①

为了进一步提高国际地位，中国把建立文化强国和树立良好国际形象作为重要的发展战略，提出文化立国的口号，标志中国已经进入重视文化建设的新时代。并且中国积极地发挥政府主导作用，积极实施通过国际文化交流、国际教育、国际信息传播等，迅速扩大中国国际影响力的战略。此外，为提高国家的整体实力和国际竞争力，中国积极地将振兴文化产业提升为国家策略，极力推进文化产品进入国际文化市场。这样既有利于获取良好的经济效益，增强国家硬实力，又有助于提升国家形象，增强国家文化软实力。

第二，在挖掘传承、吸收借鉴、整合创新中培育社会主义核心价值观，凸显民族文化的主体地位，提高整个中华民族的凝聚力、号召力和创造力。社会主义核心价值观在中国的整个建设中，不仅始终坚持着历史连续性，而且始终将优秀的传统文化和现代文明相统一，把马克思主义的文化观视为社会主义核心价值观的根本，把优秀的中华传统文化视为它的灵魂。对于中华传统文化的吸收不是全盘照搬，而是充分挖掘其中精华以适应现代化的需要，对优秀成分做新的解释并赋予新的时代内涵。譬如，积极吸收勤俭节约、诚实守信等传统美德，使之成为社会道德准则的合理要素。

近代以来中国曾遭受外来侵略和危害，使得广大中国人民对民族主体性问题十分重视，形成一种维护本土文化的爱国主义精神，甚至将保存传统与挽救危亡混为一谈。五四新文化运动将这两个问题作了区分，但走向另一极端，认为只有批判传统引进西方文化才能挽国家于危亡，于是出现全盘西化的态度。所以，在对社会主义核心价值观的传播和养成中，文化复古主义要不得，历史虚无主义更是要不得，那么，究竟应该采取什么样的态度来对待社会主义核心价值观呢？答案是显而易见的。我们要以开放的态度，重视中国

---

① 陈来：《中华文明的核心价值：国学流变与传统价值观》，生活·读书·新知三联书店2015年版，第189页。

问题的本土性,在对外国文化吸取接收的同时,使之本土化、民族化。①

第三,以"和合"为基调,推行全方位外交,对外合作交流成果丰硕,国际化步伐加快,中国在国际上的话语权显著提高,逐步形成积极的、正面的、温和的、友善的新形象,逐步加强中华文化在国际上的影响力。中华传统文化中特别强调天人合一的和谐观、万物一体的整体观,"和合""和谐"成为中华传统文化的道德境界和基本价值精髓。在优秀的中华传统文化中,平等待人、互惠互利、诚实守信的精神理念,在实现不同民族文明的和谐发展,解决人与自然、国家与国家、民族与民族的矛盾中具有十分重要的作用。更为重要的是,在新的国际竞争形势下,以"和合"为基本价值目标的中华传统文化能够发挥协调、平衡、包容功能,为解决新形势下产生的国际冲突贡献了不同的视角和领域。胡锦涛同志于2005年在联合国首脑大会上所提出的"和谐世界",就是"以和为贵"传统思想在当代的集中体现,②进一步形成"以周边国家为首要,以发展中国家为基础,以大国为关键,以多边舞台为重要补充"的全方位外交格局。具体包括以和谐为基调,营造和谐周边;加强同发展中国家的团结与合作;加强与美国、欧洲、俄国等的战略互惠关系;积极开展多元化外交等。

2010年上海世博会的顺利召开,为世界各国了解中国提供了方便,这一年也成为中国步入"国家公关时代"的新起点。中国共产党第十八届全国代表大会以来,中国与发达国家的外交、与周边国家的外交、以中国为"主场"的外交等共同作用,使中国的国际地位迅速提高,为优秀的中华传统文化的创新与发展积累了丰富的经

---

① 周溯源:《社会主义核心价值观概述语征文选集》,中国社会科学出版社2012年版,第120页。
② 刘再起:《学习贯彻十七大精神大力加强中国软实力建设》,《学习与实践》2007年第11期。

验、具体方式和途径，首先是通过外交活动阐释当代中国价值观和发展理念，阐明中国的制度、道路、立场、原则、主张，解释其背后的思想理念和价值支撑，郑重表明中国梦是和平梦，最终实现"天下大同"的美好梦想。其次是通过大型国际赛事和国际会议弘扬中华优秀传统文化，展示国家发展成就，宣传国家形象，阐释国家发展理念。例如，习近平总书记阐述了中华优秀传统文化在解决当今世界人类呈现出来的共同问题上所具有的积极作用。习近平总书记进一步指出道法自然、天人合一思想；天下为公、大同世界思想；自强不息、厚德载物思想；以民为本、安民富民乐民思想；为政以德、政者正也思想；仁者爱人、以德立人思想等。[①] 最后是通过文化交流凸显本土化和亲和力，通过激发受众的兴趣，以不同文化间的共性为切入点，不断发掘中华传统文化资源，使优秀文化精粹不断得到发扬光大，将历史感、现实感、亲近感融为一体，运用"润物细无声"这种巧妙的方式提升了中华文化的凝聚力和创造力。

## 第三节 弘扬中华优秀传统文化增强国家文化软实力面临的具体问题与形成原因

改革开放以来，尤其是21世纪以来，中国的文化软实力有所提高，但相较于西方发达国家而言，还存在较大的差距。在弘扬中华传统文化增强国家文化软实力方面，虽然取得较高的成绩，但同时，我们也应看到当前在思想和实践方面依然存在问题与不足。一是夸大中华传统文化在增强国家文化软实力中的地位和作用。脱离中华传统文化的历史实际和实践条件，把生动活泼、充满灵气的中华传统文化剪裁成干巴巴的几条筋骨，并将中华传统文化作为标签，从概念到概念，从理论到理论，结果出现玄虚化的弊病，这种弊病的

---

① 习近平：《在纪念孔子诞辰2565周年国际学术研讨会暨国际儒学联合会第五届会员大会开幕会上的讲话》，《人民日报》2014年9月25日。

症结在于，注意到了文化的世界性和普遍性，却忽视了文化的民族性和时代性。此种对于中华传统文化的自恋情结甚至把一些过分强调等级观念、尊卑观念、迷信观念等封建糟粕视为精华，导致过分精致讲究而影响效率效益。二是历史虚无主义，即把中华传统文化看得一无是处，视中华传统文化为封建落后、残渣余孽，将中华传统文化当作中国封闭落后的"原罪"，其根本目的是主张全盘西化。

中国在弘扬中华优秀传统文化增强国家文化软实力的实践方面，也存在一系列的问题亟须解决。第一，中国对国家文化软实力建设及其影响越来越重视，但从某种意义上看尚待进一步推进将丰富的传统文化优势资源转化为软实力优势。一方面表现在，弘扬中华优秀传统文化增强国家文化软实力顺应了世界与时代的发展需要，以及20世纪90年代以来形成的各国文化软实力竞争的需要；另一方面表现在，中国提出弘扬中华优秀传统文化增强国家文化软实力是在经济硬实力日益崛起的背景下，为消除国际社会"中国崩溃论""中国威胁论""中国责任论"等疑虑和误解，让世界正确认识中国。总而言之，中国应转变这种在弘扬中华优秀传统文化增强国家文化软实力建设实践方面总体上防御性和被动性的局面，让世界认识到中国提出"和平发展""和谐世界""和谐文化"的基本理念，不是权宜之计，而是历史的选择；中国提出对外交流，不是经济扩张、资源掠夺的威胁对抗，而是寻求合作共赢的科学发展道路。

究其原因，在当代存在着中华传统文化基本价值理想载体的整体性缺失。在传统中国，由各级官吏、士大夫等承载着中华传统文化价值理念。在民间，庶民以三纲五常的道德为生活准则，形成一套整体性的载体。反观今天，中国还没有形成一个整体的阶层自觉地承载中华传统文化价值理念。

第二，中华传统文化的优秀成分和优势资源创造性转化、创新性发展的力度不够，传统文化品牌的吸引力和影响力不足，保护中华传统文化资源的能力尚待加强，文化创新能力有待提升。虽然中

## 第五章 基于弘扬中华优秀传统文化增强国家文化软实力的历史成就与具体问题

华传统文化博大精深、高雅幽深，但从整体上看，中华传统文化的影响力与美国的强势相去甚远。例如美国电影《花木兰》就是一个典型的例子，迪士尼公司巧妙地将中华传统文化中家喻户晓的花木兰形象这一中国传统素材赋予全新的价值理念，塑造成好莱坞语境中的"女英雄"，推向世界市场。使得原本彰显东方巾帼英雄的形象成为传播西方女权主义的使者。十年后，《功夫熊猫》这部让人感到"很中国"的影片也不是出自中国人之手；将演绎中国历史的《三国演义》开发为风靡世界网络市场的游戏软件的都是日本厂商，这些值得我们深刻反思。

分析其中的缘由，可以从两个方面进行解释。一是"返本"的传统文化基本价值准则与"开新"的现代意识之间存在张力。中华文化的传统价值准则与现代意识属于两套截然不同的价值系统。换言之，二者的价值准则如何接榫？"身体"在现代社会，享受现代物质文明；"灵魂"趋向传统社会，依靠传统价值准则支撑精神世界。传统与现代之间的张力，是当代弘扬中华传统文化增强国家文化软实力应当开解的"结"。二是中华传统文化之现代化意图与边缘化现实之间的张力。无论承认与否，如今的客观事实是中华传统文化在当今世界中处于边缘地位。按照中华文化伟大复兴的设想，必须与时俱进地推进传统文化现代化，走向"中心"。中华传统文化自身是具备现代化意识并积极实践现代化的。总之，中华传统文化的现代化与边缘化这对矛盾，是当代弘扬中华传统文化、推动国家文化软实力进一步发展需要解决的重大难题。

第三，中华传统文化对外传播的合力尚待构建；文化传播工具、传播手段和传播技巧相对落后，传播能力有待提高。传统文化对外传播可以从许多方面进行探究，但从增强国家文化软实力的角度进行分析则比较具有迫切的现实意义。中华优秀传统文化在对外传播中形成强势合力，基于此，在当下世界文化多样性、价值多元化的情况下，基于中华优秀传统文化构建国家主流文化显得尤为重要，这是一项系统的文化综合创造的历史进程。如果一个国家想要以自己的文化价值观来吸引其他国家并获得认同,那么就需要提升自己的传播能力,这样才能够在国际社会中拥有较大的影响力,形成较强的国家文化软实力。

# 第六章　新时代弘扬中华优秀传统文化增强国家文化软实力的途径

进入21世纪，面对现代化、数字化与大众化等多方面挑战，中华优秀传统文化的传承与发展面临着多重机遇与挑战。从发展趋势方面讲，从"与当代社会相适应，与现代文明相协调"的思想基调出发，应把着力点更多地放在创造性转化与创新性发展。新时代弘扬中华优秀传统文化增强国家文化软实力的路径是一个由多个节点构成的结构集合。全方位、多层次、宽领域共同构建"五位一体"立体网格文化建设路径，意味着从局部建构到全面发展的文化建设现代化。弘扬中华优秀传统文化增强国家文化软实力，必须做到"五位一体""五力功能互动"。

## 第一节　新时代国内外机遇与挑战

建设社会主义文化强国是新时代中国特色社会主义文化发展的必由之路，中华优秀传统文化是文化强国的重要价值资源。建设社会主义文化强国必须重视中华优秀传统文化的创造性转换与创新性发展，根本前提是正确认识和把握中华优秀传统文化在现代化、数字化、大众化时代所面临的考验与挑战，凸显中华优秀传统文化在精神文化建设、政治文化建设和通俗文化建设中的特殊重要性。

## 一 近现代中华优秀传统文化的发展轨迹与主要挑战

### （一）19世纪40年代中华优秀传统文化的转折

在近代中国社会，中华优秀传统文化是中国文化的主流。所谓"主流"，即中华优秀传统文化不仅限于历代的经典著述，也包括其影响下所形成的广泛的生活方式，此外还包括生活方式的制度化表现形式。但是，有两个问题极易产生误会，需要澄清：一是中华文化并不仅限于中华优秀传统文化。尽管中华优秀传统文化弥散于中国思想理论和日常生活的各个角落，但这并不意味着中华优秀传统文化是中华文化的整体映现。二是中华优秀传统文化在生活方式制度化方面的表现并不是中华优秀传统文化的充分实现。中华优秀传统文化并不能长期停留于思辨层次，它在本质上是要求实践的，主张从心性修养到制度化。随着主观和客观条件的种种变化，制度化并不是中华优秀传统文化的唯一实践归宿。相反，中华优秀传统文化制度化在很大程度上支配中华优秀传统文化这个事实，恰恰是中华优秀传统文化在近现代遭遇困境的根源。19世纪40年代以来，传统制度的崩溃、传统社会的解体，对中华优秀传统文化产生的影响强度大、程度深，波及范围广泛，甚至造成了中国文化传统格局的瓦解与变迁。这是中华优秀传统文化在近现代面临的第一次挑战，也是现代社会中华优秀传统文化发展困境的源头。随后西方文化东渐，史无前例地加剧了具有数千年悠久历史的中华优秀传统文化基本架构的变动，导致知识分子逐渐丧失关于中国文化理知与价值的基本取向，使中华优秀传统文化面临传承的式微和危机。

从内在特征看，中华传统文化固有结构和性质发生变化，以儒学为核心、以封建小农经济自给自足为发展物质依托、以宗法血缘社会为伦理道德基础的传统结构被不断打破和重塑。中华传统文化积极进行自我调整，汉学衰而理学起、今文经学复兴，出现三足鼎立新局面；"经世致用"的实用主义风潮、洋务运动、戊戌变法等变

## 第六章 新时代弘扬中华优秀传统文化增强国家文化软实力的途径

革思想,有益于激发中华优秀传统文化的生机和活力。从外在特征看,先进的科学技术和思想文化等打破中华传统文化数千年来稳固的发展环境,国人视域不断拓宽,儒学为尊的风气逐渐被"中体西用"等思想所取代。

(二) 20 世纪 20 年代中华优秀传统文化的全面变动

如果说 19 世纪 40 年代是中华优秀传统文化价值体系第一次受到比较全面的挑战,那么 20 世纪 20 年代则是中华优秀传统文化价值系统发生全面变动的时代。中华优秀传统文化及传统秩序随着旧制度的崩溃而一去不复返,科学和民主成为两面大旗,"打到孔家店"成为反对尊孔复辟的文化逆流、弘扬资本主义新思想、进行文学革命的鲜明口号,但是人们所追求的新文化与新秩序却迟迟未能出现。这一时期,知识分子开始思索制度背后的思想或精神。针对诸如中国社会为什么产生不了"民主"、为什么"科学"难以生根之类的疑问,有知识分子分析其原因在于中华优秀传统文化及其残留阻碍了"民主"和"科学"。正是因为在传统文化解体和社会制度崩溃后,思想、精神或观念并不是立即随之退出历史舞台,而是依然发挥价值作用;所以在当时处于热烈追求"民主"和"科学"的时代,往往掀起高涨的反对传统文化的情绪与思潮。"全盘西化论""将传统文化视为中国现代化的障碍,主张对于传统文化不加分析,全面摧毁"。[①] 这是中华优秀传统文化在近现代面临的第二次挑战。但是,不可否认的是西方文化思想有其自身的历史与社会渊源,像"全盘西化论"这种把人脑当作仓库的言论,犯了严峻的形式主义的思想错误。事实上,要想把握一个文化系统的基本特征,往往需要把它同我们自己的或自己熟悉的文化思想的特征或涉及的实际问题相比照,因此,如果我们自身没有形成一套活跃的、有创造性的思想体系,那么是非常难以了解甚至更加难以运用另外一套独立

---

[①] 顾友仁:《中国传统文化与思想政治教育的创新》,安徽大学出版社 2011 年版,第 101 页。

的、具有系统性的思想的。

  "文革"期间频繁的政治运动不仅使经济活动与发展几近停顿，而且也消耗了不少思想文化资源。当时文化思想界的贫瘠，与持续十年的动乱以及政治与经济客观环境息息相关，更与中华优秀传统文化基本结构解体后所导致的思想混乱内在因素具有直接性关键性联系。从19世纪40年代开始的对中华优秀传统文化的冲击与瓦解，经由20世纪20年代"全盘西化论"的反传统思潮，到"文革"时期的反传统，如此接二连三的反传统浪潮对中华优秀传统文化产生了致命的打击和消极影响。

### （三）20世纪80年代文化热的西化与保守色彩

  自20世纪80年代中期以来，长达百余年的反传统浪潮告一段落，中华优秀传统文化的发展状况有所扭转，但仍不甚乐观。改革开放以来，"文化热"现象伴随社会经济与现代化进程逐步呈现，并迅猛发展。一方面，学术领域上文化理论的译介和传统文化的研究重新受到重视、各领域学者的学术讨论空前热烈；另一方面，全社会形成对文化的重视和关注，各种亚文化也如雨后春笋、层出不穷。[①]持续了30余年的文化讨论热潮大致可以划分为三个发展阶段："一是80年代以激进色彩为特征、具有明显西化调子的文化热；二是90年代以弘扬传统文化为旗帜、具有明显保守色彩的国学热；三是新世纪以来大众传媒介入、大众参与度甚高的文化热。"[②]在20世纪80年代的文化热中，中华传统文化与现代化的关系一度成为海内外关注的焦点与热点。其中缘由可以从以下几个方面分析：一是对三次激烈的反传统思潮后果进行批判反思的原因；二是面对改革开放后西方社会思潮与思想文化对中华传统文化和经济社会日常生活的冲击，亟须对中华传统文化做出理性的评

---

[①] 冯天瑜、杨华、任放：《中国文化史》，高等教育出版社2005年版，第241页。
[②] 李宗桂：《传统与现代之间——中国文化现代化的哲学省思》，北京师范大学出版社2011年版，第149页。

析；三是随着改革开放的变化，需要认清并解答传统与现代的关系问题的必然要求。在这种背景下，对中华传统文化探讨的主调仍具有比较强烈的西化色彩。

20世纪90年代对中华优秀传统文化的研讨，明确地使用了国学概念。花样繁多的国学图书、影视作品不断问世；各种各样的国学讲座纷纷登场，一时之间，似乎人人都在关注国学，弘扬传统，国学热真正达到了近代以来空前的程度，与80年代也形成鲜明对照。90年代的文化热具有强烈的保守色彩，在很大程度上是对中华优秀传统文化作为历史资源的清理和挖掘。这一时期，中西论争各自为政，缺乏融合性，或者本土文化研究保守，过于古典守旧，以致视域局限于史料典籍、故步自封；或者推崇西方文化，片面追随西方文化思潮的脚步，导致与中国现实社会实践相脱节，民族特色丢失、优秀成果失落。

21世纪以来持续高涨盛行的文化热，不仅具有90年代文化热的各种特征，还面临新的机遇与挑战，这就是大众传媒与社会力量的广泛介入。面临新时期社会历史条件提出的新问题新挑战，需要从现实文化建设与社会需求出发，从建设性的一面考量中华优秀传统文化面临的新的挑战。

## 二 新时代中华优秀传统文化发展面临的历史机遇与多重挑战

21世纪我们已经跑步进入米切姆所谓的"第二轴心时代"，亲历全球化的深刻影响、新风险社会的等级骤变和"后现代主义"的巨大冲击。我国综合国力显著增强、国际地位显著提高、意识形态话语权和主动权日益扩大，但是瞬息万变的世界形势使得中华文化步履维艰，文化全球化、同质化和渗透问题愈发严峻，导致发展环境恶劣。基于此，经历了近现代曲折颠簸和全面变动的中华传统文化，如何一边在时代洪流中重塑价值秩序，一边把握历史机遇、迎接多重挑战，是当前文化建设的重中之重。

(一）新时代中华优秀传统文化发展创新面临的历史机遇

中华优秀传统文化发展创新进入新时代，在新的历史条件下，中华优秀传统文化的传承与发展在全局视野、整体格局方面都获得了难得的机遇。

从理论优势看，中华优秀传统文化是中华民族的突出优势，是我们最深厚的文化软实力。首先，博大精深的中华优秀传统文化资源，已经成为中华民族的基因，是文化自信的基础和源泉，是我们在世界文化激荡中站稳脚跟的根基。文化只有是民族的才能成为世界的，面对当前文化全球化的同质化危机，只有坚定本民族文化传统、发展本民族特色文化，才能在世界文化之林占有一席之地。其次，中华优秀传统文化是中国特色哲学社会科学发展中十分宝贵、不可多得的资源，是中国特色哲学社会科学成长发展的深厚基础。我国提出建设中国特色哲学社会科学及三大体系，发展尚不充分，紧抓传统文化资源才能够为中国特色哲学社会科学建设提供源源不断的基础和养料。最后，弘扬中华优秀传统文化是助力中国特色社会主义文化建设的重要环节和必要内容。当前智库建设、马克思主义大众化、中国特色社会主义理论体系建设尚待推进，也需要传统文化的资源积淀。

从实践方面看，弘扬中华优秀传统文化是弘扬社会主义核心价值观，增强民众爱国主义认识和思想道德品质的重要方式，潜移默化地影响着中国人的思维方式和行为方式，为人民提供丰润的道德滋养，提高精神文明建设水平。当前我国社会主义核心价值观的培育和践行问题面临内部多元社会思潮的冲击、意识形态认同危机和市场化社会风气与价值观念的影响，以及外部资本主义意识形态渗透危机，社会主义核心价值观的弘扬急需传统文化的巩固和滋养；同时，作为中华优秀传统文化的重要部分，传统美德的批判继承和发展创新有利于社会稳定、人民精神富足、全民族道德境界提升，也有利于人民群众精神家园的建设和精神力量的凝聚，因此成为社

## 第六章 新时代弘扬中华优秀传统文化增强国家文化软实力的途径

会主义文化建设不可或缺的重要发展方向。

从社会治理方面来看,中华优秀传统文化对于国家治理能力、治理水平的提高和治理体系的建设和完善至关重要。《中共中央关于坚持和完善中国特色社会主义制度、推进国家治理体系和治理能力现代化若干重大问题的决定》指出,发展社会主义先进文化、广泛凝聚人民精神力量,是国家治理体系和治理能力现代化的深厚支撑。文化自信、理论自信作为人心最深层最持久的精神力量,对于将现代化建设内化于心、外化于行具有十分重要的作用;同时,与国内外的文化交流中,厚植民族文化自豪感和认同感,也是制胜国家治理现代化水平和能力较量的关键法宝。因此,发展中华优秀传统文化不仅是文化建设、文化强国的需求,也应成为国家治理现代化的内在要求和题中之义。

(二)新时代中华优秀传统文化发展创新面临的多重挑战

进入新时代,全球化、现代化、数字化与大众化既为中华优秀传统文化发展创新提供了机遇,同时也对中华优秀传统文化的传承与发展形成了多重的严峻挑战。

一是普遍价值与特殊价值的辩论。在人类学家与文化学家对"文化"的检讨与界说中,多侧重于文化的整体性与历史性。近年来,历史学家维柯(Giovanni Battista Vico,1668-1744)与赫尔德(Johann Gottfried von Herder,1744-1803)的多元文化观逐渐开始流行并受到思想界的重视。"所谓多元文化观认为每一民族都有它自己的独特文化;各民族的文化并非出于一源。"[1] 文化的形成过程就是人性的形成过程,这一过程受到情感、意志、理性等内在综合因素和不同环境的外在因素影响,因此,各民族要素不同,文化也不同,即文化就是人类的历史。多元文化观是传统的欧洲中心主义文化观的批判和发展,不仅强调理性,还有许多因素也都深刻影响着文化、

---

[1] 余英时:《中国思想传统的现代诠释》,江苏人民出版社2003年版,第2页。

历史的形塑,这种观点与中国的"和而不同"有异曲同工之妙。全面系统地总结和反思中华大地上绵延数十年的反传统运动与反传统思潮,其中最根本的缺陷在于思维模式的单向性,导致人们在价值判断上的片面性。具体来说,如果人们忽视中华优秀传统文化的时代属性,而简单地将其与分崩瓦解的封建制度相等同,就会顺理成章地形成反叛中华优秀传统文化的价值判断。但毋庸置疑的是,中华优秀传统文化的灵魂恰恰在于它是时代属性与民族属性的统一。中华优秀传统文化中不仅有仁义礼智信、温良恭俭让的中华传统美德,还有诸如天人合一、天下大同、自强不息、厚德载物、以民为本、为政以德、知行合一、仁者爱人、求同存异、居安思危等具有真理性意义和当代实践价值的思想,因此是时代属性与民族属性的统一。

各个不同的文化系统都蕴含有普遍价值和特殊价值,基于此,应当打破西方文化具有普遍价值、中国传统文化具有特殊价值这种偏见。现实的生活世界中呈现的是具体的、活生生的日常社会经济活动及其思想文化,而这些也都是作为整体的文化在现代具体的发展和表现。在检讨某一具体的文化传统及其现代处境时,我们更注重的是它的特殊性,这种特殊性是具有生命的东西,表现在该文化涵育下的绝大多数个人的思想行为之中,也表现在他们的集体生活之中。如果对文化的特殊性进行界定,那么说的是某一民族文化相对于其他民族文化呈现的特征;如果观察角度发生变化,则转变为对民族文化自身而言,这种独特的表征便转化为普遍性了。因此,中华民族的文化瑰宝和历史智慧亦能够为世界提供解决方案,习总书记的人类命运共同体构想就是"天下大同"的和谐文化观的深刻体现。同时,普遍性不但可以从经验事实上归纳得出来,而且在理论上更是必要的。这也是为什么习近平总书记指出,哲学社会科学要求构建有中国特色、中国风格、中国气派的学科体系、学术体系和话语体系,实现中国特色哲学社会科学。现实提出的关键问题是,

## 第六章　新时代弘扬中华优秀传统文化增强国家文化软实力的途径

如何在全球普遍发展和中华民族伟大复兴的战略高度来定位中华优秀传统文化,这一问题使中华优秀传统文化在新时代面临的挑战向更高层次跃升。

二是西方外在超越的分裂及其对中国内在超越的冲击。新时代中华优秀传统文化面临的第三重挑战是西方外在超越的分裂及其对中国内在超越的冲击。"超越"(transcendent)最早现于西方古典哲学,意为对对象的超离、对现实世界的超验和超然,以康德、黑格尔为大成。就马克思·韦伯所言,中西文化的差异问题是是否存在超越性信仰的问题。[①] 事实上东方与西方一样自文明缘起就存在这样的超越性,中国文明的超越是"天人合一",即此岸与彼岸的合而为一。中国传统思想界基本不在两个世界之间划下一道不可逾越的鸿沟,也就是说,"超越世界"即在"人间世界"之中,"人间世界"也不能须臾离开"超越世界";二者互相交融,离中有合、合中有离。二者的区别在于"人间世界"是事实,"超越世界"则是价值。然而,西方哲学主张本体界与现象界泾渭分明,主张"圣俗对立"即此岸与彼岸的一分为二,但事实上在处理上帝与人之关系时,西方传统是内含分裂的——外在超越观不仅很难统一对上帝的看法,甚至自身究竟是一种纯粹哲理还是民粹性、宗教性的迷思也不甚清晰。[②] 因此,中国的内在超越道路与西方的外在超越道路恰好形成鲜明的对照。内在超越是努力向内追求价值之源;外在超越是向外向上,从上帝的启示来寻求价值之源。中古时期,基于希腊理性和希伯来信仰的交汇,超越世界成为西方价值的源头并长期处于鼎盛时期;文艺复兴与科学革命以后,在与信仰的斗争中,理性逐渐获得胜利,导致超越世界作为价值源头被切断。尽管如此,走外在超越道路的西方思想文化仍旧发挥重要影响,这主要是受近代中国文化界西化影响,以及中国现代化程度尚不及西方所致。中华优秀传统

---

[①] 参见韦伯《新教伦理与资本主义精神》,广西师范大学出版社2010年版。
[②] 陈启云:《中西文化传统与"超越"哲思》,《学术月刊》2009年第2期。

文化与西方文化具有根本不同的社会历史背景与现实文化条件，决定了它终不能亦步亦趋地模仿或移植西方模式；尤其在近现代西方文化价值之源遭受沉重打击之后，中国思想界更是难以看清其中的关键所在。尽管西方的超越理念已经在近现代渐趋衰落，但中国传统文化在近现代受到的破坏和否定、先进的西方文明的席卷，仍使众多中国学者所谓的西方将"中国无超越论""内在超越落后论"奉为圭臬。这导致在思考诸如如何转化和运用中华优秀传统文化的精神以促进现代化等问题时，仍受到严峻的思想困扰，出现严重的思想挫折。

三是从"西化"向"反西方的西化"转变。近现代以来，中国文化思想界的基本价值取向是求新求变，而"新""变"的价值判断标准往往是依托近现代的西方文化价值观。但是，现代西方社会文化内部发生了一次严重的分裂，即由文艺复兴、启蒙运动造就的主流文化与巨大的反主流思潮的对立；而且这一分裂立即波及全世界，在过去追求"西化"的非西方地区，反西方的西化势力随之兴起。中国恰好完整地经历了这两个西化阶段，这对中华优秀传统文化的发展产生了重大而深远的影响。对西方现代化的文化理论、西方文明的道路迷信的各种批评蔚然成风，与之同时盛行的是对中国道路、中国传统文化、东方主义的大力推崇。无论是反传统阶段，还是文化热阶段，都经历了向慕西方主流文化与反西化的对立环节；而且，在不同发展阶段、不同环节中，中华优秀传统文化受到的待遇截然不同。具体来看，从"西化"到"反西化"的转变，内含时代背景的需要和民族心理境况的转向。80年代的"西化"思潮，源于"文化大革命"后知识界百废待兴的迫切需求，此时本土文化凋敝、改革开放为西方文明大量涌入提供了绝佳的契机，因此，中国社会对西方文化不假思索地张开怀抱，使之大肆发展。90年代，西方文明的十年浸淫催生出更多理性和反思的声音，实践过程中中西方历史传统、发展状况、文化语境的巨大差异又使得更多人逐渐从

## 第六章　新时代弘扬中华优秀传统文化增强国家文化软实力的途径

盲从西化的头脑发热中清醒,加之国内外政治经济环境的变化和国家的国际地位和话语权的提升,为民族主义的情绪奠定了心理基础,"反西化"逐渐成为主流。

多次冲击导致现代以来中华优秀传统文化中心价值已经很少在中国人的日常生活中公开露面,所以当今中国社会的青年知识分子,无论是对中华优秀传统文化持肯定还是否定的态度,都已经丧失了作为参与者的机会。当代青年知识分子的生活经验中或者接触不到多少中华优秀传统文化价值观念,或者接触到的是一些完全教条了的或歪曲了的东西,这是一种无可奈何的客观形势。新的历史阶段,由于种种外在因素的刺激,对于中华优秀传统文化的讨论发生了决定性变革,关于中华优秀传统文化的讨论突然变得活跃起来了。尽管全盘西化的思想文化笼罩和精神阴霾被彻底打破、东方文化和话语权重新确立了独立自主意识,但就这场思潮的本质而言,其实是文化认同问题,因此急于效仿和急于独立都是民族意识和文化自主意识觉醒的机械化的冒进表达,真正实现文化自信需要从根本上重建一种新的认同模式。有一个根本的差异无法掩藏,新时代中华优秀传统文化已经没有生活经验的内在根据,而是在面临"西化"与"反西方的西化"的双重冲击下,将讨论的重点放置在现代人怎样才能在中国特色社会主义文化建构中重新实现中华优秀传统文化的具体成就与价值。

四是观念世界与日常人生的紧张关系。从社会发展史的角度来看,近现代中国社会经历着从传统民间社会向现代社会的转化,基于社会结构与价值意识之间的相互作用,中国的文化价值观念系统也在随着社会结构转化而不断地变化与调整。一方面,这表现在我们在展望中华优秀传统文化前途时不能忽视的一个客观事实,即中华优秀传统文化的思想资源在中国知识分子社群中的确呈现出逐渐枯竭的现象和发展趋势。另一方面,则表现出 21 世纪是中华优秀传统文化的思想资源在中国发挥得最为酣畅淋漓的时代。"从救亡、变法、革命，到创实业、兴学校、办报刊等，参与其事者的道德原动力，分析到最后，主要仍来自儒家所提供的价值意识。"① 然而必须承认，中华优秀传统文化的价值系统已不能重新建制化和全面安排人生秩序，所以不得不放弃它的历史旧途，转而向社会和个人生活方面去开启它的现代使命，开辟它的全新空间与方向，即余英时先生所称的"日用常行化"或"人伦日用化"。历史的奇妙巧合在于，"西方基督教自16世纪宗教改革以后也走的是肯定日常人生（the affirmation of ordinary life）这条路。虽然在具体的内容方面，儒学与基督教的'日用常行'差异很大，但仅仅这个大方向的一致已足令人惊诧"②。所谓"日用常行化"或"人伦日用化"，并不是说中华优秀传统文化完全淹没在个人生活的琐碎事务中，而是从社会和民间的角度出发深入发掘中华优秀传统文化的精神资源。从这方面分析，就呈现出中华优秀传统文化的第五重挑战，即观念世界与日常人生的紧张关系。西方文明包括法治体系、社会礼仪、学科建设、伦理道德原则、经济运行规律等已在现代中国社会产生相当的影响，因此中华传统文化如何在社会主义现代化建设中重拾优秀部分、重建认同模式、成功进行现代转向，缓解当代中国观念世界和日常人生的紧张关系，弥合民众生活世界的分裂状态，变得尤为重要。

五是精神家园的解构与重构。从更深层次上、从近现代以来中国的历史走向和发展趋势上来认识和把握，当代中国社会转型时期出现了精神家园的解构与重构问题。所谓精神家园，说到底涉及的是一个人生信仰与人生境界问题。作为人类精神层面的思想寄托和意义存在之地，精神家园是人类安身立命的根系和归宿，具有抚慰心灵、鼓舞斗志、坚定信念的重要作用。一个民族的基本信仰和精神境界，是由这个民族的文化传统积淀、孕育而成的共同的民族心

---

① 余英时：《中国思想传统及其现代变迁》，广西师范大学出版社2004年版，第246页。
② Charles Taylor, *Sources of the Self: The Making of the Modern Identity*, Harvard University Press, 1992, pp. 211 – 302.

理和精神追求。在这个意义上,可以说中华文化是中华民族的文化基因,是中华民族共有的精神家园。进一步而言,新时期精神家园的重构问题,也就是中国特色社会主义新文化建设问题,处理好马克思主义与中华优秀传统文化的关系是一个重要而紧迫的时代课题。这包括两个方面的问题:一是如何不断推进马克思主义与中华优秀传统文化相融合的问题,即如何在坚持马克思主义在思想文化领域的领导地位的同时,使中华优秀传统文化获得浴火重生的新契机,注入先进的思想内涵,使中华优秀传统文化复兴具有当代性和科学性;反过来说,即如何使中华优秀传统文化为马克思主义中国化提供丰富的思维与逻辑基础,使马克思主义本土化充满生机和活力。二是如何使中华优秀传统文化遵循"与当代社会相适应,与现代文明相协调"的基本发展逻辑,通过符合自身发展规律的变迁与现代转型,形成与现代经济社会发展相一致的新常态,在中国特色社会主义理论体系完善与公民伦理道德建设中发挥其独特而重要的作用。

### 三 新时代中华优秀传统文化发展的思想基调与总体趋势

习近平总书记在分析国家治理现代化问题时指出,文化自信是发展社会主义先进文化、广泛凝聚人民群众精神力量的重要抓手。积极创新文化自信发展路径、构建更加强大的文化自信体系,需要源源不断的文化资源和精神养料,因此深挖中华优秀传统文化现实价值、发挥传统文化的当代力量,是提升文化自信、理论自信,构建文化自信强大体系以助力国家治理体系和治理能力现代化的关键举措。中华优秀传统文化从古代披荆斩棘而来,经历了彻底的批判重建和尚未完成的价值重塑,及至机遇与挑战并存的新时代,如何找寻更具驱动力的内源方法和发展动力,开拓更具逻辑合理性的分析理路以指导实践,是当前学术界为文化建设提供智力支撑的重要方式和有效举措。总体来看,新时代中华优秀传统文化的发展创新既面临历史机遇,又面临多重挑战,关键问题在于准确把握中华优秀传统文化的新时代思想基调转换，从整体上对中华优秀传统文化价值系统进行深刻而全面的讨论，对中华优秀传统文化创造性转换、创新性发展开展历史主义分析与文化结构论分析，提升文化自信与理论自觉。

中华优秀传统文化是中国最原初的思想文化资源，为中华民族精神和民族特色提供了文化基因，但同时，传统文化也面临现代性和时代性问题。如何使古老基因同当代文化相适应、同现代社会相协调，在当代迸发出更多的生机和活力，习近平总书记提出了创造性转化和创新性发展的科学方法；通过对传统思想内容的抽象意义进行实践应用上的现代转换，实现古老智慧的新生。中华优秀传统文化的创造性转化、创新性发展与中国社会、中国文化由传统向现代转型具有一致性，取得的历史成就具体表现在突破了传统文化研究方法论局限，开创了用现代学术方法研究中华传统文化的崭新局面；加强了对思想、观念生产与传播的重视，加强了智库的突出作用，使中国逐步变成国际社会新思想、新观念的生产者和弘扬者；提高了优秀的中华传统文化在世界各地的影响与辐射力，加快了文化强国的建设步伐，进而提高了中国的综合竞争力。

从发展趋势方面讲，基于"与当代社会相适应，与现代文明相协调"的思想基调，关键是把着力点放在中华传统文化的创造性转换与创新性发展方面。"创造性转换"有两层含义：一是对中国传统文化中不同学派的创造性转换，包括儒、墨、道、法各家的精粹思想的创造性转换以及宋元明清以来的文化思想的创造性转换。精神家园是个体存续与发展的内在驱动力，也是整个民族和国家凝聚力量、齐头并进、奋发向上的精神合力的源泉。当前，思想文化领域受后现代主义社会思潮的冲击，存在传统模式和框架解构趋势与创造性存在方式的重构趋势。中华民族的精神家园亦亟待重构，中华文化的发展历经近现代的全面变动和西学东渐的文化冲击，显现出阶段性特征，同时新时代的大背景又对重建提出了前所未有的挑战，

## 第六章 新时代弘扬中华优秀传统文化增强国家文化软实力的途径

因此，重构中华儿女的精神家园问题，离不开从传统文化的土壤中汲取养料。坚守中华文化立场，其实就是在坚守"民族存续的精神血脉"[1]，可以帮助增强民族自尊心、自信心、自豪感，这样的精神状态，对于我们实现中华民族的繁荣景象，有着重大的意义。

二是对中西思想文化的创造性转换，也就是说坚持在马克思主义指导下，批判提取中华传统文化的优势资源与西方思想文化的可鉴内容。在这种有所根据的创造性过程中，传统得以转换。法国哲学家德里达提出对思想遗产的继承必须经由过滤、筛选、批判以一种矛盾的方式寄存于同一指令中。也就是说对遗产的重新确认要求有限性的条件。只有通过拆解自身、分离自身、分延/延宕自身，同时又通过多次言说自身，才能成其为自身。[2] "创新性发展"是以社会主义现代化建设的根本需要为依据，把可相容的、不同民族的、不同时代的文化传统要素有机地建构成一个新的中国特色社会主义文化系统，亦即实现中国文化的重建。当前，中华传统文化的思想文化优秀资源、伦理道德价值取向及其所发生作用的以学科体系、学术体系和话语体系为代表的观念世界，呈现出与深受西方文化影响的以规章法制、学术体制和公序良俗为代表的日常人生的剑拔弩张的关系，这一挑战一方面与中西文化碰撞、西学大幅渗透有关，另一方面是中华优秀传统文化重建自身继而重塑中国社会的价值秩序的时代要求。"双创"的科学方法，是解决观念世界与日常人生紧张关系、实现新时期中国社会二者弥合的重要创新，从实践层面为矛盾的解决提供了实用方法。在创造性转换与创新性发展交互影响的过程中，创设出与传统文化的辩证联系，进而通过辩证的联系实现创造性的超越，生成传统所不具有的新内容，而且这种新内容并不意味着与传统的断裂，反而恰恰彰显与传统的辩证接续。也就是

---

[1] 顾海良、沈壮海：《高度重视民族精神的弘扬和培育》，《思想理论教育导刊》2003年第4期。

[2] 雅克·德里达：《马克思的幽灵》，中国人民大学出版社2008年版，第17—18页。

说,把中华优秀传统文化作为当代中国特色社会主义新文化的优势资源和凭借,努力激发中华优秀传统文化的软实力能量。当代学者杨翰卿明确提出判别中国优秀传统文化必须具有科学的尺度和标准,"在理论上唯有马克思主义或者发展着的马克思主义,现实上只能是具体的现实社会实践,综合起来,则是马克思主义指导下的具体的现实社会实践"[1]。

## 第二节 新时代需要处理好的基本关系

中华优秀传统文化是中华传统文化的一部分,它历史悠久,是"一种活生生的有机整体"[2],至今仍富有旺盛的生命力。要想把握其内涵,应先把握中华传统文化内涵,而中华传统文化又与我们的中华文化有关。中华文化,是指中华民族数千年来发展创造的、逐步打上自身烙印的文化。中华传统文化既有许多值得我们继承发扬的优秀传统,又存在缺陷和不足。中华优秀传统文化是指中华文化长期积淀传承下来的思想、道德、文化的精髓,是中华民族的生命之源和精神之魂。在传统文化的盛宴中,诸子百家相得益彰,儒释道文化和谐共融。它在中华民族发展历程中曾起过积极作用,至今仍有合理价值,能够为中华传统文化的创造性转化和创新性发展发挥积极作用,促进社会进步和民族发展。

社会主义核心价值观的形成可以看成是文化创造的最新成果。它是基于新时代中国特色社会主义的实践,通过传统道德观念的基本精神和家国一体的情怀,强调国家、社会和公民三者统一。其所崇尚的爱国、公正、和谐等理念,就是把中华传统文化所强调的仁爱、正义、大同的核心价值观念与我国现实国情相结合的产物,是对中国古代核心价值观的转化。社会主义核心价值观的弘扬,要善

---

[1] 杨翰卿:《中国哲学文化继承与创新研究》,中国社会科学出版社2012年版,第123页。
[2] 张岱年:《文化与哲学》,中国人民大学出版社2006年版,第6页。

## 第六章　新时代弘扬中华优秀传统文化增强国家文化软实力的途径

用中国自古以来的传统价值资源，努力提升社会主义核心价值观带动社会面貌的能力，增强对传统文化的自我认同。弘扬中华优秀传统文化，就要在转化和发展中认真对待以下五对关系。

### 一　处理好文化传统性与文化现代性的关系

处理好文化传统性与现代性的关系，关键是既要把握中华传统文化的积极内核，又要将其与现代实践需求相结合，赋予它新的时代特点。

吉登斯说："认识到社会需要传统，这是完全理性和合理的"[①]，中华优秀传统文化反映了中华民族源远流长的文化演变历史。中华传统文化有以孔孟为主要代表的儒家学说，也有以老庄为代表的道家思想，还有其他对中华文化起过重要影响的思想流派。中华传统文化是儒、法、道、释相融互补的文化。儒家学说强调"家国一体，由家及国"的情怀，有利于维护中国的大一统局面。而当社会矛盾发展到不可调和的时候，统治者常常采用法家主张的法术势，中国古代社会表现为儒表法里。中华优秀传统文化可以为个人的行为规范提供有益启迪、为治国安邦提供合理借鉴、为道德建设提供意见指导。

中华优秀传统文化之所以能蓬勃发展，正因为其能够适应数千年来中国的社会发展和不同时代的需要，价值观念日益得到更新、充实和发展。在当代中国，现实生活中出现的种种乱象，包括腐败问题严重，社会道德风气不正，不少人因房产、遗产、拆迁补偿而对簿公堂，父子反目、手足成仇，种种失去道德底线的人和事时有发生，这是传统与现代问题面对的困境。在传统社会，道德建设往往靠自觉，而在现代社会中，需要道德自觉和制度这样的"德刑相辅"两手抓，两手都要硬。

实现中华传统文化的创新性发展，必须正确对待传统与现代的

---

[①] 安东尼·吉登斯：《失控的世界》，江西人民出版社2001年版，第42页。

关系。传统文化不是一成不变的，在不同的历史条件下要不断适应人们的社会生活，要不断吸收传统文化的优秀成果，努力发展人们更加认同的本土文化，必须使中华民族的优秀文化与新时代文化相适应，增强对中华民族的文化认同，让社会主义核心价值观这样的主流价值观占据思想文化阵地，提升当代中国的文化软实力。

## 二 处理好文化民族性与文化世界性的关系

处理好文化民族性与文化世界性的关系，既要着眼于中华优秀传统文化的本土民族特色，又要加快传统文化在世界的广泛发展。

中国民族的文化传统在秦汉时期初步形成，在董仲舒提出"罢黜百家、独尊儒术"之后，儒家的心理和行为习惯逐步在各地成为人们共同的文化习惯。宋代以后，儒家的文化内涵更是得到了强化。中华文化是世界上民族性最强的民族文化之一。中华优秀传统文化中的内圣外王、天下大同的情怀，求和合、倡协同的精神，就与西方文化有着明显的不同。中华民族的特色还体现在文化自觉上，注重内省与精神修养，崇德、正义、慎独、达观，自强不息的民族精神，积极向上的理想信念，深深影响着中国人的行为习惯，是对自己民族身份的认同。

促进中华优秀传统文化在世界的传播与发展，通过文化对话的形式，将传统文化的现实魅力在文化交融过程中得到新发展、新创造，这种文化对话的创造力越强大，中华优秀传统文化的发展价值就越能在世界上充分地实现。另外，促进中华民族特色的传统文化在世界的传播与发展需要兼收并蓄。正如汤一介教授所认为的，"现在人们已经注意到人类文化正在进入新的轴心时代，中华民族要发展，就必须回顾我们的文化传统，反本开新"[1]。"本"也就是以儒家为主体的传统文化，"新"就是融合吸收西方文化，包括马克思主

---

[1] 汤一介：《瞩望新轴心时代——在新世纪的哲学思考》，中央编译局出版社2014年版，第72页。

义的新文化。

实现中华传统文化的转化发展,必须正确对待文化的民族性与世界性的关系。二者是共性与个性的辩证统一。坚持文化创新,创造出有自己本土特色的文化气质、文化风格,比如忧患意识、和合精神、人本精神,培养人们的独立性与创新性,实现社会主义文化强国梦。同时又要符合世界历史发展方向,形成对其他国家或民族的吸引力和影响力,进而让中华文化走向世界。应立足本土,借鉴世界优秀文明成果,形成面向世界的社会主义先进文化。

### 三 处理好文化对内凝聚力与对外影响力的关系

处理好文化对内凝聚力与对外影响力的关系,既要透过传统文化来提高民族凝聚力,又要扩大向外吸引力。

向内是讲文化的凝聚力,中华优秀传统文化的内聚力关键在于建立起核心价值体系,提升人民对自己文化特色的自豪感和凝聚力。任何一个国家和社会,都需要有其核心价值体系,用以凝聚人心,整合社会。同时加强对社会的历史文物及非物质文化遗产保护,文化遗产的保护是中华民族凝聚力和中国国际塑造的重要基础。

向外是讲文化的国际影响力,它表现为一种实在的竞争力、协调力,能够对世界各国人民的日常生活产生深远的影响。顺应中国国际地位不断上升、各国人民对中国文明的需求,中国进行了各种文化传播活动。一方面,可以开展文化事业和文化产业活动来发展传统文化。开展文化事业主要是满足人民日益增长的美好生活的文化需要,更好地服务社会;开展文化产业要通过市场的作用来提高产业间的竞争力,从而获得经济效益。另一方面,在国外,宣传传统文化选择了许多方式,主要有:通过"中国年"、设立"孔子学院"的方式,吸引外国留学生来华读书等途径来加快文化传播;还可以选取中国特色来弘扬传统文化。

实现中华传统的创新性发展,必须正确对待文化的对内凝聚力与对外吸引力的关系。发掘优秀传统文化的现有价值，是由当前的国内国际形势所决定的。在马克思主义视野中，运用好对立统一规律，要主动弘扬优秀传统文化，加强具有中华民族特色的社会主义文化建设，保持文化独立性，把中华文化推向世界，让中华文化创造辉煌成绩，让文化顺利发展，积极吸取世界各个国家优秀文化的营养，对于增强民族的凝聚力和中华优秀传统文化的影响力是非常重要的。

## 四　处理好文化理想性与文化现实性的关系

处理好文化理想性与文化现实性的关系，既要以传统文化中的理想道德来提升个人内在修养，又要把这种图景体现为现实的行动。

在中华优秀传统文化中，儒家思想带有理想的道德成分，它追求"内圣外王"的境界。儒家提倡的人际关系是父慈子孝、兄友弟恭。儒家强调一种入世情怀，追求一种修身、齐家、治国、平天下的精神境界；儒家注重提高个人的道德修养，提倡"为仁由己"和经常反省自己。儒家的理想道德境界，代表的是一种追求、一种激励，一种对自我的超越，进而赢得人们的认同。它的处事原则的积极成分，对于在市场下过分个人、实利化的价值取向，可以起到一种自我反思、规范自身的作用。中国传统道德之所以具有当代价值，根本原因在于它的优秀成果与我们想要建成的社会主义现代化强国的目标是相吻合的。因此要注重对中华优秀传统文化的宣传，积极倡导道德建设，增强所有中华儿女对我们文化的认同感。

人们必须自觉主动地对中华优秀传统文化进行现代性的转化，人们对传统文化的认同感越强，将理想付诸现实创造文化的人越多，中华优秀传统文化的发展价值在中国就越能充分地实现。中华优秀传统文化可以协调日益紧张的天人关系，调节对抗性的人际关系，放慢人们生活的脚步，进而实现经济与生态效益相统一。为了缓解日益尖锐的社会矛盾，构建新的社会秩序，国家积极倡导道德建设，其中就有很多儒家道德的思想内容。

实现中华传统文化的转化发展，必须正确对待理想与现实的关系。解决当代现实问题必须以马克思主义为指导，采取历史唯物主义方法，分析问题产生的现实原因，并提出合理的解决办法。传统文化可以为我们解决问题提供思想资源、提供启发智慧，但传统文化不可能为它们从来不曾经历的两千年后的问题提供预案和答案。同时我们必须明白，中国传统经典中的智慧和道德理想并不都能成为现实。统治阶级的利益是一种传统文化思想的过滤器，它会把经典中有利于自己统治的思想强化、放大，并通过种种途径灌输到百姓心中。因此，在社会主义思想道德的建设中，批判地继承中华文化尤其是儒家道德伦理中的积极因素是完全有必要的。

**五 处理好文化传播主体与文化传播受众的关系**

处理好文化传播主体与文化传播受众的关系，既要解除文化传播主体与文化传播受众之间的沟通障碍，又要增进二者的相互交流。

为了缓解传播主体和传播受众的交流障碍，促进中华传统文化的转化发展，文化传播主体在对受众传播优秀传统文化时，必须考虑受众群体的经济水平、文化传统、生活方式、社会心理等特点，针对不同内容采用不同形式的文化传播。例如，在向西方受众传播中华文化时，由于国外受众接触中国文化的途径较少，加之生活习惯和价值取向的不同，他们不太能理解中华传统文化的实质内涵，所以可以采用多种形象艺术等方式表现中华传统文化的魅力，这样才能够提升传播效果。

为促进文化传播主体和受众之间的交流和沟通，增强中华文化传播的效果，传播内容的创新程度和传播途径应该多样化。现代社会的传播方式是双向的，信息传播者和受众都是信息交流的主体，可以进行实时互动。新的传播方式使传播行为更加便利，微信、微博等方式使得大家更加方便地了解新闻动态，发表自己的看法，同时也对信息发布者提出了更高素质的要求。而且对于传统文化的弘扬，文化传播主体不能故作姿态，让受众不理解，成为无效传播，而要以内容取胜，通过受众喜闻乐见的方式，使内容个性化；从受众的需求出发，贴近生活、贴近实际；从受众的兴趣点出发来为他们解读和阐释中华优秀传统文化。

实现中华传统文化的创造发展，必须正确对待传播主体与受众的关系。文化传播在现代社会中是至关重要的，它不仅是一个国家软实力的象征，更能形成一种强大的凝聚力。在科技不断发展、日新月异的时代，追逐潮流成为一种趋势，对传统文化的传播重在创新，贴近实际，要想把超越时空、跨越国界、有着丰富内涵、富有本土特色的传统文化弘扬起来，把既立足本土文化特色又朝向世界的中华文化发扬出去，让广大受众接受，首先，文化要与时尚元素结合起来，在传播文化主题时，运用受众喜闻乐见的方式，用最真挚的情感传播中华文化；其次，深度挖掘市场和社会的文化需求发挥自身的文化建设，营造开放、有参与性的文化环境；最后，借助新媒体渠道社交化的传播方式，根据受众在新媒体平台上互动性强的特点，这样传播主体可以让受众第一时间掌握信息，使其传播效果更加显著。

弘扬中华优秀传统文化，在发展和创新中要处理好这五对统一关系，让其更好地融入社会生活各方面，转化为不可缺少的日常组成部分，真正的文化传承就是要在生活中不断丰富优秀传统文化的内涵，由内而外、全方位自觉地传承。费孝通曾讲过："文化自觉是一个艰巨的过程，只有在认识自己的文化、理解所接触到的各种文化的基础上，才有条件在这个正在形成中的多元文化的世界确立自己的位置。"[①] 文化自觉的目的是增强适应新时代、新环境对文化选择与转型的自主能力。在当今市场经济的消费时代，人们越来越沉

---

[①] 《费孝通论文化与文化自觉》，群言出版社2005年版，第61页。

迷于现代科技带来的各种娱乐项目中，追求外在的享受，忽视甚至淡忘内在传统文化的实质。现在亟须人们从思想上转变这种态度，积极主动地承担起传承中华优秀传统文化的责任，根据今天中国的国情和时代潮流，实现中华传统文化的创造性转化和创新性发展，使它与现代社会实际相适应，其时代价值才能得到真正发挥。

## 第三节 立足实践的创造性转化与创新性发展

在21世纪，整个世界最显著的特征是全球经济一体化，世界政治多极化，文化的多元化。弘扬中华优秀传统文化、增强国家文化软实力，并不是解决一个个具体问题，而是关系到我国的当下和未来；涉及国家有不同的社会环境和文化传统，因而打上地域的、民族的烙印，我们应当有自己的标准和立足点。为此，我们当以社会主义初级阶段的实践为落脚点，立足当代中国现代化建设的实际，继续坚持改革开放的时代精神，用理性的态度将实践中产生的具有生命力的事物纳入现代新型文化价值系统中；有选择地创造性转化、创新性发展中华优秀传统文化，使之成为现代新型文化价值观的内在构成要素，形成国家文化凝聚力，增强其软实力。

### 一 坚守中华文化立场

坚守中华文化立场，是由我们的文化特质所决定的。儒家、道家、法家、墨家的思想，立足于那个时代，并且又超越了那个时代，不少优秀的思想直到现在对我们仍有着不可或缺的作用。那个时代的人们思考着人性和人的价值，琢磨着处世之道。绵延几千年的中华文化，为培育出具有民族特色的传统文化打下了深厚基础，并且在不同的时期都产生了丰硕的成果，文化形式会发生变化，文化内涵却不会变。我们应以中华文化的繁荣为条件，积极弘扬本民族优秀传统文化，新时代中国特色社会主义道路和伟大实践立足于中华文化之上，在社会主义文化建设的过程中必须坚持创造性地转化和发展。中华文化中的精髓是中华民族显著的优势，聚集了最深厚的文化软实力。中国特色社会主义在中华文化的土壤中孕育而出，反映着人民的意愿，顺应时代发展的需要，引领我们通往新时代、新图景。新时代中国的文化建设必须立足中华文化的立场，坚持和发展中国特色社会主义，坚持马克思主义的发展观点，将古今文化一脉相传，把传统文化的精髓和时代对接起来。

立足中华文化，"以文会友"，有助于促进各国之间的交流与联系，在文化的包容中实现融通，增强文化自信。提高对中华文化的认知和运用，使我们能够更好地看清世界、参透生活、认识自己，并能不断地认识过去、把握当下、展望未来。越是民族的，越是世界的。我们要立足本国的文化，面向世界，把新时代中国文化最新的文化成果传播出去，将文物、文化遗产和书写在古籍中的文字活起来，提高对外文化交流水平。我们要以理性的态度去对待自己的文化并认识他者的文化，充分认识到中华文化的独特优势，在重视个人的同时充分注重家庭、社会，乃至人类，树立起文化的主体意识和民族精神的独立意识，才能更好地打造大国文化形象，讲好中国故事、传播中国特色，提升在国际上的声望。

立足中华文化，能够继承和发展民族意识、形成民族品格，这对一个民族的存在和发展而言起着重要作用。中华各民族不同的语言文字、行为方式、地方特色，形成了各自的民族文化。民族精神是不断继承和发展的，是历史沉淀的结果，有助于增进民族认同、塑造民族形象、增强综合国力和国际竞争力。民族精神贯穿于中华文化历史发展的进程中，形成了自身的内在品格。新时代的工匠精神就是对民族精神的继承和发扬。坚守中华文化立场，其实就是在坚守"民族存续的精神血脉"[①]，可以帮助增强民族自尊心、自信

---

[①] 顾海良、沈壮海：《高度重视民族精神的弘扬和培育》，《思想理论教育导刊》2003年第4期。

心、自豪感，这样的精神状态，对于我们实现中华民族的繁荣景象，有着重大的意义。

**二 满足社会的道德伦理诉求**

弘扬民族优秀传统文化，提升国家文化软实力，必须强调新的中国文化满足社会的道德伦理诉求，能够激励鼓舞国人，给国人以一种强大的精神力量。从孔孟信奉的传统道德伦理信条中，剔除宗法性糟粕，在不违背现行社会伦理规范下，将其中精华紧密结合当代中国实际，赋予其新的时代内容，转化发展为具有深远思想渊源的带有中国风格和特点的社会主义道德伦理观念和价值原则，为形成本民族特色的文明建设服务。这实际上是对文化的现实性的重视与凸显。

中国传统文化有深厚的道德遗存，经历了一个漫长的发展过程，也是一个辩证否定的过程。传统道德奠基于先秦，定型于汉代，多元化在魏晋，融合于隋唐，巅峰在宋明时期，当下这段时期基本上处于上升时期。近代以来，尤其是新文化运动和"文革"期间，批林批孔运动和"四人帮"的扰乱，使传统道德受到了很大的冲击，是一个否定的过程。自20世纪80年代以来，国家高度重视中国传统道德，社会主义核心价值观的提出也再次让我们看到社会的道德伦理诉求，我们国家将德治和法治相结合，在一个否定之否定的过程中发展中华传统道德，道德属于个人规范层面，有助于制约社会行为、维护社会秩序。弘扬中华优秀传统文化、增强文化软实力必须能够满足社会的道德伦理诉求，发挥好道德的教化作用，提高全民族思想道德水平。中国传统道德对当今的文化建设产生了实实在在的影响，并对中华优秀传统道德现代化发展起到了重要作用。

传统文化思想注重人与人之间的关系，人需要在与人的关系中才能成全自己。在从传统逐渐进入现代化的过程中，传统伦理仍然可以对当今社会起到影响，但这种影响是有限度的，建立维系现代化社会的新伦理，必须经历求同存异的过程。在中国文化中，儒家文化仍然是当代国人道德中内在的部分,是现代中国社会不可或缺的文化要素。儒家文化,是经过历史的沉淀以及社会上人们的行为规范实践中形成的,在与现代社会结合及转化后,可以为现代社会的人提供内化修养的统一性基础、人类理想价值的基础。弘扬中华优秀传统文化就要规范道德层面的伦理内容,提高全社会文明程度,引导广大人民群众自觉践行社会主义核心价值观,形成良好的道德品质,实践和维护社会主义道德。而且要把实践中广泛认同、较为成熟、操作性强的道德要求及时上升为法律规范,引导全社会崇德向善,弘扬真善美。社会主义核心价值观的提出对于我们重视和加强道德建设有着很重要的启发,我们每个民众都需要加强道德建设,这是我们心中最渴望的道德伦理诉求,培育时代新风,我们可以向榜样学习,道德模范就是道德建设中很重要的一部分,榜样的精神对于推进社会主义建设是一种很强大的精神力量,对于爱国、敬业、诚信、友善等基本道德规范的倡导也是我们心中迫切需要满足的道德伦理诉求。精神和道德是彼此分不开的。道德规范在观念原则上可能是不变的,可是它的内容和实行的方法在发生变化。我们应对传统实践规范的内容,根据现代的价值规范和需要,重新予以评估。

### 三 符合文化功能的需要

弘扬中华优秀传统文化增强国家文化软实力,必须强调要符合新时代历史实践的文化功能需要,实事求是地对待中华文化,不失时机地推动和完成文化创新,合理把握本土文化和世界各国文化的资源,积极推进文化多形式创新,创造出中国特色社会主义新的文化形态。"中国文化的精华就是'尊生'、'重生'、创造日新的文化,所崇尚的是'生'即创造、创新本身。"[①] 文化创新有两种思想

---

① 杨翰卿:《中国哲学文化继承与创新研究》,中国社会科学出版社2012年版,第199页。

## 第六章 新时代弘扬中华优秀传统文化增强国家文化软实力的途径

方法,一是分析的方法,二是辩证的方法。所谓分析的方法,即批判的方法,新的中国文化创新需要有批判精神,主要是通过使用科学的分析方法,对中华优秀传统文化的思想内容进行整合分析。所谓辩证的方法,即"相反之相成,矛盾之融结",如是"方能兼综众善,方能融会异见"。[①] 这两种方法相结合,是新的中国文化创新的重要前提条件与主要方法特性,中国文化创新发展是两种方法相结合的旨归和价值指南。这是对文化的超越性、创新性、先进性的展示与彰显。

从文化传承功能来看,传承意味着一种传递和继承,对文化的发展有重要的意义。我们要学会寻找传统文化向现代文化转变的历史逻辑点。器物、制度、思想都是文化功能的表现形式。传统文化向现代文化的转化在今天来说是很重要的一步。从历史上看,每个时代都是精华,都是对过去文化的继承和发展。我们当下的衣食住行的各种器物很多都是对过去的继承,尽管现代化的发展和以往相比发生了很多变化,但是传统文化仍然是我们当代社会治理的重要文化资源。家族观念、地方特色、风俗习惯等一些传统的价值观念仍对我们现在的思想行为方式产生着潜移默化、深远持久的影响。

从文化的创新功能来看,悠久的中华文化只有在创新中才能在竞争的文化环境中生存下来,历久弥新。党的十八届五中全会提出了五大发展理念,创新发展居于首位且是核心地位,创新是文化发展必不可少的条件之一,可以使文化更迭而不断优化。中华传统文化的发展演变是文化创新的结果,中华文化的创新发展将不断推动中华文化现代化的发展。文化自信需要在实践中才能不断造就。人类命运共同体的打造、"一带一路"的共建,中国方案的提出都展现着开拓创新的文化功能。习近平总书记经常强调,"惟创新者进,惟创新者强",只有不断进行文化创新,才能使传统文化一直富有生命

---

① 张岱年:《论现在中国所需要的哲学·张岱年文集》第1卷,清华大学出版社1989年版,第208页。

力与活力。与西方文化以个人为中心不同，中华文化重视人与人之间的关系，认为家庭、社会、伦理的构建最为重要，保持本土文化特色，吸收与转化外来文化才能走出自己的独特道路。习近平总书记多次强调指出中华传统文化对中国发展的意义和价值，为国家治理现代化提供了深厚的文化滋养。中华民族以中华文化为立足之基，也在多元的世界文化中起着重要作用。"一带一路"作为中国和周边邻国的公共需要，有着深远的历史渊源和人文基础，中国本着亲、诚、惠、容的价值理念和周边国家互联互通、相互促进。

**四 满足社会主义先进文化的需要**

弘扬中华优秀传统文化增强国家文化软实力，必须强调满足社会主义的先进文化的需要，既具有独立的气魄，又能融汇古今东西文化之精华，并以马克思主义理论为指导，既能体现民族文化的传统基石，又能体现新的时代精神与民族精神。弘扬中华优秀传统文化增强国家文化软实力，不能不顾及本国的特殊精神，而要真正成为"现代中国所需要的文化"，就必须与其民族的本性相合，才能深入人心，才能发挥积极的作用。新的中国文化体系具有多元普遍性，并融入全球化的进程中，这是发展传统文化、提升国家文化影响力的总体目标和结构特征。

社会主义先进文化体现了新时代的内涵价值。党在带领人们实现美好生活的过程中，辩证地看待民族传统文化和外来文化，批判地继承、吸收，最终形成了社会主义先进文化，代表着人类社会的努力方向。中国特色社会主义文化作为基本方针，指明了新时代社会主义文化事业的行动路线，是社会主义文化的最新发展成果。新时代本民族文化精神是中国特色社会主义文化发展的内在精神，社会主义先进文化是它的精神根基，反映着人们的价值追求，不断满足着人民群众的精神需要，努力建设社会主义文化强国。社会主义先进文化的灵魂和精髓就是倡导涉及国家、社会、公民三个层面的

第六章　新时代弘扬中华优秀传统文化增强国家文化软实力的途径

核心价值观，与中国特色社会主义道路、理论和制度价值取向相一致，体现了中华民族的价值追求，这样才能彰显独特的核心价值，引导人人自觉践行，促使中华民族不断前进。

弘扬中华优秀传统文化增强文化软实力必须满足社会主义先进文化的需要，这就要求我们必须坚持马克思主义指导地位，既要坚持社会主义先进文化建设指导思想的一元性，保持文化的社会主义特质；又要主张文化形式上的多元化，满足人民日益增长的文化需求，确保国家文化安全，在具体的文化建设中要理论联系实际，实事求是。社会主义先进文化的宗旨就是为人民服务。任何文化都是一定的经济政治的反映，在每个时代都有着鲜明的时代性。社会主义先进文化要体现社会主义的政治和经济，具有时代价值，充分了解人民的利益。文化产业作为社会主义先进文化新的经济增长点，必须加大投入发展，在使用过程中能够不断增加其价值，转变经济增长方式。社会主义先进文化是中华文化的历史连续性在当代中国的现实展现，对坚持和发展中国特色社会主义具有重要的现实意义和历史意义。

## 五　符合维护国家文化安全的需要

弘扬中华优秀传统文化增强国家文化软实力，必须强调符合维护国家文化安全的需要，在创造经济技术发展奇迹的同时，保持中国文化现代化的持久活力，有效保障社会文化安全与稳定，尽可能地控制和避免社会文化风险。"世界上没有绝对的安全，任何时候都会有一些可能存在的风险，哪怕是这些风险的可能性小到几乎可以忽略不计的时候但仍然难以完全避免和排除。"[①] 不同民族因为其政治、经济、社会和文化制度以及发展模式之间的不同，会引发一些不可避免的冲突。换言之，政治制度的作用已从国家管理急剧转变

---

[①] 乌尔里希·贝克等：《从工业社会到风险社会》，王武龙编译，《马克思主义与现实》2003年第3期。

为洞察和减少工业社会的文化风险。由于风险领域中存在着高度信息不对称,社会公众搜集、鉴别与认知风险的能力较低,单靠自由市场无法及时有效地应对风险问题,因此,政府肩负着通过风险规制保护公民的自由和权利,促进公共文化安全,保护文化环境的责任。社会文化风险具有历史性和多元性,我们不能逃避这些风险,而是需要以一种反思的精神积极地应对。

社会主义文化强国的建设,需要从国家文化安全方面考虑,营造一个良好的环境。国家文化安全与经济、政治安全等关系紧密,能够保证我国社会主义政治制度不变,促进中华民族文化绵延不断。维护国家文化安全一方面可以为全面深化改革提供深厚的文化基础,另一方面可以增强全社会的凝聚力和向心力,为转变经济结构发展方式积蓄文化力量。近代以来,面对着西方列强的扩张和侵略,中华传统文化遭到严重冲击。加上全球化进程中面临着各种文化霸权主义,党和政府在继承马克思主义文化的基础上,结合我国的实际情况,遵循中华文化的发展规律,丰富和发展了国家文化安全。新时代,习近平总书记提出的总体国家安全观,实现了对传统安全理念的重大突破。维护国家安全已成为弘扬中华优秀传统文化、增强国家文化软实力的战略核心。国家文化安全是一种意识形态的安全。全球化为世界上各个国家提供了一种形式上的平等,但从实质来看,西方国家拥有自身强大的经济与军事实力,掌握着世界的发展方向,向国人传播西方的价值观念,企图推行资本主义的生活生产方式,宣扬西方文明观。因此,世界各国维护自己国家文化安全面临着不少新的挑战,我们需要在文化交流中保持本民族文化的相对独立性。文化软实力作为国家文化安全的基础,我国需要打造自己的文化品牌,建立自己的文化产品,发展文化事业,繁荣文化市场,提升我国在国际社会的影响力,从客观上维护我国的国家文化安全。

中华传统文化中蕴藏的文化基因对于维护我国意识形态安全有着非常重要的作用。社会主义核心价值观是社会主义文化安全的一

第六章 新时代弘扬中华优秀传统文化增强国家文化软实力的途径

道屏障,核心价值观有助于加强人们的文化认同,在全社会形成思想共识和价值引领,成为全民族团结奋斗的思想基础,促进人们为中华民族伟大复兴而努力。坚定自己的核心价值观,形成正确的三观,帮助我们自觉抵御西方价值观,切实维护我国的文化安全。此外,我们还要有先进的文化生产力,这关系着我国的国家文化安全。党的十九大报告指出,要深化文化体制改革,完善文化管理机制,不能违背国家和社会利益。不断满足人们的精神生活需要,增强国家文化安全的忧患意识,强化公民的文化安全意识,推进文化法制建设,提高文化主权意识,提高对外开放水平,创新对外开放模式,充分丰富和发展自己,提升文化软实力,增强国际影响力和话语权,从主观上维护我国的国家文化安全。

伴随着时代的大变迁,当今的中国文化经历了自己的新发展。弘扬中华优秀传统文化增强国家文化软实力是一个没有过时的有着重要意义的问题,我们今天仍然需要思考与探讨这个问题。21世纪中国文化的开展,应当以20世纪社会主义初级阶段的实践为自己的出发点,在这里面应当包括满足社会的道德伦理诉求、符合历史实践的文化功能需要、满足社会主义先进文化的需要、符合维护国家文化安全需要的思考与探讨。

## 第四节 "五位一体"立体网格文化发展路径

在以习近平同志为核心的党中央的最新理论成果中,提出了"四梁八柱"的改革思维与改革方法,强调我们的改革要有一个基本的主体框架,文化建设亦如此。推动新时代中国特色社会主义文化深入人心的重要方面,是以创新发展引领文化全球化步入新时代。如何推进中华优秀传统文化创造性转化、创新性发展,涵养当代社会主义核心价值观,这是新时代文化强国背景下提升中国国家文化软实力所面对的大问题,也是推进社会主义核心价值观融入社会发

· 305 ·

展各个方面的大挑战。

结构主义人类学倡导将结构语言学中的音位分析法运用到人类社会文化深层次结构的研究中，主要代表人物有法国人类学家 C. 列维－斯特劳斯和英国 E. R. 利奇，他们的基本方法是通过建立概念化的模式来认识人类社会文化结构的整体过程。在斯特劳斯看来，人类感官可直接感知的社会文化现象是诸多文化要素偶然、随机组合的多种可能性之一，如果想要深刻地认识社会文化的本质，需要找出文化要素组合的规则，即文化结构。文化结构理论将文化系统中结构关系的普遍模式看作恒定结构，体现为普遍法则的作用，文化意义的深层结构透过表意系统的各种实践、现象与活动被制造与再制造。最初级的逻辑形式是二元对立，根据矛盾的对立面来思考文化结构，二元对立模式是辨析文化深层结构的基本方式、出发点和前提。随着多元法的崛起，出现三分法，根据第三概念对二元对立倾向进行调和，形成一种区别于传统社会学家分析社会文化体系运作的文化结构系统。

陈秉公基于主体人类学，建构了包含"三级结构七种力量"的"类群结构与选择"图型理论及知识系统，提出了蕴涵"三级结构八种力量"的"人格结构与选择"图型理论及知识系统。他进一步从哲学人类学视域重新构架人的生命本体"结构与选择"论，打破了结构主义与存在主义将"结构"与"选择"相割裂的二元论倾向，为文化哲学研究提供了完整的逻辑前提与理论支撑。张立文提出了化解人类危机与文化冲突的和合学理论思维逻辑结构与内在思维逻辑进路，从生存世界的活动变易、意义世界的价值规范、可能世界的逻辑结构次序构建和合学的总体框架，到提出和生、和处、和立、和达、和爱作为化解危机与冲突的五大原理。

"五位一体"立体网格文化建设路径基于传统文化结构主义方法论，对文化研究方法理论进行补充、丰富与发展。中华传统核心价值观的发展路径是一个由多个节点构成的结构集合。教育引导主导

### 第六章　新时代弘扬中华优秀传统文化增强国家文化软实力的途径

路径、舆论宣传日常路径、文化熏陶集中路径、实践养成根本路径、制度建设保障路径五个基本维度是子节点，全方位、多层次、宽领域共同构建起"五位一体"立体网格文化建设路径。"五位一体"立体网格文化建设路径的提出意味着从局部建构到全面发展的文化建设现代化。

#### 一　主导路径：通过教育引导增强国家文化整合力

对公民进行全面教育引导，这在"五位一体"发展路径中处于主导地位，它的重要依据是遵循文化发展的内在规律。文化发展的必然趋势是先进文化的发展方向，"先进"体现在"面向现代化、面向世界、面向未来"的战略思维、前瞻思维、创新思维、导向思维。全面教育引导的本质特征是整体性，内容方面相辅相成，逻辑方面层层递进，因此它所发挥的功能为致力于文化时代化，增强国家文化整合力。

文化结构理论的本质方法和首要原则在于，它尝试探析存在于各种要素之间的联结和结合关系，并用于适当地解释整体和部分的复杂网络。中华优秀传统文化的继承与创新必须考虑到普遍有效的问题，首先需要考虑价值观的主从关系分类。无论是个体价值观还是群体价值观，按照主从关系分类，都可以解析出两种类型的价值观。一种是起主导作用的核心价值观，即高势位价值观；另一种是受前者影响与主导的从属价值观，即低势位价值观。如果能够抓住核心价值观，从高势位价值观入手，就能够提高效率，但难度比较大；反之，效率比较低，但比较容易。由于核心价值观往往是高度概括，比较抽象，必须通过一系列具体的、易于言表的从属价值观来体现。以整体参与竞争的群体需要统一的价值观，包括核心价值观和从属价值观，二者并不矛盾。社会主义核心价值观的十二个主题词是富强、民主、文明、和谐、自由、平等、公正、法治、爱国、敬业、诚信、友善。中华优秀传统文化的核心内容包括爱国主义、自我认同、以人为本、天人合一、实践理性、自强自新、兼收并蓄、多元互补、贵和尚中、协同万邦。从学理层面考察，中华优秀传统文化的核心内容能够与当代社会主义核心价值观相容，接受社会主义核心价值观的引导，并积极发挥作用。

教育引导多数人的过程就是培养势力、达成共识的基础环节。促进核心价值观的统一，就要在国家的视听范围内，制造和发布各种倡导核心价值观的信息，对国民进行全面教育。全面教育引导是划分层次、有先后顺序的。形象地说就是从上至下、从里至外、消化吸收、循序渐进的过程。在古代，没有面向大众的专门学校，孔子尤其注重《诗》对百姓的教化作用。《诗》的教化是潜移默化的，通过在百姓中传唱，可以启发和教育百姓，达到上通民情，下达官意，维护国家统治的效果。孔子认为，《诗》具有对人的凝聚、教化、团结的作用。"人们在传唱当中受到诗的感染，进而使心灵得到净化，德行得到修正，从而团结向上，这就是诗'可以群'的功能。"①《诗》的教育引导功能是通过在民间的传唱形成强大的社会舆论得以实现的，这与当今在媒体上形成主导性的倾向十分类似。

费孝通提出，在精神文化领域里需要建立一套促进相互理解、宽容和共存的教育体系，这个体系被称为跨文化交流。20世纪亨廷顿宣扬"文化冲突论"，与西方物竞天择的斗争不同，中华传统观念提倡道德层面的自觉意识，需要有一种新的道德力量使人类的人文世界持续发展。面对当前经济全球化，思想界提出"文化自觉"的看法，也就是说，处于现实社会文化生活境域的人应对自身文化具有"自知之明"，明白文化传统的来源、产生、形成、发展、特色和趋势。这种自知之明不是指"文化回归"，也不主张"全盘西化"或"坚守传统"，而是为适应新环境、新时代，增强文化继承和创新的自主能力。

---

① 滕贞甫：《探古求今说儒学》，安徽文艺出版社2015年版，第272页。

通过教育引导主导路径，将文化主体组织成效能最大的有机整体，体现出中国各民族多元一体、文化多样和谐的文明大国形象，蕴含功能强大的文化整合力，是"五位一体"立体网格文化建设路径的集成要素。

## 二 日常路径：通过舆论宣传增强国家文化辐射力

加强舆论宣传，是"五位一体"发展路径中的日常路径，它的重要依据是坚持理论为道、舆论为器，二者共同发力的辩证法；坚持内部铸魂、外部扬气，二者同频共振的辩证法。舆论宣传的本质特征是协同性，坚持立场一致、方向一致、目标一致、任务一致，生成协同作战的辩证思维，形成全局化的历史视野，因此它所发挥的功能是把握文化全球化与同质化的关系，增强国家文化辐射力。

弘扬传统核心价值观的精神生命，恰当的进路就是通过传媒的力量弘扬传播传统价值系统的基本理念，使其成为社会大众的基本认知，谋求互相理解和共识，即达到知识论水平上的互相理解。中国古代十分重视文化思想和价值观念的传播，通过开办私学，开掘、延续和广泛传播仁学思想；此后，孟子、荀子、董仲舒、朱熹、王阳明也积极从事授徒讲学、著书立说的精神创造活动，大大促进仁义礼智、忠孝廉耻等基本准则流传，逐渐成为中华传统价值系统的主体内容，逐步形成历史感和担当感。当然，任何思想文化、价值观念的认知，传播媒介是中介、载体，更为重要的是传播主体。推动中华优秀传统文化广为传扬、深入人心的另一重要进路，是培养包括公务员阶层、知识分子阶层、企业家阶层等在内的社会主要阶层对传统价值观系统的自觉意识。他们是主流价值观念系统的承载者、传播者和实践者，应当通过适当的途径和方式，唤起他们对传统价值观系统的自觉意识，进而转化为增强国家文化软实力的力量。

文化史学家把文化传播的历史划分为口传文化、印刷文化和电子文化三个阶段。口传文化是一种在场交流形式，印刷文化跨越了时空限制,电子媒介通过时空分离或时空压缩,加速了全球化和本土化进程。这一方面促进了文化的集中化,另一方面促成零散化和碎片化;在扩大公共领域疆界的同时,又以信息源垄断以及程序化等形式加强了集权;在促成文化趋向同质化的同时又为异质因素提供了某种可能。媒介把价值观的传播凝聚成一个动力学过程,舆论宣传便成为新时代社会生活的日常仪式和景观。

舆论宣传是条件,为推进中华优秀传统文化创新转化提供日常路径。舆论宣传涉及目标、媒介交往、理解和融合四个方面,层层深入。一是目标问题。文化是人的存在方式,这种文化性存在是一种间接性、深沉性的存在,需要通过媒介中介传达主体的思想意识,联系主体与他人、环境、社会的关系,合成文化主体的深刻抽象和能动反映。在舆论宣传实践过程中,既要捍卫主体人格尊严,提升主体能力,实现文化自强,又要在实践中坚持实事求是的原则,推动理解与接受协调发展。

二是媒介交往。通过舆论宣传推进中华优秀传统文化创造性转化、创新性发展,是物质交往、精神交往、媒介交往的一个系统工程。正是在舆论宣传实践中,人类社会才凝聚了新的共识,促进了文化认同。媒介交往可能生成文化共识,但不能将文化共识等同于媒介交往共识。如果简单地将二者等同,不免使文化认同问题滑向"技术决定论"。但是也不能完全割裂二者的关系,应在识别媒介交往共识的基础上,掌握文化共识的生成条件、技术结构,探讨实现文化认同的可能路径,为增进文化认同提供新的理论指引。

三是理解问题。中华优秀传统文化发展的逻辑基础是对该文化的基本认知,文化认知即海德格尔的"先入之见"[1],伽达默尔的"历史意识"[2]。在技术和制度的基础上,文化认知来源于理解的实

---

[1] 海德格尔:《存在与时间》,陈嘉映、王庆节译,生活·读书·新知三联书店2006年版,第176页。

[2] 伽达默尔:《真理与方法》上卷,洪汉鼎译,上海译文出版社2004年版,第374页。

## 第六章　新时代弘扬中华优秀传统文化增强国家文化软实力的途径

践。理解的实践通过表征实现文化元素的综合、概括和提升，创构理解的文化。由此，理解是文化认知的必经之路，是"人的精神过程"[①]。借助平等地沟通或中介价值来达成共识，是实现文化认同的重要路径。格尔兹认为赖尔倡导的关于"浓描"的界说即对他者文化的地方知识进行语境化理解。[②] 阿兰·乐·比雄倡导的互补人类学或者互补知识[③]也可以看作理解他者的一个自觉的方法论。以他者理解为核心的思想方式通过他者理解与理解他者中发展出共同认可的认识空间，从而创建一个相互接受的认同过程。

四是融合问题。融合依赖于传播与舆论宣传，是"主体间各自保留自己的意见，放弃不利于商谈、合作的意见，各自向'主体群—意志群'提供的是各方都能接受的'合成'的成分"[④]。成功的价值观传播的前提基础是强化文化自觉，降低文化成见。这就需要文化主体将文化的差异感引向理性的思考和审视，促进文化间的理解与合作，也就是说具有文化反思意识。形成用"立体看世界"观念取代"简单化思维"，深度理解文化的两面性和内部矛盾性。

此外，在舆论宣传中，担当是一种精神上的承受和现实中的担负所共同表现出来的"责任能力"[⑤]，可以表现出一个国家主流价值观的精神能力和现实品格。"不再鹜心于他物，而专诚致力于自己"[⑥]，与他者"在主观上共享相同的生活世界"[⑦]。

通过舆论宣传日常路径，向外界正确表达意图，提高国家话语权，推动构建新型大国关系，蕴含功能强大的文化辐射力，是"五

---

[①] 维特根斯坦：《哲学研究》，李步楼译，商务印书馆1996年版，第87—91页。
[②] Clifford, Geertz, *Local Knowledge*, Harper Collins, 1985.
[③] Alain Le Pichon, *The Sound of the Rain: Poetic Reason and Reciprocal Understanding*, in *The Conditions of Reciprocal Understanding*, Chicago, 1995.
[④] 杨竞业：《文化现代化——从"自由的文化"到"文化的自由"》，武汉大学出版社2012年版，第156页。
[⑤] 陶德麟、汪信砚：《马克思主义哲学的当代论域》，人民出版社2005年版，第155—156页。
[⑥] 黑格尔：《精神现象学》上卷，贺麟、王玖兴译，商务印书馆1979年版，第261页。
[⑦] 尼克·史蒂文森：《媒介的转型》，顾宜凡等译，北京大学出版社2006年版，第27页。

位一体"立体网格文化建设路径的结构要素。

### 三 集中路径：通过文化熏陶增强国家文化吸引力

开展文化熏陶，在"五位一体"发展路径中处于基础地位，它的重要依据是满足大众需求，不断使人民日益增长的对美好生活的追求得到满足，最终实现保障人民利益、坚持人的全面发展的社会前景与宏伟蓝图。文化熏陶的本质特征是系统性，转变传统的碎片化思维，形成关于新时代中国特色社会主义文化的总目标、总任务、总布局以及建设方向、建设方式、建设动力等一系列基本问题的全过程式思维，因此，它所发挥的功能是推进传统核心价值观大众化，增强国家文化吸引力。

李光宇在《文化论》中根据"知识就是力量"的表达方式提出"文化就是势力"。文化具有吸引力，吸引的结果形成文化势力，导致"同性相吸，异性相斥"。国家主流文化与社会主义核心价值观就是利用这一结论鼓励人们与自己"同性"，利用"同性"孤立"异性"，达到文化熏陶的作用。

现代文化熏陶既要保持传统的一部分内容，也要再发展出一些新内容。文化熏陶重视情感反应的需要，尊重个性，主张幸福。尊重个性需要对原有的性格和价值观念做突破性的转变才有可能实现。文化熏陶的重要功能就是鼓励人们多发表自己的意见，并给予独立思考和必要能力的训练。

文化熏陶重视长远安全的需要，培养自信与独立的性格。巴勃说："生活在民族社会中的个人的心智特征之一，乃是强烈的安全之感"[1]，现代社会成员的安全感可以在文化熏陶中获得。日本生理学家杉靖三郎从生理学立场提出"理想的人"是用新皮质的睿智来思考、判断，发展知、情、意等高等精神向上能力的人。为了社会的

---

[1] 巴勃：《民主与独裁：它们的心理及生活模式》，陈少廷译，野人出版社1968年版，第74页。

## 第六章 新时代弘扬中华优秀传统文化增强国家文化软实力的途径

和平与繁荣,需要通过文化熏陶培养这种具有独立性和适应性的社会人。

文化熏陶重视追求新奇经验的需要,均衡价值发展。每个时代都有其文化特色,表现出价值发展的偏向,例如古希腊的哲学、罗马的法律、中世纪的宗教、近代的科技是各时代价值的主要特色,其他价值都降为次要地位。中世纪的宗教和中国传统道德等古代价值就会限制近代科学的发展。现代文化熏陶不要求同一个模式的熔铸,而注重个人追求新奇的充分发挥。这样既能增进社会之间与个人之间的合作,亦能扫除价值均衡发展的障碍。

除了保持原有三种内容,为了适应新处境,现代文化熏陶还必须融入一些新的内容。一是重视养成社会责任感。文化熏陶必须扩大责任感的范围,从传统家庭扩展到现代社会,将社会参与和政治参与作为分内之事。在现代经济社会里,组织化的道德,其重要性远大于个体性的道德,文化熏陶要发挥组织化道德来满足现代组织化社会的更多要求。二是重视培养对人类的爱,养成开放思想。养成开放的思想通过文化熏陶应用到人际关系领域就是要了解他人观点,建立与他人的健全关系。应用到国家关系,就是愿意了解其他民族的文化人类学知识,尊重个体性,养成民族平等观念,由个体、社会、国家再延伸到全人类。儒家民胞物与思想与墨家兼爱观念在人文主义的基础上有效地表现出以全人类为中心的普遍之爱,是文化熏陶致力于的新伦理。罗素说:"要想维护世界和平,必得将目前的同胞爱,扩大到全人类才行。"[1] 社会学家素罗金认为要消除人类冲突,需要建立一个利他的社会,这就要通过文化熏陶将文化、社会机构和市民人性等导向一个利他的方向。通过文化熏陶,使"爱邻如己""己欲立而立人,己欲达而达人"从行为上付诸实践。

通过文化熏陶集中路径,有助于当代中国价值观念的传播,获

---

[1] 罗素:《危机时代的哲学》,徐高阮等译,幼狮文化事业公司1969年版,第267页。

得国外仿效，蕴含功能强大的文化吸引力，是"五位一体"立体网格文化建设路径的功能要素。

### 四 根本路径：通过实践养成增强国家文化凝聚力

新时代中国文化建设的灵魂是从价值与规范转向实践与叙述，促进实践养成，这是"五位一体"发展路径的根本路径。它的重要依据是文化认同是自我认同的核心，是文化复兴的内在根基、重要维度，要强化认同效果，增强文化自觉、文化自信、文化强国的饱含情感的心理体验，增强理论自信与战略定力。实践养成的本质特征是注重实效性，深入贯彻马克思主义实践论与认识论的根本立场，所以它所发挥的功能是发挥社会各方面主体作用，增强国家文化凝聚力。

根据文化结构理论，"在稳定的时期，文化经验与社会的结构化环境相互加强，而不在稳定时期产生的意识形态能建立新的风格或行动策略"[1]。因此分析的重点应在于"行动的策略"。传统行动理论的观点认为文化通过提供行动指向的终极目的和价值来塑造行动。斯威德勒则认为韦伯式的方法讨论的是思想对于行动的塑造，他却把文化看作"工具"，认为"所有实际的文化都包括了各种各样的、同时又经常冲突的符号、仪式、故事和行为指南"[2]。核心价值观与其他各种文化策略相互竞争，使得人们更应考虑到核心价值观的逻辑一致，使其在因果关系上得到有力支持，以区别于其他策略，成为经验领域的"传统"，进一步运用风格和传统的"处事方式"来建构生活意义。

弘扬中华优秀传统文化，塑造文化和制定制度的目的都是贯彻

---

[1] 霍尔、尼兹：《文化：社会学的视野》，周晓虹、徐彬译，商务印书馆2009年版，第345页。

[2] Swidler, Ann, *Culture in Action: Symbols and Strategies*, *American Sociological Review* 1986, Vol. 51.

落实核心价值观,贯彻落实规范的标准,实施规范,达到实践养成的效果。这同时是一个基于一定实践基础的创新过程。其中感悟日常生活是实践养成的理解方式与实现基础,能够促进传统核心价值观的创新。胡塞尔提出:"生活世界是永远事先给予的,永远事先存在的世界"[1],观念活动来源于感性活动与生活实践。

另外,社会现实的反思与批判是实践养成的存在方式和应用基础,从而达到"革命"的境界,凸显人对价值和意义的寻求,前者使后者深入,后者使前者得以实现。黑格尔认为反思是思维对思维成果的再思,是对思想本身的研究。[2] 实践养成亦是反思与批判的过程,是对现实问题、内在缺陷做出客观评说、严格检验、理性指导与批判建构。关注、加强主体性实践养成,才能实现中华传统核心价值观的创造性转化与创新性发展,进而为增强国家文化软实力建立坚实的理论基础。

通过实践养成根本路径,提升价值观自信,激励中华民族形成强大向心力,蕴含功能强大的文化凝聚力,是"五位一体"立体网格文化建设路径的内核要素。

## 五 保证路径:通过制度保障增强国家文化创造力

加强制度保障,是"五位一体"发展路径的保证路径,它的重要依据是要坚持创新原则。深入分析新时代中国特色社会主义实践基础与历史方位,探索研究中国社会文化发展的新情况、新特点、新问题,坚持创新理念,拓宽发展途径,推动中国文化全面繁荣与快速发展。制度保障的本质特征是创新性,通过"制度红利"释放经济社会文化蕴藏的巨大潜能,推动文化建设从思想理念到文化实力的转化。因此它所发挥的功能是致力于建设新时代文化创新体系,增强国家文化创造力。

---

[1] 倪梁康编:《胡塞尔选集》上卷,上海三联书店1997年版,第1087页。
[2] 黑格尔:《小逻辑》,贺麟译,商务印书馆1980年版,第280页。

文化人的生成,依赖于丹纳所说的涵容风俗习惯和时代精神的"精神气候",还依赖于包含纪律和隐含着核心价值观的制度体制。文化人以文化创新的方式推动历史进步。中华优秀传统文化的发展要从社会实际出发,善于汲取文化精华,融汇传统精髓,创生和谐世界的新的文化环境以及社会主义核心价值观,在此过程中,必然依赖于社会现实,并遵循文化发展的内在规律,也必然建基于制度体制的保障之上。中华优秀传统文化的创造性转化、创新性发展,需要争取到能够独立进行文化创造的各种机会。要创造与新生活方式相匹配的新思想文化,无论是汲取传统的优秀遗产还是借鉴西方的传统思想,只有当中华民族自身具备了足够有利的新思想时,我们才有可能接纳它们。

一方面,制度可以加强核心价值观。价值观是文化的核心,通过培养群体的习惯表现,制度可以通过组织纪律使其效果加强。如果文化和制度隐含的价值观是一致的,它们发挥作用的方向就是一致的,都会有利于核心价值观,但作用机理和效果不同。哈贝马斯和福柯看到了当今社会的文化权力基础,这一基础是一套广泛的制度而不仅仅是经济因素。文化的内容与特定的政治经济利益被联系起来才产生了文化生产的所有权问题,即文化生产的政治经济学。文化的复杂权力并不仅仅意味着直接的权威与影响,相反,是一种基于大众化基础之上的对于文化的设计、生产和传播,已获得公共合法性的世界观需要放在首要地位。

另一方面,制度可以克服价值观的局限性。鉴于价值观无法对每个人都产生同等力度的约束的自身局限性,就需要对每个人一视同仁、具有平等约束力度的制度。此外,制度也会干预群体成员形成对核心价值观的认同,形成新文化,这是一个潜移默化的过程。人的行为具有复杂性,无法完全依靠制度来规范,而且制度的制定、执行和修改本身也有缺陷或偏差,这样也需要发挥价值对制度的弥补作用。文化中蕴含着的核心价值观会渗透到新制度中去,在制定

## 第六章 新时代弘扬中华优秀传统文化增强国家文化软实力的途径

或修改制度的时候发挥作用。鉴于价值观和制度各自具有局限，必须把价值观和制度"这两手"一起抓，才能取长补短。价值观和制度互相影响具有阶段性，类似于拉链的前后"错位"，形成交替影响。

通过制度保障保证路径，展示中华文化独特魅力，推动发展、追求领先，蕴含功能强大的文化创造力，是"五位一体"立体网格文化建设路径的倍增要素。

弘扬中华优秀传统文化增强国家文化软实力"五位一体"立体网格文化建设路径是一个有机整体，包括五个方面的创新维度与层次构架（见图7-1）：遵循内在规律，对公民进行全面教育引导，致力于推进传统核心价值观时代化，增强国家文化整合力，此为主导路径；促进开放交流，加强舆论宣传，致力于争取把握文化全球化与同质化的关系，增强国家文化辐射力，此为日常路径；满足大众需求，开展文化熏陶，致力于推进传统核心价值观大众化，增强国家文化吸引力，此为集中路径；强化认同效果，促进实践养成，致力于发挥社会各方面主体作用，增强国家文化凝聚力，此为根本路径；坚持利益原则，加强制度保障，致力于新时期建设文化创新体系，增强国家文化创造力，此为保证路径。教育引导主导路径致力于增强国家文化整合力，舆论宣传日常路径致力于增强国家文化辐射力，二者互为"表里"；文化熏陶集中路径致力于增强国家文化吸引力，实践养成根本路径致力于增强国家文化凝聚力，二者互为"内外"；制度保障保证路径致力于增强国家文化创造力，则为联结"表里""内外"的桥梁。弘扬中华优秀传统文化增强国家文化软实力，必须做到"五位一体""五力功能互动"。

在此基础上，以中华优秀传统文化的柔性运用为逻辑起点，以中华优秀传统文化为核心范畴，教育引导主导路径、舆论宣传日常路径、文化熏陶集中路径、实践养成根本路径、制度保障保证路径，"五位一体"地推进中华优秀传统文化的创造性转化、创新性发展。

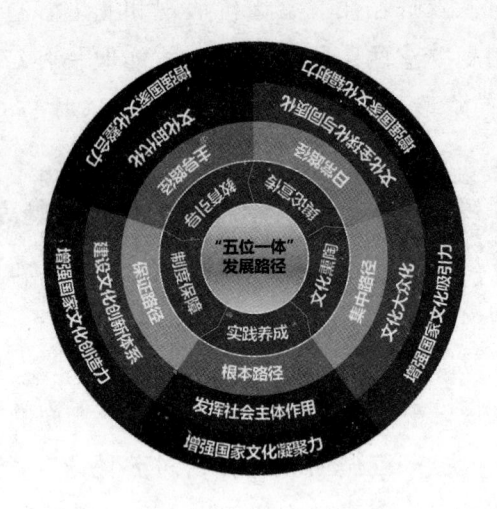

图 7-1 "五位一体"立体网格文化建设路径结构图

唯有如此，才能在现代化的历史条件下，真正找寻到中华传统核心价值观的当代出路。不难看出，正是因为对近现代中国文化发展历程，特别是 21 世纪前十余年文化讨论的批判性总结和战略性思考，才确立了新时代中华优秀传统文化发展的思维路向和层次构架。从而更新文化传统，拓展价值领域，真正走出困境，找到一条坚实的中华优秀传统文化的创造性转化、创新性发展的道路，从理论与实践相结合的角度为中国文化发展创新提供科学的行动纲领和实践遵循，为丰富和发展新时代中国特色社会主义文化建设做出原创性贡献。

## 第五节 "五位一体"立体网格文化发展路径的保障机制

### 一 政坛与论坛的互动机制

通过参与政治活动，建立和巩固机制文化，借助政治力量扩大观点力量，影响人的心理，规范人的行为，形成普遍的广泛的社会基础，是弘扬中华优秀传统文化增强国家文化软实力的重要保障。

## 第六章　新时代弘扬中华优秀传统文化增强国家文化软实力的途径

弘扬中华优秀传统文化增强国家文化软实力不能仅仅停留在思想文化的无形层面上，还要从事一系列政治活动和文化事件，把它提到制度文化建设的可操作的现实状态。

在实践中重视和发挥政坛与论坛的互动作用，无论是政界还是理论界，理论水平的提高都离不开政治文化建设。首先，党的建设为互动提供了基础和保障。党的建设是党的自我完善与发展活动，关系重大、牵动全局。具体来看，一方面，党在新的历史时期越来越重视学习型政党建设，高度重视执政党能力建设，这是实现政治舞台与论坛互动的重要条件；另一方面，党的领导不断加深，党的十九大提出加强党对一切工作的领导和对人民军队的绝对领导，强化党的重要地位和决定作用，为新时代在党的领导下进行中国特色社会主义文化建设和创新提供了有力保障。新时期，政治舞台与论坛互动的制度化建设不断推进和发展，既反映了政治舞台的决策地位，又以理论界的理论成果为基础和重要参考。

其次，文化建设推动了互动的深入和繁荣。具体来看，一是掌握意识形态领导权能够为论坛建立绿色科学的讨论环境提供保障；二是大力培育和弘扬社会主义核心价值观，能有效整合社会思想意识，增强人们的文化认同和政治认同；三是自觉地发挥传统文化的作用，把它运用于社会主义现代化进程之中，通过完善社会治理结构，塑造现代化模式，为中国特色社会主义提供文化支撑力量，有助于中国梦的实现，促进中国特色社会主义制度的完善。

最后，文化传播理念的更新和体制的改革为两坛互动机制的健全和完善提供思想基础和理论先导。一方面，深入推进文化传播理念由"国家主导、中央领导、政府立场、宣传本位、灌输为主"向"服务国家、民间话语、学术话语、传播本位、渗透为主"转变，努力营造传播者和受众之间的平等对话关系；另一方面，积极进行文化传播体制的改革实践，从转变传播者——国家、政府、中央的职能入手，强化弹性管理、弱化硬性计划；从转变传播平台——各种媒体的身份入手,放权中国传媒的自我管理、自主发展和自己负责。

## 二　群众参与机制

文化建设具有大众性质,要让群众参与到弘扬中华优秀传统文化增强国家文化软实力的进展中去,将满足人民群众美好生活追求和促进人的全面发展作为文化建设的重点。20世纪80年代以来,我国的社会主义现代化建设取得了举世瞩目的成就,社会物质财富得到迅速增加,人民群众的物质生活得到很大改善,精神生活也在不断丰富。满足于基本物质生活之余,人民群众更加注重精神层面的丰富和对美好生活的追求。党的十七大报告指出,提高国家文化软实力,必须丰富群众生活,鼓励人民积极向上,不断提升精神面貌,党的十九大报告提出我国社会的主要矛盾在于人民需要和发展的矛盾。因此,积极推动文化建设,切实满足人民群众的生活需求,是摆在我们面前的重大任务。而弘扬中华优秀传统文化增强国家文化软实力与满足广大人民群众的现实生活实践和对精神文化的追求目标密切相关。结合群众的需要来创造性转化、创新性发展中华优秀传统文化,要最大限度地激发文化发展活力,满足人民群众的文化需求。

建立群众参与机制,要激发群众参与的积极性和创造性。国家软实力内含中华民族数千年文化底蕴,发展文化软实力亦是人民美好生活的精神需要的重要保障和依托,但如何实现二者的紧密结合、实现联动效果,需要从厚植群众情感上、文化上的认同感,培育主体的参与意识、责任意识、主人翁意识等方面潜移默化地进行。为此,社会要加强宣传和教育,学校要创新教育教学方式,大众传媒要主动增加主题传播内容;国家紧跟时代潮流,用好新媒介和新技术,占领文化传播制高点,转变文化潮流中逐浪身份向造浪身份升级,厚植民族文化认同和文化自信。

## 第六章　新时代弘扬中华优秀传统文化增强国家文化软实力的途径

建立群众参与机制，要提高民众的政治参与意识。党要始终将人民的冷暖和幸福放在自己的心上，自觉和人民同呼吸、共命运，深入群众、扎根人民、深入生活，发挥群众主人翁作用，尊重发扬群众积极性和实践性，引导人民创新发展文化活动。"以人民为中心"作为社会主义文化建设的价值取向，能够真正使人民的利益得到保护和满足。构建参与型的政治文化，通过多种途径培育公民政治参与能力，增强其对政治现象和政治行为的理解，潜移默化地培养公民对政治参与的亲近感，真正让他们认识到政治参与和自身利益息息相关。

建立群众参与机制，要加强文化人才队伍建设。群众参与机制高效发挥作用的关键是对文化人才队伍的建设，这是从发展角度进行基础性建设，只有加强人才队伍建设，才能切实提高群众政治、文化参与能力和参与水平，助力公共性文化事业和文化产业发展，为群众参与机制提供物质基础。为此，一方面要加强文化产业人才队伍建设，培育高素质的文化产业人才。高校要创新教育理念和教育模式、市场要提供专业性的就业指导和针对性的导向、政府要积极出台和推进各种人才引进政策和项目。另一方面要加强公共文化服务人才队伍建设，为国家社会主义现代化文化建设培养高素质的领军人物。从政策倾向、优惠吸引和福利保障三个方面采取积极措施，吸引海内外高素质人才。

建立群众参与机制，要构建开放型的文化资源信息库。给予社会各个阶层、各行各业、各种层次的人才以平等充分的学习和参与平台，运用互联网技术、新媒介方式、大数据分析，建立新型智库。一方面，提供丰富多样、有导向性的内容，为群众充分了解和学习本民族文化、辨明中国特色社会主义之于其他意识形态和国体政体的优越性，增强认同感；另一方面，构建高效、智能的在线互动平台，公示政策信息、意见采纳情况和民意解决情况等，体现新型智慧大国的行动力。

人民不是抽象的，而是一个个现实的具体的人。坚持以人民为中心必须解决人民群众关心的重大现实问题。坚持以人民为中心必须让发展成果公平惠及全体人民。"天下顺治在民富，天下和静在民乐。"(《慎言·御民》)人民是改革开放的实践主体，也是改革开放的价值主体，还是改革开放事业成败的评判主体。只要我们深深扎根人民、紧紧依靠人民，就能获得无穷的力量，风雨无阻，奋勇向前，从人民的实践创造和发展要求中不断开创发展新境界、新天地。人民是历史进步的真正动力，人民立场是我们党领导改革开放的根本立场，坚持人民立场是全心全意为人民服务根本宗旨的必然要求。在新时代，中国共产党继续发扬人民民主，全面推进依法治国，从法律层面维护人民群众当家作主的地位，更好地发展社会主义民主政治。只有真正被人民接受认同、内化于心，中华优秀传统文化和社会主义核心价值观才能实现无缝对接、有机结合。

### 三　国内国际文化交流机制

国内国际文化交流机制，即关于中西文化的交融，亦即文化的创造性转化与创新性发展。"文化交融"(cultural hybridization)概念最早由墨西哥学者凯西亚·堪克里尼(Garcia Canclini)提出，不同于此前广泛认可的"文化同化""文化移入"现象和概念，凯西亚认为全球化进程中的各民族文化呈现一种新的社会形态和发展趋势——杂交/杂种化，即不同种文化通过互相吸收和选取能够融合的片段特征进行自身的文化重构。[①] 这就是"文化交融"概念的雏形。费孝通在1979年访问芝加哥的时候，就已经提出Cross-cultural Communication，主张进行文化之间的交流。[②] 一般意义上的文化交融的意涵是吸纳与融合，具体到中西文化的交融，其意涵是一种特定历

---

① Nestor Garcia Canclini, Christopher L., Chiappari and Silvia L. Lopez, *Hybrid Cultures, Strategies for Entering and Leaving Modernity*, University of Minnesota Press, 1997.
② 费孝通：《文化与文化自觉》，群言出版社2010年版，第223页。

## 第六章　新时代弘扬中华优秀传统文化增强国家文化软实力的途径

史条件下的吸纳与融合。文化交融最核心的东西是文化的"会通",是包含了西方文化中国化和中国文化现代化的双重文化运动。西方文化中国化,并不是原封不动地对西方文化进行照抄照搬,而是在中国社会语境中做出一种新的理解,只有经过此番新的理解,西方文化才有机会在中国文化土壤上生根成长并产生影响。中国文化现代化,是指中国文化重新认识、检讨、批判古代形态的中国文化,吸收借鉴西方文化,创造适应新环境、新时代的具有中国特色的文化,开启新进程。西方文化中国化和中国文化现代化,这两种文化运动造成中国文化致思趋向、话语系统及其整个文化风貌的重构和转变。在概括、总结中西文化交流会通历史中,同时发现成功的经验和失误的教训,揭示出带有普遍性、规律性、启发性的深刻原则。

西方的文化交融理念与东方的"和而不同"思想有异曲同工之妙,旨在强调对文化多样性认可与包容的同时坚持"以我为主、为我所用"的民族特色。但和而不同的民族意味更为强烈,同时作为中华文化自古以来的思想精髓,在新时代建立国内国际文化交流机制以实现中西方文化交融的要求下更具有实践性和适用性。汤一介提出实现和而不同的四种模式:对话中求同、对比中求异、冲突中吸取、交流中创新。[①] 2014年在研讨国家文化软实力问题时习近平总书记首次提出"实现中华传统美德的创造性转化、创新性发展"的思想[②],党的十九大报告再一次明确了发展中华优秀传统文化之"两创"的科学方法论。以中西方文化交融为理论切入点的国内国际文化交流机制建设,也应把文化的创造性转化与创新性发展作为方向重点和建设原则。

创造性转化和创新性发展要求我们在同异质文化的交往层面上进行文化的平等交流,借鉴世界其他民族的文化,坚持对外开放,实施交流互鉴,取人之长,补己之短,要有全球视野和世界眼光,

---

[①] 汤一介:《"和而不同"原则的价值资源》,《学术月刊》1997年第10期。
[②] 《习近平谈治国理政》第2卷,外文出版社2017年版,第160页。

而且要有强烈的时代问题意识和自觉的时代问题导向，为世界的文明进步做出贡献。西方文化倾向于将发展中国家文化视为"他者"，主导西方在世界的主导权，捏造一种妖魔化的东方文化，对中国传统文化进行肆意歪曲。这时，我们需要捍卫中华文化自身的价值，不能让其阴谋得逞。不可避免的、多样性的文化要求我们理性思考，在借鉴西方文化过程中需要立足本土、立足国情，合理融合异质文化，绝不能一味地趋同于西方文化，而是在不同文明交流会通中实现传统文化的创新发展。中华民族优秀传统文化与世界各民族文化都是全人类的共同财富，要把握好"中"与"西"的关系，不忘本来、吸收外来，在借鉴发展中坚定文化自信、构筑思想防线。在传统文化、外来文化交融会通中，既要展现中华文化开放的自信、包容的气度，充分吸收世界文明的优秀成果和有益成分，移植对文化的创造性转化与创新性发展有重要作用的外来文化中优秀的成分，将之移植到我们中华文化的土壤中，经过本土化的培育，最终会成为中华文化大地上的大树，又要不忘本来、保持中华文化的主体性，自觉抵御西方错误思潮、腐朽文化、西方价值观的侵蚀，还要不断地选择和创新，构建人类命运共同体。中国特色只有在融入世界文明的共同体中才能展现其独特性，世界文明因中国特色的彰显而愈加丰富多彩。

创造性转化和创新性发展需要我们善于把弘扬中华优秀传统文化和新时代文化有机统一起来，在继承中发展，在发展中继承，这要求我们从时代需要出发，密切联系社会实际，将传统文化内在的现实价值更鲜明地呈现出来，从而更好地为我所用，为今天所用。传统文化在过去的形成和发展过程中，受到当时人们的器物使用、认知水平、历史特点、时代特征、政治制度等条件的制约和限制，会存在与现代社会不相适应的思想，也会有一些不符合人民需求的表达方式和行为习惯，这就需要人们在继承传统文化时坚持古为今用，扬弃继承，推动中华优秀传统文化与新时代文化相融相通，将

## 第六章　新时代弘扬中华优秀传统文化增强国家文化软实力的途径

历史进程中沉淀下来的、稳定的中华优秀传统文化基因贯穿于不断变化的表现形式之中，创新文化内容和载体，努力满足人民群众不断增长的精神文化需要，充分发挥广大群众的聪明才智，改进方式和方法，赋予现代表现形式，营造一种充满生机与活力的精神文明，站在时代前沿，审时度势、因势利导，共同服务于以文化人的时代任务中来。用新时代精神、民族性格来补充拓展传统文化的价值涵蕴，找准现实结合点，充分弘扬中华优秀传统文化的当代价值，通过中华优秀传统文化为现代文化产业发展提供丰富的资源基础，巧妙地将传统文化与创意及工艺、工匠精神融合，打造一种兼具历史性、艺术性、人民性、知识性、趣味性的文化创意产品。

实现创造性转化和创新性发展，要充分利用现代信息技术。要想真正让传统文化"活"起来、推动国内国际文化交流，现代信息技术是不可或缺的重要依仗。运用互联网技术，一方面拓宽国内外文化交流渠道，搭建便捷快速的交流平台；另一方面增加接触机会，积极助推文化整合。运用新媒介方式，加快融媒体发展，创新传播渠道，把"三微一端"作为宣传新阵地；创新表达形式，运用纪录片、动画动漫、短视频和直播的方式，占据时代喉舌的制高点；运用大数据分析，建立开放共享的传统文化资源库和学习交流平台，支持国家型文化资源工程的开展、提高人民群众的文化素养，为当代人类的文化重建提供中国智慧和精神指引。

# 结 束 语

本书从哲学角度对中华优秀传统文化何以增强国家文化软实力、中华优秀传统文化哪些方面能够增强国家文化软实力、通过什么路径实现中华优秀传统文化增强国家文化软实力的功能展开研究。基本思路是以中华优秀传统文化为切入点，阐述中华优秀传统文化何以成为建构国家文化软实力的基础；以国家文化软实力功能分析为依据，从历时态角度考察中华优秀传统文化的历史渊源、发展脉络、基本走向，从共时态角度分析中华优秀传统文化的核心内容、独特创造、鲜明特色；总结我国在弘扬中华优秀传统文化增强国家文化软实力方面的成就和不足，探讨我国弘扬中华优秀传统文化增强国家文化软实力的对策。

探析弘扬中华优秀传统文化与增强国家文化软实力的基本理论，分析弘扬中华优秀传统文化增强国家文化软实力的必要性与可能性。对创造转化思想、创造性诠释思想、综合创新理论、中国化马克思主义文化软实力理论等展开较为详细的评述，从而为弘扬中华优秀传统文化增强国家文化软实力提供思想借鉴与理论基础，从对中国的意义和对世界的意义两个方面论证弘扬中华优秀传统文化增强国家文化软实力的战略意义。

梳理中华优秀传统文化与国家文化软实力的辩证关系。对国家文化软实力概念进行语义分析和内涵分析，提出国家文化软实力的基本构成与主要特征；厘清传统文化与先进文化、革命文化、和谐文化等内涵与特征；肯定中华优秀传统文化是国家文化软实力建设的重要资源与理论优势；从理论和现实、总体和个体的视角，提出新时代判别中华优秀传统文化的科学尺度和判断标准；从内部要素和外部环境两个方面论证中华优秀传统文化是构建国家文化软实力的基础；基于对二者辩证关系的分析，从内部要素、外部环境、内外互动关系三个层面分别考察积极效应与消极效应，从而形成了较为完整的中国化马克思主义文化软实力理论。

阐释中华优秀传统文化的历史进程及其蕴含的文化软实力。以国家文化软实力功能分析为依据，提出中华优秀传统文化的理论根基与古典形态、基于"冲突—反应"的近代化发展脉络、蕴含世界理念的现代基本走向、涵养平等原则的未来发展趋势。中华优秀传统文化是增强国家文化软实力的独特优势，中华优秀传统文化具有激励中华民族形成强大向心力的文化凝聚力功能，获得国外仿效的文化吸引力功能，推动发展追求领先的文化创造力功能，将文化要素组织成效能最大有机整体的文化整合力功能，向外界正确表达意图的文化辐射力功能。文化凝聚力功能与文化吸引力功能互为内外，文化整合力功能与文化辐射力功能互为表里，文化创造力功能是吸引子。提高国家文化软实力，必须做到五力功能互动。

阐述弘扬中华优秀传统文化与增强国家文化软实力的核心内容。从结构功能分析的角度探析中华优秀传统文化与国家文化软实力在结构上所具有的同构性。一是基于中华传统美德的转化培育和弘扬社会主义核心价值观。爱国主义和自我认同是中华文化精髓，蕴含着丰富的思想道德资源，可以提升价值观自信，增强文化凝聚力。二是基于中华传统伦理价值观的转变树立生态文明思想。天人合一和以人为本为生态文明思想提供了思想资源，有助于当代中国价值观念的传播，增强文化吸引力。三是基于中华传统探索革新观念的发展厚植创新理念。实践理性和自强自新为发展创新理念提供了重要精神资源，展示了中华文化独特魅力，增强文化创造力。四是基于中华传统普遍和谐观念的创新构建和谐文化。多元互补和兼收并蓄为和谐文化提供了理论支撑，能够展示中国各民族多元一体、文化多样和谐的文明大国形象，增强文化整合力。五是基于中华传统和而不同原则的转换培养文化自觉理念。贵和尚中与协和万邦为文化自觉理念提供了丰富的思想基础，能够提高国家话语权，推动构建新型大国关系，增强文化辐射力。

分析基于弘扬中华优秀传统文化增强国家文化软实力的历史成就与具体问题。从历史的视角考察中华优秀传统文化的演进和形成，具体分析弘扬中华优秀传统文化增强国家文化软实力所取得的历史成就与特色经验，以及存在的具体问题与形成原因，从而提升弘扬中华优秀传统文化增强国家文化软实力的自觉性。

探究新时代弘扬中华优秀传统文化增强国家文化软实力的途径。在定性分析与定量分析相结合的基础上，针对新时代面临的国际国内的机遇与挑战，提出新时代弘扬中华优秀传统文化增强国家文化软实力的基本原则、根本立足点，分别从通过教育引导主导路径增强文化整合力、通过舆论宣传日常路径增强文化辐射力、通过文化熏陶基础路径增强文化凝聚力、通过实践养成根本路径增强文化创造力、通过制度保障保证路径增强文化吸引力五个主要方面提出"五位一体"立体网格文化建设路径。

# 参考文献

**典　籍**

戴圣著，王学典译：《礼记》，江苏科技出版社2018年版。
《道德经》，光明日报出版社2019年版。
董仲舒：《春秋繁露》，中国书店出版社2018年版。
恒宽著，陈桐生注：《盐铁论》，中华书局2015年版。
黄宗羲著，段志强注：《明夷待访录》，中华书局出版社2011年版。
李山、轩新丽译：《管子》，中华书局出版社2019年版。
刘向著，缪文远等注：《战国策》，中华书局2012年版。
吕不韦著，陆玖注：《吕氏春秋》，中华书局2011年版。
《论语》，中国文联出版社2016年版。
马融：《忠经·百工章》，海潮出版社2020年版。
孟子著，方勇注：《孟子》，中华书局出版社2017年版。
墨子著，方勇注：《墨子》，中华书局出版社2015年版。
《尚书》，顾迁注，中州古籍出版社2017年版。
《史记》，杨燕起注，岳麓书社2021年版。
《说命中·尚书引义》卷三，顾迁注，中州古籍出版社2017年版。
王夫之：《读四书大全说》卷三，中华书局2011年版。
王廷相：《慎言》，中华书局1989年版。
荀子著，方勇注：《荀子》，中华书局2011年版。

严复著，胡伟希选注：《论世变之亟》，辽宁人民出版社 2000 年版。
张载著，王夫之注：《正蒙·乾称篇》，上海古籍出版社 2020 年版。
《中庸》，天地出版社 2017 年版。
《周易》，杨天才注，中华书局 2011 年版。
庄周著，方勇注：《庄子》，中华书局 2015 年版。
左丘明著，韦昭注：《国语·周语上》，上海古籍出版社 2015 年版。
左氏著，郭丹注：《左传》，中华书局 2016 年版。

## 专 著

《马克思恩格斯选集》第 1 卷，人民出版社 2012 年版。
《马克思恩格斯选集》第 3 卷，人民出版社 2012 年版。
恩格斯：《自然辩证法》，人民出版社 2018 年版。
陈独秀：《敬告青年·独秀文存》第 1 卷，外文出版社 2013 年版。
陈独秀：《新文化运动是什么？陈独秀文章选编》上，三联书店 1984 年版。
毛泽东：《辩证法唯物论（讲授提纲）》，八路军军政杂志社 1937 年版。
《毛泽东选集》第 1 卷，人民出版社 1991 年版。
《毛泽东选集》第 2 卷，人民出版社 1991 年版。
《毛泽东选集》第 3 卷，人民出版社 1991 年版。
《毛泽东著作选读》下册，人民出版社 1986 年版。
《邓小平文选》第 2 卷，人民出版社 1994 年版。
《习近平谈治国理政》第 1 卷，外文出版社 2014 年版。
《习近平谈治国理政》第 2 卷，外文出版社 2017 年版。
《习近平谈治国理政》第 3 卷，外文出版社 2020 年版。
中共中央文献研究室：《毛泽东早期文稿》，湖南人民出版社 2008 年版。
中央保持共产党员先进性教育活动领导小组办公室编：《保持共产党

员先进性教育读本》，党建读物出版社 2004 年版。

中央文献出版社：《习近平关于社会主义文化建设论述摘编》，人民出版社 2017 年版。

阿诺尔德·约瑟·汤因比：《历史研究》，上海人民出版社 1966 年版。

阿诺尔德·约瑟·汤因比：《人类与大地母亲——一部叙事体世界历史》，徐波等译，上海人民出版社 2001 年版。

安东尼·吉登斯：《失控的世界》，江西人民出版社 2001 年版。

巴勃：《民主与独裁：它们的心理及生活模式》，陈少廷译，野人出版社 1968 年版。

伯特兰·罗素：《中国问题》，秦悦译，学林出版社 1996 年版。

晁乐红：《中庸与中道——先秦儒家与亚里士多德伦理思想比较研究》，人民出版社 2010 年版。

陈来：《中华文明的核心价值：国学流变与传统价值观》，生活·读书·新知三联书店 2015 年版。

程静宇：《中国传统中和思想》，社会科学文献出版社 2010 年版。

邓实：《拟设国粹学堂启》，载桑兵等编《国学的历史》，国家图书出版社 2010 年版。

杜维明：《儒教》，陈静译，上海古籍出版社 2008 年版。

杜维明：《文化中国·一阳来复》，上海文艺出版社 1997 年版。

段德智：《西方死亡哲学》，北京大学出版 2006 年版。

范晔：《后汉书》，中华书局 2010 年版。

方克立：《现代新儒学与中国现代化》，天津人民出版社 1997 年版。

方克立：《中国文化的综合创新之路》，中国社会科学出版社 2012 年版。

费孝通：《文化与文化自觉》，群言出版社 2010 年版。

《费孝通论文化与文化自觉》，群言出版社 2005 年版。

《费孝通文集》第 14 卷，群言出版社 1999 年版。

冯天瑜、杨华、任放：《中国文化史》，高等教育出版社 2005 年版。

冯友兰：《中国文化简史》，北京大学出版社 1985 年版。

《冯友兰学术论著自选集》，北京师范学院出版社 1992 年版。

傅伟勋：《从创造的诠释学到大乘佛学》，台湾东大图书公司 1991 年版。

傅伟勋：《从西方哲学到禅佛教》，生活·读书·新知三联书店 1989 年版。

傅伟勋：《批判的继承与创造的发展》，台湾东大图书公司 1986 年版。

傅伟勋：《"文化中国"与中国文化》，台湾东大图书有限公司 1988 年版。

伽达默尔：《真理与方法》上卷，洪汉鼎译，上海译文出版社 2004 年版。

顾友仁：《中国传统文化与思想政治教育的创新》，安徽大学出版社 2011 年版。

郭齐勇：《中国儒学之精神》，复旦大学出版社 2013 年版。

郭齐勇：《中国文化精神的特质》，生活·读书·新知三联书店 2018 年版，前言。

哈贝马斯：《公共领域的结构转型》，曹卫东译，学林出版社 1999 年版。

海德格尔：《存在与时间》，陈嘉映，王庆节译，三联书店 2006 年版。

黑格尔：《精神现象学》上卷，贺麟、王玖兴译，商务印书馆 1979 年版。

黑格尔：《精神哲学》，杨祖陶译，人民出版社 2006 年版。

黑格尔：《小逻辑》，贺麟译，商务印书馆 1980 年版。

黑格尔：《哲学史讲演录（第 1 卷）》，商务印书馆 1959 年版。

亨廷顿：《谁是美国人？——美国国民特性面临的挑战》，程克雄译，新华出版社 2010 年版。

洪晓楠：《当代中国文化哲学研究》，大连出版社 2001 年版。

洪晓楠：《哲学的文化转向》，人民出版社 2009 年版。

黄节：《国粹学报叙》，载桑兵等编《国学的历史》，国家图书出版社 2010 年版。

霍尔，尼兹：《文化：社会学的视野》，周晓虹、徐彬译，商务印书馆 2009 年版。

基辛格：《论中国》，中信出版社 2012 年版。

吉登斯：《现代性与自我认同：现代晚期的自我与社会》，赵旭东等译，三联书店 1998 年版。

贾陆英：《马克思主义与儒学的融合》，山西人民出版社 2012 年版。

康有为：《康有为学术著作选：孟子微·中庸注·礼运注》，中华书局 1987 年版。

康有为：《自编年谱》，中华书局 1992 年版。

黎澍：《关于五四运动的几个问题》，《纪念五四运动六十周年学术讨论论文选》，中国社会科学出版社 1979 年版。

李鹏程：《毛泽东与中国文化》，人民出版社 2004 年版。

李申申主编：《人性：存在与超越的省视——中西方道德教育思想与实践比较研究》，新华出版社 1999 年版。

李书崇：《死亡简史》，四川文艺出版社 2013 年版。

李维武：《中国人文精神之阐扬——徐复观新儒学论著辑要》，中国广播电视出版社 1996 年版。

李颙：《答顾宁人先生·二曲全集》卷 16。

李约瑟：《中国科学技术史》第 1 卷总论，第 1 分册，科学出版社 1975 年版。

李约瑟：《中国科学技术史》第 2 卷，科学出版社 2013 年版。

李泽厚：《中国古代思想史导论》，人民出版社 1987 年版。

李泽厚：《中国近代思想史论》，生活·读书·新知三联书店 2008

年版。

李宗桂：《传统与现代之间——中国文化现代化的哲学省思》，北京师范大学出版社 2011 年版。

李宗桂：《文化批判与文化重建——中国文化出路探讨》，陕西人民出版社 1992 年版。

梁启超：《论中国学术思想变迁之大势》，《饮冰室合集·文集之七》，中华书局 1989 年版。

《列宁全集》第 20 卷，人民出版社 1989 年版。

林毓生：《热烈与冷静》，上海文艺出版社 1998 年版。

林毓生：《政治秩序与多元社会》，台湾联经出版事业公司 1989 年版。

林毓生：《中国传统的创造性转化》增订本，生活·读书·新知三联书店 2011 年版。

刘长林：《内经的哲学和中医学方法论》，科学出版社 1982 年版，"序"。

刘鄂培：《综合创新——张岱年先生学记》，清华大学出版社 2002 年版。

刘笑敢：《诠释与定向——中国哲学研究方法之探究》，商务印书馆 2009 年版。

罗兰·罗伯森：《全球化——社会理论和全球文化》，梁光严译，上海人民出版社 2000 年版。

马俊峰、王岚、李耘等：《中国当代哲学重大问题研究》，河北人民出版社 2011 年版。

牟复礼：《中国思想之渊源》，北京大学出版社 2009 年版，"序"。

尼克·史蒂文森：《媒介的转型》，顾宜凡等译，北京大学出版社 2006 年版。

倪梁康编：《胡塞尔选集》上卷，上海三联书店 1997 年版。

庞朴：《良莠集》。

史华慈：《古代中国的思想世界》，江苏人民出版社 2004 年版，导言。

史华兹：《古代中国的思想世界》，程钢译，江苏人民出版社 2013 年版。

苏秉琦：《中国文明起源新探》，生活·读书·新知三联书店 2019 年版。

《孙中山全集》第 7 卷，中华书局 2006 年版。

汤姆森：《文化帝国主义》，冯键三译，时报文化出版公司 1994 年版。

汤一介：《新轴心时代与中国文化的建构》，江西人民出版社 2007 年版。

汤一介：《中国传统文化中的儒释道》，中国和平出版社 1988 年版。

汤一介：《瞩望新轴心时代——在新世纪的哲学思考》，中央编译局出版社 2014 年版。

汤一介主编：《二十世纪中国文化论著辑要丛书》，中国广播电视出版社 1995 年版。

汤志钧编：《康有为政论集》上册，中华书局 1981 年版。

陶德麟、汪信砚：《马克思主义哲学的当代论域》，人民出版社 2005 年版。

陶东风：《全球化、文化认同与后殖民批评》，载王宁《全球化与文化：中国与西方》，北京大学出版社 2002 年版。

滕贞甫：《探古求今说儒学》，安徽文艺出版社 2015 年版。

托克维尔：《论美国的民主》下卷，董果良译，商务印书馆 1988 年版。

王栻主编：《严复集》，中华书局 1981 年版。

王永贵：《经济全球化与社会主义意识形态建设研究》，人民出版社 2005 年版。

韦伯：《新教伦理与资本主义精神》，广西师范大学出版社 2010

年版。

维特根斯坦：《哲学研究》，李步楼译，商务印书馆1996年版。

《魏源集》，中华书局1976年版。

熊十力：《原儒》，岳麓书社1956年版，"序"。

徐高阮等译：《危机时代的哲学》，幼狮文化事业公司1969年版。

雅克·德里达：《马克思的幽灵》，中国人民大学出版社2008年版。

杨伯峻：《论语译注》，中华书局2012年版。

杨翰卿：《中国哲学文化继承与创新研究》，中国社会科学出版社2012年版。

杨竞业：《文化现代化——从"自由的文化"到"文化的自由"》，武汉大学出版社2012年版。

于炳贵：《中国特色社会主义和谐社会建设》，中共中央党校出版社2006年版。

约翰·汤姆林森：《全球化与文化》，郭英剑译，南京大学出版社2002年版。

张岱年：《程宜山·中国文化与文化论争》，中国人民大学出版社1990年版。

张岱年：《论现在中国所需要的哲学·张岱年文集》（第1卷），清华大学出版社1989年版。

张岱年：《文化与哲学》，中国人民大学出版社2006年版。

《张岱年全集》第1卷，河北人民出版社1996年版。

《张岱年全集》第3卷，河北人民出版社1996年版。

《张岱年全集》第6卷，河北人民出版社1996年版。

《张岱年全集》第6卷，河北人民出版社1996年版。

《张岱年全集》第7卷，河北人民出版社1996年版。

张岱年主编：《国学丛书》，辽宁教育出版社1991—1996年版。

张丰乾：《〈庄子·天下篇〉注疏四种》，华夏出版社2009年版。

张国祚：《中国文化软实力研究论纲》，社会科学文献出版社2015

年版。

张岂之：《中华优秀传统文化核心理念读本》，学习出版社2012年版。

章太炎：《救学弊论·章太炎全集》第五卷，上海人民出版社1985年版。

赵林：《文明冲突与文化演进》，东方出版社2006年版。

赵载光：《天人合一的文化智慧——中国传统生态文化与哲学》，文化艺术出版社2006年版。

周溯源：《社会主义核心价值观概述语征文选集》，中国社会科学出版社2012年版。

## 期　刊

蔡利民：《从全球文化融合看中华文化的主体自觉》，《求是学刊》2009年第3期。

陈启云：《中西文化传统与"超越"哲思》，《学术月刊》2009年第2期。

高国希：《中华优秀传统文化的现代阐释与教育路径》，《思想理论教育》2014年第5期。

高琼：《五个维度解读习近平传统文化观》，《思想政治工作研究》2017年第6期。

顾海良、沈壮海：《高度重视民族精神的弘扬和培育》，《思想理论教育导刊》2003年第4期。

郭秀丽：《论"以人为本"的历史渊源》，《河南科技学院学报》2012年第3期。

洪晓楠：《马克思主义"综合创新"派的文化体用观》，《哲学研究》2012年第8期。

洪晓楠、邱金英、林丹：《国家文化软实力的构成要素与提升战略》，《江海学刊》2013年第1期。

胡勇：《变形的龙——从〈女勇士〉的艺术与文化接受谈华裔文学的跨文化特征》，《四川外语学院学报》2000年第1期。

江凌：《改革开放以来中华软实力建设的现实成就与发展方略》，《武汉科技大学学报》2014年第3期。

金梦：《从〈孙子兵法〉看中国传统文化中的人本思想》，《科学文汇》2007年第12期。

李建华、周萍：《官德：身份伦理的视野》，《湖南大学学报》1999年第2期。

李翔海：《批判的继承与创造的诠释——傅伟勋哲学方法论评述》，《北京社会科学》1995年第3期。

李泽厚：《秦汉思想简议》，《中国社会科学》1984年第2期。

李振纲：《解读"天人合一"哲学的四重内涵》，《中山大学学报》2006年第5期。

李志琴：《大团圆结局的文化意蕴》，《长江大学学报》2013年第12期。

李忠军：《中国梦·社会主义核心价值观·中国精神三位一体的铸魂逻辑》，《社会科学战线》2015年第6期。

李宗桂：《冯友兰"抽象继承法"理论的省思》，《哲学研究》1998年增刊。

李宗桂：《试论中国优秀传统文化的内涵》，《学术研究》2013年第11期。

李宗桂：《相似理论、协同学于董仲舒的哲学方法》，《哲学研究》1986年第9期。

李宗桂：《优秀文化传统与民族凝聚力》，《哲学研究》1992年第3期。

李宗桂：《中国文化精神和中华民族精神的若干问题》，《社会科学战线》2006年第1期。

刘爱武：《弘扬中华优秀传统文化与提升当代中国文化软实力》，

《思想理论教育》2015年第8期。

刘天杰、夏宇尘：《张载的"和谐"思想及其当代价值》，《哲学研究》2013年第8期。

刘彤、张等文：《论中国共产党民本思想对传统民本思想的传承与超越》，《马克思主义研究》2012年第12期。

刘再起：《学习贯彻十七大精神大力加强中国软实力建设》，《学习与实践》2007年第11期。

马妮：《当代中国的文化自觉与文化创新之路——从费孝通的文化自觉观谈起》，《社会科学辑刊》2013年第3期。

门洪华：《中国软实力评估报告》上，《国际观察》2007年第2期。

宁德业、尚久：《当前我国文化软实力发展面临的挑战及其应对》，《江西社会科学》2011年第4期。

潘德荣：《诠释的创造性与"创造的诠释学"》，《中国哲学史》2002年第3期。

祁迪：《传统和合文化对和谐社会构建的借鉴意义》，《科技创新导报》2010年第5期。

邱若宏：《从"师夷长技"到提倡"格致之学"——论近代前期的科学思潮》，《中南大学学报》2005年第4期。

冉亚清：《先进文化判断标准辨》，《中国党政干部论坛》2012年第7期。

任继愈：《冯友兰先生对中国哲学的继承和发展》，《齐鲁学刊》1996年版。

任晓：《第五种权力——美国思想库的成长、功能及运行机制》，《现代国家关系》2000年第7期。

尚菲菲：《浅议"以人为本"与传统文化中的民本思想》，《科教导刊》2010年第6期。

孙兰英：《我国文化软实力的思想基础与提升路径》，《文化纵横》2011年第4期。

谭琪红、钟圆：《传统民本思想的历史流变及当代价值论略》，《九江学院学报》2010年第1期。

汤一介：《"和而不同"原则的价值资源》，《学术月刊》1997年第10期。

汤一介：《"文明的冲突"与"文明的共存"》，《北京大学学报》2004年第6期。

唐彦林：《美国对中国软实力的评估及对中国软实力建设的启示》，《当代世界与社会主义》2009年第6期。

田贵平、竟辉：《马克思主义文化观的再解读》，《重庆邮电大学学报》（社会科学版）2014年第4期。

田兆阳：《中国传统政治中的民本思想》，《中共浙江省委党校学报》2000年第4期。

王艳华：《儒家和谐思想与社会主义和谐社会的构建》，《理论探讨》2007年第2期。

王逸舟：《国家利益再思考》，《中国社会科学》2002年第2期。

乌尔里希·贝克等：《从工业社会到风险社会》，王武龙编译，《马克思主义与现实》2003年第3期。

吴潜涛：《党的十八大报告理论亮点解析》，《思想政治工作研究》2013年第2期。

吴祖鲲、王慧姝：《强化优秀传统文化认同 提升中华民族凝聚力》，《红旗文稿》2015年第9期。

习近平：《坚定文化自信，建设社会主义文化强国》，《求是》2019年第12期。

夏纪森：《论儒家视野里的个人与社群》，《社会科学》2013年第7期。

夏勇：《民本与民权——中国权利话语的历史基础》，《中国社会科学》2004年第5期。

徐小跃：《中华传统文化的价值追求》，《新世纪图书馆》2014年第

12 期。

杨翰卿、李保林:《论中国传统文化的当代转换》,《中国社会科学》1990 年第 1 期。

于洪卫:《中国传统实践理性的历史发展与局限》,《湖北社会科学》2013 年第五期。

詹伟:《不忘初心 牢记使命 做全面从严治党的坚定践行者》,《先锋队》2018 年第 1 期。

张岱年:《中国文化的基本精神》,《党的文献》2006 年第 1 期。

张岱年:《中国文化的基本精神》,《华夏文化》1994 年第 Z1 期。

张再林、王冬敏:《全球化语境中的对话文化学的建立》,《西安交通大学学报》2006 年第 5 期。

郑万耕:《张岱年先生对中国文化的贡献》,《衡水学院学报》2014 年第 6 期。

庄春波:《文化哲学论纲》,《管子学刊》1996 年第 1 期。

**外文文献**

Charles Taylor, *Sources of the Self*: *The Making of the Modern Identity*, Harvard University Press, 1992.

Clifford, Geertz, *Local Knowledge*, Harper Collins, 1985.

Derrida J., trans by GC Spivak, *Of Grammatology*, Johns Hopkins University Press, 1997.

John P. Lovell, *The United States as Ally and Adversary in East Asia*: *Reflections on Culture and Foreign Policy*. in Jongsuk Chay, ed. Culture and Internations, New York, 1990.

Max Weber, *The Religion of China*, *Confucianism and Taoism*, MacMillan, 1964.

Nestor Garcia Canclini, Christopher L., Chiappari and Silvia L. Lopez, *Hybrid Cultures*, *Strategies for Entering and Leaving Modernity*, University of Minnesota Press, 1997.

R. D. Laing, *The Divided Self*, Pengiun, 1965.

Martin Hart-Landsberg, Paul Burkett, "China and Socialism", *Monthly Review*, 2004 (7-8).

Swidler, Ann, "Culture in Action: Symbols and Strategies", *American Sociological Review*, 1986 (51).

# 后 记

本书是国家社科基金青年项目"弘扬中华优秀传统文化与增强国家文化软实力研究"成果,感谢国家社科基金的资助,使我能够拥有一个相对比较宽松的环境与平和的心态来从事学术研究,为我完成本书提供了强有力的支持。

感谢中国文化软实力研究中心主任张国祚教授对后辈的提携与厚爱,将本书纳入《中国青年学者文化软实力论丛》之中,提供了资助出版的机会。对于他的信任与辛劳,我深表感谢。

2009年开始,我在撰写博士学位论文的同时,参与导师洪晓楠教授主持的国家社科基金一般项目"国家文化软实力的哲学研究",开始大量研读文化软实力的相关书籍,并着手进行文化软实力的相关学术研究。2010年获法学博士学位,留校任教,主要从事马克思主义哲学方面的教学与研究工作。2013年参与导师主持的国家社科基金重点项目"扎实推进社会主义文化强国建设研究",2013年末我将研究重心转移到中华传统文化与文化软实力这一研究方向,在积累了一定研究经验基础上,承担了省教育厅项目"软实力视域下中华优秀传统文化的传承与创新研究",中央高校基本科研业务费人文社科科研专题(DUT21RW110),国家社会科学基金青年项目"弘扬中华优秀传统文化与增强国家文化软实力研究"(15CZX002)。

在课题研究期间,项目主持人和课题组在国内外学术期刊发表专题学术论文十余篇,在此对《人文杂志》《文化软实力》等刊物的编辑深表谢意！还有部分内容在国际国内学术研讨会上宣读过，一些论文还被推荐到英文期刊发表。此外，还主持完成了辽宁省社科规划基金委托项目"增强文化自信提高文化软实力——学习习近平关于文化建设的重要思想"，中国学位与研究生教育学会研究课题"大数据时代研究生教育文化与社会主义核心价值观培育研究"，大连市社会科学院基金项目"文化软实力与中华传统文化精神的创造性转化与创新性发展研究"，中央高校基本科研业务费人文社科科研专题（新思想专项）"习近平新时代中国特色社会主义思想对中华优秀传统文化的重大发展研究"等。并且著作《提高国家文化软实力的哲学研究》（第二作者）荣获大连市第十六届社会科学进步奖一等奖。

　　本书的完成只是我的学术研究生涯的一站，在此我要感谢导师洪晓楠教授引导我走上学术的研究与写作。洪晓楠教授在百忙之中仔细审阅了书稿，在结构纲要和具体章目方面都提出了宝贵意见，这为本书增添了很多光彩。课题组王磊博士、蔡后奇博士在书稿的修改过程中提出了宝贵的建议，我的硕士研究生冯丹、代依晴、朱秀文、闫雯、李穆清也为书稿做了不少工作。

　　我还要对我的父母表达极其深刻的感激之情！感谢爱人对我的关心和支持，感谢我的一双儿女，尤其是大女儿对我的包容和对弟弟的呵护。"谁言寸草心，报得三春晖"，是父母、爱人及儿女的不辞辛劳和默默支持才得以让我不断前行，他们是我奋斗的动力。

　　尽管我已经力求把这本书写得接近自己的理想标准，但是由于学识和能力所限，本书或许依然还存在着这样或那样的不足之处。在此，笔者恳请专家学者批评指正。各位读者的批评和指正将是我学术道路上的指路明灯。

林　丹<br>
2021 年 10 月于大连理工大学